Bienvenue dans le monde de TOUT SUR !

Pratiques et faciles à lire, les livres TOUT SUR répondent à toutes vos questions. Que vous souhaitiez réaliser un projet difficile, commencer un nouveau passe-temps, préparer un examen, réviser une matière un peu oubliée, ou simplement en apprendre davantage sur un sujet qui vous passionne, la collection TOUT SUR est là pour vous.

Vous pouvez lire un livre TOUT SUR d'un bout à l'autre, ou aller simplement chercher les informations qui vous manquent. Nous vous donnons littéralement tout ce qu'il faut connaître. Avec en prime des détails amusants.

La collection TOUT SUR touche à des domaines variés. Lorsque vous aurez lu un livre de la collection, vous pourrez finalement vous vanter de connaître TOUT SUR... !

Tous les renseignements importants et pertinents

À retenir

Trucs et astuces pratiques

Attention !

Recommandations et mises en garde importantes

Solutions aux problèmes courants

TOUT
SUR LA
MIJOTEUSE

Chère lectrice, cher lecteur,

Vivre dans le nord du Minnesota apporte son lot de défis, dont celui, et non le moindre, de préparer des repas plaisants et intéressants lorsque la température plonge bien en dessous de zéro. Durant les longs mois d'hiver, la mijoteuse remplit notre demeure d'arômes délicieusement chaleureux et nostalgiques. Cet appareil me fait songer à un ami qui nous aide à passer l'hiver en stimulant notre créativité et nos papilles gustatives. Il devient un partenaire dans nos efforts pour profiter de la neige et du froid.

Lors de la saison chaude, la mijoteuse joue un rôle différent. Elle est toujours une bonne amie qui me permet de profiter de l'extérieur pendant qu'elle prépare l'essentiel de nos repas. Elle libère ainsi ma famille, qui passe plus de temps avec ses amis, pendant qu'elle fait cuire des repas réconfortants qui nourrissent nos corps et nos liens.

Je suis heureuse de partager toutes les bonnes choses qu'une mijoteuse permet de préparer avec cet éventail très éclectique de recettes. Je souhaite que vous les appréciiez autant que nous et que vous appreniez à voir votre mijoteuse comme une amie serviable dans un monde trépidant.

Margaret Kaeter

TOUT
SUR LA
MIJOTEUSE

300 repas sains et délicieux que vous pouvez préparer dans votre récipient en grès et cuisiner en un clin d'œil !

Margaret Kaeter

Traduit de l'anglais
par Kurt Martin

Éditeur : François Doucet
Traduction : Kurt Martin
Révision linguistique : Féminin Pluriel
Correction d'épreuves : Nancy Coulombe, Isabelle Veillette
Montage de la couverture : Matthieu Fortin
Design de la couverture : Paul Beatrice, Frank Rivera
Illustrations : Barry Littmann
Mise en page : Sébastien Michaud
ISBN : 978-2-89565-576-3
Première impression : 2008
Dépôt légal : 2008
Bibliothèque et Archives nationales du Québec
Bibliothèque Nationale du Canada

Éditions AdA Inc.
1385, boul. Lionel-Boulet
Varennes, Québec, Canada, J3X 1P7
Téléphone : 450-929-0296
Télécopieur : 450-929-0220
www.ada-inc.com
info@ada-inc.com

Diffusion
Canada :   Éditions AdA Inc.
France :   D.G. Diffusion
                Z.I. des Bogues
                31750 Escalquens   France
                Téléphone : 05.61.00.09.99
Suisse :   Transat - 23.42.77.40
Belgique :   D.G. Diffusion - 05.61.00.09.99

Imprimé au Canada

Participation de la SODEC. $\int$ODEC

Nous reconnaissons l'aide financière du gouvernement du Canada par l'entremise du Programme d'aide au développement de l'industrie de l'édition (PADIÉ) pour nos activités d'édition.
Gouvernement du Québec - Programme de crédit d'impôt pour l'édition de livres - Gestion SODEC.

Catalogage avant publication de Bibliothèque et Archives nationales du Québec et Bibliothèque et Archives Canada

Kaeter, Margaret

Tout sur la mijoteuse

Traduction de: The everything slow cooker cookbook.
Comprend un index.

ISBN 978-2-89565-576-3

1. Cuisson lente à l'électricité.   2. Cuisine rapide.   I. Titre.

TX827.K3314 2008   641.5'884   C2007-942260-8

Dédicace

À Michael, Gretchen et Emma,
les ingrédients essentiels du ragoût de la famille Olesen.

Remerciements

À Michael Olesen, Ann Johns et Verla Olesen, pour leurs compétences culinaires ;
à ma mère et à mes grands-mères, pour leurs recettes secrètes ;
aux grands-mères de mon mari, pour leur merveilleuse collection de
livres de cuisine d'église.

Table des matières

Introduction

Cuisiner devrait être un plaisir. Il s'agit d'un précepte simple, certes, mais de nombreuses personnes en font une corvée. D'autres ont trouvé quelques recettes à leur goût et les refont constamment, oubliant de savourer la découverte de nouvelles épices ou de nouvelles combinaisons de saveurs. Dans ce monde de plus en plus mouvementé, certains voient d'un mauvais œil tout le temps passé à préparer un bon repas. D'autres considèrent simplement la nourriture comme un carburant pour le corps et ignorent son impact sur l'âme et son rôle dans l'attachement des familles et des amis.

La mijoteuse peut ramener le plaisir dans la cuisine. Non seulement offre-t-elle des possibilités infinies d'exploration, mais c'est aussi un appareil hautement polyvalent. Beaucoup de gens pensent que les mijoteuses conviennent davantage aux soupes ou aux ragoûts — un domaine où elles excellent assurément —, mais elles peuvent aussi cuire des pains et des gâteaux tout comme servir de plat à fondue pour un repas romantique. Elles peuvent rôtir de la viande, cuire des légumes à la vapeur, et même garder le cidre à la chaleur parfaite pour une réunion des Fêtes.

Nous ne devrions pas en être surpris. Chaque culture sur la planète, ou presque, possède en quelque sorte un répertoire pour la mijoteuse. Au cours de l'histoire, les gens étaient très occupés à assurer leur survie, ils n'avaient pas le temps de rester à côté du feu. En partie, c'est parce que chaque culture a développé des recettes pour accommoder les « restes ». De la goulache au chili, aux pâtés chinois, soupes et sauces à spaghetti, les gens ont trouvé des façons de recombiner les repas de la veille pour obtenir de nouvelles et savoureuses créations.

Dans l'histoire, la cuisson lente a occupé une place importante. Lorsque les peuples ont découvert le feu, ils ont aussi découvert qu'enfouir les carcasses d'animaux et les légumes sous les braises permettait d'obtenir une cuisson complète et uniforme. Les pots d'argile ont permis de garder la nourriture propre tout en fournissant une manière efficace de la chauffer, même dans les climats chauds.

Maintenant, nous bouclons la boucle avec notre expérience alimentaire. Plutôt que de chercher des façons toujours plus rapides de préparer des plats insipides pour donner du carburant à notre corps, nous cherchons des façons de renouer avec les avantages que nos ancêtres avaient trouvés dans la cuisson lente. Les recettes de ce livre de cuisine permettent de mélanger d'anciens ingrédients de manière nouvelle et excitante. Elles vous encouragent à dépasser le coffret de la mijoteuse pour expérimenter avec des saveurs dont vous n'aviez peut-être jamais rêvé. Qui plus est, elles ravivent la flamme de la passion culinaire, puisque faire à manger devrait constamment être une partie de notre vie quotidienne plutôt qu'une interruption brève.

Dans cet esprit, plusieurs de ces recettes sont vraiment plaisantes. Elles permettent d'expérimenter avec des ingrédients qui sont souvent boudés dans les supermarchés. Plusieurs autres donnent la possibilité de réunir tout un groupe composé des membres de la famille ou d'amis pour couper, nettoyer et mélanger les ingrédients. Et, dites-moi, qui pourrait résister au plaisir de voir un plat cuire à travers un couvercle transparent ?

Notez également que ces recettes sont extrêmement bonnes pour la santé. La plupart évitent les ingrédients riches en matière grasse et en glucides, tout en remplaçant le sel par des saveurs dérivant directement des viandes, légumes et épices. Le processus de cuisson lente conserve également plus de nutriments que plusieurs autres modes de cuisson.

Ce qui est encore plus excitant, c'est que ces recettes sont faciles à réaliser. Elles ne demandent que quelques ustensiles simples, parfois un ingrédient particulier, et une connaissance sommaire des termes culinaires. La magie s'opère dans le processus de cuisson lente, où les ingrédients cuisent uniformément sous une chaleur indirecte, sans se dessécher. Les saveurs se mélangent, les viandes et les légumes se marient, les aromates libèrent leurs parfums insoupçonnés, et les ingrédients de tous les jours se transforment en aventures captivantes.

CHAPITRE 1

La mijoteuse

Bien que la cuisson lente ait toujours été présente au cours de
l'histoire, l'invention d'une cuisinière en fonte a tout transformé.
Bien sûr, les cuisiniers mettent toujours une soupe ou un ragoût sur le
« réchaud », mais ils font plus souvent cuire leurs pains et leurs plats
principaux rapidement dans un
four chaud. Ils perdent en saveur
et en contrôle ce qu'ils gagnent en
rapidité.

La renaissance de la mijoteuse

Ce n'est que dans les années 1960 que les Américains et les Européens ont redécouvert les avantages de la cuisson lente. Un des facteurs importants de cette renaissance a été le mouvement féministe. Soudain, les repas devaient être planifiés la veille avant d'être mangés parce que maman n'était plus là pour s'affairer autour de la cuisinière. Si l'on voulait un plat qui demandait plus d'une demi-heure de cuisson, il devait cuire durant la journée.

C'est alors qu'est apparu le Crock-Pot®. La compagnie Rival, un fabricant d'appareils électriques, a perçu la nécessité d'un nouvel appareil qui permettrait de créer des plats maison sains, sans pour autant empiéter sur le temps libre. Elle a remonté le temps et revisité le pot de grès. En ajoutant un câble électrique et des éléments chauffants autour du pot de grès pour remplacer les braises, elle a créé la première mijoteuse moderne.

La mijoteuse électrique que nous connaissons est apparue durant les années 1960, en réponse à l'apparition des femmes sur le marché du travail. Elle est devenue plus populaire en tant qu'appareil peu énergivore pendant la crise de l'énergie des années 1970.

Comment fonctionne la mijoteuse ?

Bien sûr, la mijoteuse électrique possède quelques avantages sur le pot d'argile et les braises chaudes. Les mijoteuses d'aujourd'hui possèdent habituellement deux réglages d'intensité : élevée et faible (high et low). L'intensité faible équivaut à environ 100 °C (200 °F), tandis que l'intensité élevée correspond à environ 150 °C (300 °F). Cependant, on nomme l'intensité « élevée » ou « faible » parce que les degrés exacts importent peu. Puisque les aliments se réchauffent indirectement, en absorbant la chaleur du récipient en grès, ceux-ci cuiront de la même façon dans une fourchette de 10 °C (50 °F).

Le couvercle joue également un rôle important. Il s'agit habituellement d'un couvercle en plastique ou en verre épais, qui s'adapte parfaitement, créant un joint d'étanchéité qui emprisonne la vapeur dans la mijoteuse. Ce facteur important permet de créer ces merveilleuses saveurs, car les aliments cuisent dans leur propre vapeur, ce qui emprisonne littéralement la saveur dans le processus de cuisson. La vapeur garde également les aliments moelleux et permet d'attendrir les coupes de viande les plus coriaces et les légumes les plus fermes.

Les mijoteuses chauffent lentement, prenant habituellement de 2 à 3 heures avant d'atteindre leur température maximale. Cela permet aux aliments de conserver leurs nutriments tout en évitant de les brûler et les dessécher. C'est aussi pourquoi vous n'avez pas besoin d'être à la maison pendant la cuisson du repas.

La température des aliments cuits à faible intensité est de 100 °C (200 °F), ce qui est suffisamment chaud pour inhiber la prolifération bactérienne tout en étant assez faible pour éviter d'avoir à brasser. On remue habituellement afin d'éliminer les points chauds dans un plat. Comme la mijoteuse ne devient jamais assez chaude pour brûler les aliments, il n'y a pas de points chauds à éliminer.

Étant donné que la nourriture cuit lentement, le temps de cuisson d'un même plat peut différer. Cela s'explique par la grosseur des morceaux d'aliments, la teneur en gras et la quantité de liquide qui conduisent la chaleur différemment. Le rôti de porc maigre de 1,5 kg (3 lb) qui a pris 8 heures à cuire la semaine dernière peut prendre 9 heures cette semaine, s'il contient plus de gras et si vous avez ajouté cette fois un peu plus de légumes dans le pot.

Combien de fois faut-il brasser les aliments dans la mijoteuse ?
Puisque la chaleur est indirecte, vous n'avez pas besoin de remuer les aliments pour obtenir une cuisson uniforme. Cependant, vous pouvez brasser les ingrédients au départ pour vous assurer qu'ils sont bien mélangés.

Qu'est-ce qu'une véritable mijoteuse ?

Certaines compagnies ont essayé de faire passer leurs « chauffe-plats » pour des mijoteuses. Bien que ces imposteurs permettent une cuisson lente, ils ne donnent pas les mêmes résultats qu'une véritable mijoteuse électrique. Une véritable mijoteuse comporte un récipient en grès qui se réchauffe de manière uniforme, transmettant ensuite la chaleur uniformément aux aliments. Un appareil dont la chaleur provient seulement du fond d'un récipient métallique n'est pas différent d'une marmite déposée sur une cuisinière, que la température soit faible ou non.

Depuis les premiers jours du Crock-Pot®, on a conçu de nombreux modèles. Aujourd'hui, on trouve des mijoteuses de toutes tailles et formes. Certaines comprennent des compartiments séparés afin que les légumes et les viandes cuisent en même temps sans se mélanger. La plupart offrent même des accessoires que l'on peut acheter séparément, comme des moules à pain ou des rôtissoires. Pratiquement toutes les mijoteuses viennent dans d'agréables couleurs qui se marient à tous les décors de cuisine.

Les recettes pour la mijoteuse demandent très peu d'eau parce qu'elles « recyclent » l'eau contenue dans les légumes et les viandes par la vapeur qui s'en échappe. Si vous convertissez une recette initialement conçue pour la cuisinière, utilisez environ un quart de l'eau recommandée dans la mijoteuse.

Comment choisir la bonne mijoteuse ?

Avec tant de modèles parmi lesquels choisir, comment trouver l'appareil qui vous convient ? Comme la plupart des gens, vous avez probablement reçu votre première mijoteuse en cadeau de mariage ou lors de la pendaison de crémaillère.

Ne vous en faites pas, elle fera l'affaire. Bien sûr, il existe des petits modèles de 1 l (4 tasses) qui sont parfaits pour les trempettes chaudes servies en hors-d'œuvre, et de grosses mijoteuses de 8 l (32 tasses) qui permettent de préparer du ragoût pour nourrir une petite armée. Il existe des modèles avec des minuteries automatiques et des réchauds. Certains comprennent un récipient en grès amovible, tandis que d'autres sont fixes. Mais une mijoteuse électrique reste une mijoteuse. Il s'agit d'un appareil relativement simple qu'il est difficile d'utiliser incorrectement.

Si vous êtes assez chanceux pour planifier l'achat de votre mijoteuse, définissez d'abord vos besoins. Y a-t-il plus de quatre membres dans votre famille ? Si c'est le cas, vous devriez peut-être chercher un modèle de 6 l (24 tasses) ou même de 8 l (32 tasses). Ceux qui organisent souvent des fêtes voudront peut-être le plus gros modèle. Et si vous aimez congeler les restes, choisissez sans hésiter un plus gros modèle.

Si votre famille est petite, vous pourriez choisir le modèle moyen et le plus polyvalent. Le modèle de 2,5 l (10 tasses) — le premier introduit par la compagnie Rival — est toujours le plus populaire pour un premier achat. Il est assez grand pour préparer un repas pour un groupe de 8 personnes et assez petit pour demeurer efficace et cuire correctement de petites quantités de nourriture.

Il faut aussi considérer l'utilisation que vous souhaitez faire de votre mijoteuse. Quittez-vous habituellement la maison pour plus de neuf heures durant la journée ? Si c'est le cas, il faudra penser à une minuterie automatique et à un mode réchaud, car même une mijoteuse peut trop cuire certains aliments. Souhaitez-vous cuire un repas complet ? Le modèle à deux compartiments offre plus de possibilités.

Si vous n'aimez pas perdre votre temps à nettoyer les plats et les chaudrons, pensez à une mijoteuse avec un récipient amovible. Ce dernier pourra aller au lave-vaisselle, tandis qu'un récipient fixe devra être lavé avec une éponge.

S'il s'agit de votre première mijoteuse et que vous ne connaissez pas encore l'utilisation que vous souhaitez en faire, faites un compromis. Le récipient amovible permet vraiment de gagner du temps. De la même façon, un modèle de 3,5 à 4 l (14 à 16 tasses) sera assez flexible pour cuisiner de gros repas sans être trop gros pour le comptoir ou pour cuire un petit repas.

Veuillez noter que la plupart des recettes de ce livre conviennent à des mijoteuses de 3 à 6 l (12 à 24 tasses). Cependant, il s'agit seulement de la taille idéale pour le plat mentionné. La plupart pourront également cuire dans des mijoteuses légèrement plus petites ou plus grandes sans affecter sérieusement la qualité des aliments.

Attention !

Puisque la chaleur utilisée pour cuire la nourriture est indirecte, la mijoteuse doit être remplie au moins à moitié de sa capacité, mais jamais plus qu'aux trois-quarts, sinon la cuisson ne sera pas égale.

Qu'est-ce qui explique les différences de prix ?

De façon générale, le prix des mijoteuses est assez facile à déchiffrer. Plus elles offrent d'options et plus elles sont grosses, plus elles seront coûteuses. Un modèle de base de 2,5 l (10 tasses) avec un récipient en grès fixe et deux réglages de température se vendra moins de 10 $ dans certaines solderies*.

---

* Il est à noter que ces prix peuvent varier hors des États-Unis.

Ajoutez 1 l (4 ½ tasses) de capacité, un mode réchaud et un récipient amovible, et le prix atteindra la fourchette de 30 à 40 $.

Lorsque vous cherchez un modèle plus grand et plus sophistiqué, les prix montent rapidement. Une mijoteuse de 8 l (32 tasses) avec une minuterie automatique, un affichage numérique, un réchaud et deux compartiments se vendra environ 80 $.

Plusieurs mijoteuses offrent des ustensiles spéciaux comme des moules à pain, des paniers de cuisson à la vapeur pour les légumes, des rôtissoires et des sacs de transport isolants. De façon générale, vous devez les commander directement du manufacturier. Cependant, si vous les trouvez chez votre détaillant, ne les achetez que si vous êtes sûr d'en avoir vraiment besoin. Ces ustensiles peuvent coûter aussi cher qu'un modèle simple de mijoteuse, et peuvent être reproduits facilement avec des canettes d'aluminium et des ustensiles simples que vous possédez déjà.

La bonne nouvelle est qu'il est difficile de se tromper en achetant une mijoteuse. Si vous achetez un modèle économique et découvrez qu'il vous en faut un plus grand avec plus d'options, il y aura de nombreuses occasions où vous pourrez utiliser les deux en même temps. Et puisqu'il s'agit d'appareils très durables, vous pourrez toujours refiler votre mijoteuse plus petite et plus simple à l'aîné lorsqu'il partira en appartement.

Ce que vous pourrez préparer avec une mijoteuse

Les mijoteuses sont très polyvalentes. Elles ont acquis leur réputation comme étant l'électroménager idéal pour faire cuire les soupes et les ragoûts, mais elles font également un excellent travail avec les braisés et les poulets entiers. Elles constituent également un choix naturel pour les légumes demandant une longue cuisson, comme les courges et les pommes de terre, et une nécessité absolue pour les repas-partage et les réceptions parce qu'elles gardent les aliments chauds pendant de longues périodes sans les brûler.

Ces possibilités ne sont que les plus apparentes. Considérez votre mijoteuse comme une marmite et un four qui ne dépasse jamais

180 °C (350 °F). Elle peut servir pour faire fondre le fromage à fondue ou le glaçage des confiseries pour des desserts spéciaux. Elle offre une manière commode de faire cuire le riz et les haricots sans craindre que les aliments ne collent. Elle fait un excellent travail lorsque vient le temps de cuisiner les biscuits, les gâteaux et les pains. Elle réussit même les aliments demandant un peu plus de surveillance, comme le poisson frais.

En considérant votre mijoteuse autrement que l'appareil que vous utilisez lorsque vous êtes parti toute la journée, vous découvrirez de nombreuses possibilités d'utilisation.

À retenir

Une heure à intensité élevée (high) correspond à deux heures à faible intensité (low). La plupart des recettes se réussissent bien aux deux réglages de température, bien que les saveurs tendent à mieux se mélanger à faible intensité.

Ce que vous ne pourrez pas faire avec une mijoteuse

Il y a quand même un certain nombre de choses qu'une mijoteuse ne peut accomplir. Puisqu'elle cuit la nourriture pendant de nombreuses heures, elle ne peut dorer les viandes ni les légumes. Pour cette raison, certaines recettes vous demandent de faire revenir les viandes, l'ail et l'oignon, par exemple, dans une poêle avant de les mettre dans la mijoteuse. D'autres utilisent des épices et des légumes pour remplacer ce goût.

En définitive, toute recette qui demande une cuisson rapide ou une température élevée est inappropriée pour la mijoteuse. Vous ne pouvez frire ni blanchir quoi que ce soit.

Les produits laitiers offrent leur part de défis à la mijoteuse. Certains fromages vont se séparer lorsqu'ils cuisent pendant une longue période de temps, et la plupart des produits laitiers bruniront. C'est pourquoi de nombreuses recettes pour la mijoteuse demandent des soupes en crème concentrées plutôt que de la crème ou du lait entier — le processus de cuisson des soupes en conserve stabilise le lait afin qu'il ne réagisse pas à une longue cuisson.

Le riz et les pâtes présentent également des difficultés particulières pour la mijoteuse, puisqu'ils ont tendance à absorber trop de liquide lorsqu'ils cuisent pendant une longue période. Par conséquent, de nombreuses recettes vous demandent de les ajouter plus tard durant la cuisson. Si vous les faites cuire durant huit heures entières, vous risquez de les voir se transformer en purée.

Techniques de base pour la mijoteuse

Même le plus novice des cuisiniers peut maîtriser rapidement les recettes pour la mijoteuse. Il faut simplement garder à l'esprit les règles suivantes :

- Coupez la viande et les légumes de taille égale afin d'assurer une cuisson uniforme dans les soupes et les ragoûts ;
- Mettez les aliments qui cuisent lentement, comme les légumes fermes — rutabagas, navets et pommes de terre — au fond de la mijoteuse ;
- Ne jetez pas continuellement un coup d'œil sous le couvercle. Chaque fois que vous soulevez le couvercle, la vapeur précieuse s'en échappe, réduisant la température interne de plusieurs degrés. Chaque fois que vous soulevez le couvercle, prévoyez 20 minutes supplémentaires de cuisson ;
- Les recettes pour la mijoteuse n'aiment pas l'eau. Parce que les aliments cuisent à la vapeur, très peu d'eau s'échappe. Lorsque vous adaptez une recette d'un livre de cuisine traditionnelle, utilisez environ la moitié de l'eau et ajoutez-en davantage durant la dernière heure de cuisson si nécessaire.

- Ne préchauffez pas la mijoteuse. Un très petit nombre de recettes vous demandent de préchauffer la mijoteuse ; habituellement pour y faire fondre du fromage ou du chocolat. Cependant, la plupart des recettes sont conçues pour démarrer avec un pot de grès et des aliments à la température ambiante. Cela assure une cuisson uniforme et prévient les chocs thermiques (lorsqu'on ajoute un ingrédient froid dans un récipient, ce qui peut faire craquer le récipient) ;

- La plupart des recettes classiques pour la mijoteuse cuisent pendant 7 à 9 heures à faible intensité. L'intensité élevée demande deux fois moins de temps, mais n'attendrit pas autant les viandes ;

- Les épices et les légumes aromatiques ont différentes caractéristiques lorsqu'ils cuisent lentement. Certains, tels les poivrons verts et les feuilles de laurier, ont un goût plus prononcé lorsqu'ils cuisent lentement. D'autres, comme les oignons et la cannelle, perdent un peu de leur saveur dans le long processus de cuisson. La plupart des recettes pour la mijoteuse tiennent compte de ces différences. Cependant, il vous faudra peut-être faire des ajustements selon vos préférences ;

- En cuisant des plats mijotés traditionnels, comme des soupes, ragoûts et viandes, assurez-vous de remplir l'appareil au moins à moitié et de conserver 2,5 cm (1 po) d'espace libre sur le dessus, pour favoriser une cuisson uniforme ;

- Ne perdez pas votre temps à remuer. N'oubliez pas que la vapeur s'échappant des aliments se répand parmi les ingrédients, c'est pourquoi il n'est pas nécessaire de les brasser. Les saveurs se mélangeront quand même. Certaines recettes demandent de remuer au début ou à la fin de la cuisson pour accentuer ce mélange, mais très peu de recettes le requièrent à mi-cuisson ;

- Ne regardez plus la minuterie. Dans nos vies mouvementées, on cherche à trouver la mesure exacte en toutes choses, toutefois, les mijoteuses sont des appareils très indulgents. Les plats goûtent habituellement la même chose dans une fenêtre de deux heures. Si la recette suggère 8 heures de cuisson, soyez assuré que 7 à 9 heures conviendront probablement. Même les pains et les gâteaux auront une fenêtre de 15 à 30 minutes en raison de la cuisson lente ;

- Ne dégelez pas les aliments dans la mijoteuse. Même si cette pratique semble naturelle, les aliments congelés se réchauffent trop lentement pour prévenir adéquatement la prolifération bactérienne dans la mijoteuse. Il vaut mieux dégeler les aliments toute la nuit au réfrigérateur ou utiliser le four à micro-ondes.

Comment nettoyer et entretenir votre mijoteuse

Les mijoteuses sont des appareils très simples. Cependant, elles demandent certains soins particuliers. Si vous suivez ces règles, votre mijoteuse cuira des repas sains pendant de nombreuses années :

- Ne plongez jamais, jamais, jamais votre mijoteuse dans l'eau. Si elle est branchée, vous risquez de prendre une décharge électrique. Si elle n'est pas branchée, vous risquez d'endommager l'élément chauffant ;
- Vérifiez toujours s'il y a des encoches ou des bris dans le cordon électrique avant de le brancher sur une prise. Cela est particulièrement important, car il se peut que vous laissiez la mijoteuse sans surveillance, s'il n'y a personne à la maison ;
- Si le récipient en grès est amovible, il peut être lavé au lave-vaisselle. Si ce n'est pas le cas, nettoyez-le avec un linge doux ou une éponge. Utilisez toujours un chiffon humide pour nettoyer le châssis métallique ;
- Enlevez les aliments collés sur le récipient en grès avec un produit de nettoyage non abrasif et une éponge humide. N'utilisez jamais de produits abrasifs, puisqu'ils peuvent endommager le grès, créant ainsi des zones où les bactéries pourront se loger.

Attention !

Certaines parties de la mijoteuse peuvent aller au lave-vaisselle. Si vous avez un récipient en grès amovible, placez-le dans le panier inférieur. Si vous avez un couvercle en plastique, placez-le dans le panier supérieur afin qu'il ne se déforme pas.

CHAPITRE 2
Hors-d'œuvre

Trempette au brocoli

Temps de cuisson : 3 à 4 heures
Temps de préparation : 15 minutes
Attention requise : minimum
Mijoteuse : 1-2 l (4-8 tasses)
12 portions en hors-d'œuvre

1 petit oignon jaune
2 branches de céleri
2 gousses d'ail
480 ml (2 tasses) de brocoli frais, haché
60 ml (¼ tasse) de beurre

240 ml (1 tasse) de champignons frais, tranchés
1 boîte de 305 ml (10 ¾ oz) de crème de champignons concentrée

1. Peler et couper l'oignon en morceaux de 5 mm (¼ po). Couper le céleri en morceaux de 5 mm (¼ po). Laver les champignons en les essuyant avec un linge humide, puis les trancher très finement. Peler l'ail et le couper en morceaux de 3 mm (⅛ po). Couper les fleurons de brocoli en morceaux de 5 mm (¼ po).
2. Mélanger tous les ingrédients dans la mijoteuse. Couvrir et cuire à faible intensité pendant 3 à 4 heures.

Servir avec des craquelins de bonne qualité.

Ail rôti

Temps de cuisson : 4 à 5 heures
Temps de préparation : 15 minutes
Attention requise : minimum
Mijoteuse : 1-2 l (4-8 tasses)
8 portions

3 têtes d'ail de qualité supérieure
45 ml (3 c. à soupe) d'huile d'olive

Couper le dessus des têtes d'ail et les jeter. Verser de l'huile d'olive au fond de la mijoteuse. Mettre les têtes d'ail dans la mijoteuse (côté coupé vers le haut). Asperger les têtes d'ail du reste de l'huile d'olive. Couvrir et cuire à faible intensité pendant 4 à 5 heures. L'ail sera prêt quand il sera tendre et doré. Presser les gousses pour retirer l'ail ramolli ; jeter les pelures.

Utiliser l'ail rôti pour tartiner une baguette. Puisque l'ail s'adoucit en cuisant, nul besoin de beurre.

Ailes de poulet au miel et à l'ananas

Temps de cuisson : 6 à 7 heures
Temps de préparation : 15 minutes
Attention requise : minimum
Mijoteuse : 5-6 l (20-24 tasses)
12 portions en hors-d'œuvre

1,5 kg (3 lb) d'ailes de poulet
1 gousse d'ail
240 ml (1 tasse) d'ananas frais ou en conserve, en cubes
2 ml (½ c. à thé) de sel
2 ml (½ c. à thé) de poivre noir moulu
240 ml (1 tasse) de miel
120 ml (½ tasse) de sauce soja
30 ml (2 c. à soupe) d'huile végétale

1. Couper la pointe de chaque aile et jeter. Émincer l'ail avec un couteau de cuisine bien affûté. Couper l'ananas en cubes de 2,5 cm (1 po).
2. Dans un bol, combiner le sel, le poivre, le miel, la sauce soja, l'ananas, l'huile végétale et l'ail, puis les mélanger avec soin. Mettre les ailes dans la mijoteuse. Verser la sauce sur les ailes, couvrir et cuire à faible intensité pendant 6 à 7 heures.

Pour empêcher les ailes de sécher durant une réception, incorporer 120 ml (½ tasse) d'eau toutes les heures.

Manipuler le poulet cru

Le poulet représente probablement la viande crue la plus dangereuse. Pour prévenir la transmission de la salmonelle et d'autres bactéries, lavez à fond vos mains et tous les ustensiles avant et après la manipulation.

Li'l Baby Reubens

Temps de cuisson : 2 heures
Temps de préparation : 10 minutes
Attention requise : moyenne
Mijoteuse : 2-4 l (8-16 tasses)
12 à 24 portions en hors-d'œuvre

227 g (½ lb) de corned-beef
1 oignon de grosseur moyenne
1 boîte de 455 ml (16 oz) de choucroute
480 ml (2 tasses) de fromage suisse, râpé
240 ml (1 tasse) de cheddar, râpé
240 ml (1 tasse) de mayonnaise (ne pas utiliser une mayonnaise faible en gras)
Vinaigrette Mille-Îles
Craquelins de seigle

1. Déchiqueter le corned-beef avec une fourchette. Peler et hacher l'oignon en morceaux de 5 mm (¼ po). Rincer et égoutter la choucroute. Mélanger le corned-beef, la choucroute, le fromage suisse, l'oignon, le cheddar et la mayonnaise dans la mijoteuse. Couvrir et cuire à faible intensité pendant 2 heures, en remuant toutes les 15 minutes.
2. Servir chaque hors-d'œuvre avec des craquelins de seigle et une petite cuillérée de vinaigrette Mille-Îles.

Des cornichons à l'aneth épicés compléteront à merveille ce hors-d'œuvre corsé.

Pour empêcher les aliments de coller

Puisqu'une mijoteuse utilise une chaleur douce et indirecte, les aliments ne colleront pas. Cependant, certains plats colleront un peu. Pour le prévenir, il suffit de vaporiser une huile à cuisson antiadhésive dans le récipient avant d'ajouter les ingrédients.

Trempette à l'artichaut

Temps de cuisson : 1 heure
Temps de préparation : 10 minutes
Attention requise : soutenue
Mijoteuse : 1-3 l (4-12 tasses)
6 portions en hors-d'œuvre

1 gousse d'ail frais
80 ml (⅓ tasse) de mayonnaise légère
120 ml (½ tasse) de parmesan, râpé
80 ml (⅓ tasse) de crème sure, légère
360 ml (1 ½ tasse) de cœurs d'artichaut marinés

1. Égoutter les cœurs d'artichaut et les couper en morceaux de la grosseur d'un sou. Émincer l'ail avec un couteau de cuisine bien affûté.
2. Mélanger la mayonnaise, le parmesan râpé, la crème sure et l'ail. Incorporer les cœurs d'artichauts coupés. Verser le mélange dans la mijoteuse. Couvrir et cuire à faible intensité pendant 1 heure. Remuer régulièrement pendant la cuisson.

Pour un hors-d'œuvre qui sort de l'ordinaire, étaler une fine couche d'huile d'olive sur un pain pita et le cuire au four traditionnel pendant 10 minutes. Couper chaque moitié de pita en 8 triangles et laisser les invités tremper leurs morceaux dans le mélange.

Conseil de rangement

Ranger la mijoteuse en plaçant le couvercle à côté plutôt que sur le dessus, pour éviter que des moisissures ne se développent si vous ne l'utilisez pas pendant plusieurs semaines.

Boulettes de dinde barbecue

Temps de cuisson : 4 à 6 heures
Temps de préparation : 20 minutes
Attention requise : moyenne
Mijoteuse : 3-6 l (12-24 tasses)
12 portions en hors-d'œuvre

1 œuf
1 gousse d'ail
45 ml (3 c. à soupe) d'oignon frais, haché
1 tranche de pain
1 pomme de grosseur moyenne
454 g (1 lb) de dinde hachée
1 ml (¼ c. à thé) de sel
2 petites boîtes de sauce tomate
60 ml (¼ tasse) de cassonade
15 ml (1 c. à soupe) de vinaigre

1. Battre légèrement l'œuf à la fourchette. Peler et hacher l'ail finement. Peler et hacher l'oignon finement. Griller le pain au grille-pain, puis l'émietter en morceaux pas plus gros qu'un quart de sou. Émincer la pomme avec un couteau de cuisine bien affûté.
2. Utiliser vos mains pour mélanger la dinde avec l'œuf, l'ail, l'oignon, le sel et les miettes de pain. Bien mélanger tous les ingrédients. Le mélange devrait être collant. Former des boulettes de la grosseur d'une balle de golf. Mettre sur une plaque de cuisson et rôtir au four à 180 °C (350 °F) pendant 20 minutes.
3. Mettre les boulettes de viande dans la mijoteuse. Dans un bol, mélanger la sauce tomate, la cassonade, la pomme hachée et le vinaigre. Remuer jusqu'à consistance homogène. Verser cette sauce sur les boulettes de viande. Couvrir et cuire à faible intensité pendant 4 à 6 heures.

Préparer plusieurs portions de boulettes de viande et congeler. Ensuite, mettre les boulettes congelées dans la mijoteuse et verser la sauce pour un hors-d'œuvre rapide qui ne demande aucune attention.

Salsa aux pommes vertes

Temps de cuisson : 8 heures
Temps de préparation : 20 minutes
Attention requise : minimum
Mijoteuse : 3-6 l (12-24 tasses)
Environ 30 portions

6 grosses tomates
3 grosses pommes vertes acidulées
1 gros oignon Vidalia
1 gros poivron vert
1 gros poivron rouge
1 petit piment jalapeno vert
2 ml (½ c. à thé) de jus de lime
5 ml (1 c. à thé) de sel
15 ml (1 c. à soupe) d'huile végétale

1 boîte de 142 ml (5 oz) de pâte de tomates
360 ml (1 ½ tasse) de cassonade tassée
360 ml (1 ½ tasse) de vinaigre de cidre
30 ml (2 c. à soupe) de poudre de chili
10 ml (2 c. à thé) de graines de moutarde
2 ml (½ c. à thé) de piment de Cayenne

1. Écraser les tomates au fond de la mijoteuse avec une cuillère de bois. Peler et hacher les tomates en morceaux de 5 mm (¼ po). Peler et hacher l'oignon en morceaux de 5 mm (¼ po). Enlever les tiges et les pépins des poivrons vert et rouge et du jalapeno ; les hacher en morceaux de 5 mm (¼ po).
2. Mélanger tous les ingrédients dans la mijoteuse, couvrir et cuire à faible intensité pendant 8 heures. Si la sauce semble trop liquide, retirer le couvercle durant la dernière heure.

Cette salsa relevée accompagne merveilleusement les croustilles de tortillas cuites au four. Elle peut aussi servir à assaisonner les pains de viande et les hamburgers.

Préparer ses plats la veille

Si vous préparez vos plats la veille de leur cuisson, déposez les ingrédients secs dans la mijoteuse le soir même. Ajoutez l'eau ou les autres liquides juste avant de l'allumer.

Simili-feuilles de vigne farcies

Temps de cuisson : 2 à 4 heures
Temps de préparation : 30 minutes
Attention requise : minimum
Mijoteuse : 2-4 l (8-16 tasses)
12 à 24 portions en hors-d'œuvre

240 ml (1 tasse) de riz blanc, cuit
0,5 ml (⅛ c. à thé) de safran
120 ml (½ tasse) de raisins secs dorés, avec un supplément pour la garniture
60 ml (¼ tasse) de gelée de pomme, avec un supplément pour la garniture
2 ml (½ c. à thé) de sel
1 botte de feuilles de bettes à carde fraîches

1. Mélanger le riz blanc cuit, les raisins secs, la gelée de pomme, le safran et le sel. Remuer avec une cuillère, jusqu'à distribution uniforme des ingrédients.
2. Laver les feuilles de bettes à carde dans l'eau froide. Avec une grosse cuillère parisienne, mettre une cuillerée du mélange de riz au centre de chaque feuille. Plier les extrémités de la feuille à l'intérieur et rouler serré, à la manière d'un pâté impérial. Les déposer en couches dans la mijoteuse. Couvrir et cuire à faible intensité pendant 2 à 4 heures.

Ajouter une petite cuillerée de gelée de pomme et un raisin sec sur chaque hors-d'œuvre pour un goût plus sucré.

Rétention de la chaleur

Étant donné que les mijoteuses utilisent un récipient en grès poreux pour cuire les aliments, la chaleur est absorbée et maintenue. Vous remarquerez que le récipient en grès demeure chaud une heure ou plus, une fois que l'appareil est éteint.

Crevettes épicées et trempette au fromage

Temps de cuisson : 1 à 2 heures
Temps de préparation : 20 minutes
Attention requise : minimum
Mijoteuse : 1-3 l (4-12 tasses)
12 à 24 portions en hors-d'œuvre

1 tranche de bacon
240 ml (1 tasse) de mini-crevettes, cuites
3 oignons jaunes de grosseur moyenne
2 gousses d'ail
1 tomate de grosseur moyenne
720 ml (3 tasses) de fromage Monterey Jack, râpé
1 ml (¼ c. à thé) de tabasco
1 ml (¼ c. à thé) de piment de Cayenne
1 ml (¼ c. à thé) de poivre noir moulu

1. Dans une poêle à frire, cuire le bacon jusqu'à consistance croustillante. Conserver la graisse dans la poêle. Tiédir le bacon sur un essuie-tout à la température ambiante, puis émietter avec les doigts. Si les crevettes ne sont pas précuites, les cuire dans l'eau bouillante pendant 10 minutes.
2. Peler et couper les oignons en dés de 5 mm (¼ po). Peler et émincer l'ail avec un couteau de cuisine bien affûté. Peler et couper les tomates en dés de 5 mm (¼ po). Ajouter l'oignon et l'ail à la graisse de bacon restée dans la poêle, puis faire sauter à intensité moyenne-faible jusqu'à ce que le tout soit ramolli.
3. Mélanger tous les ingrédients dans la mijoteuse en remuant bien. Couvrir et cuire à faible intensité pendant 1 à 2 heures, ou jusqu'à ce que le fromage ait complètement fondu.

Truc culinaire : Si la trempette est trop épaisse, ajouter du lait, 120 ml (½ tasse) à la fois, jusqu'à l'obtention de la consistance désirée.

Conseils de nettoyage

Lorsque vous nettoyez la mijoteuse, utilisez une éponge plus rigide pour enlever toutes particules d'aliment séchées. Un tampon à récurer risque d'égratigner la surface, créant ainsi un endroit où les bactéries peuvent se loger.

Trempette crémeuse aux haricots frits

Temps de cuisson : 2 heures
Temps de préparation : 10 minutes
Attention requise : moyenne
Mijoteuse : 2-4 l (8-16 tasses)
12 à 24 portions en hors-d'œuvre

240 ml (1 tasse) de fromage Monterey Jack, râpé
240 ml (1 tasse) de cheddar, râpé
1 boîte de 341 ml (12 oz) de haricots frits
240 ml (1 tasse) de sauce picante
80 ml (⅓ tasse) de crème sure
85 g (3 oz) de fromage à la crème
15 ml (1 c. à soupe) de poudre de chili
1 ml (¼ c. à thé) de cumin moulu
Croustilles de tortillas

1. Dans un bol moyen, combiner les haricots frits, la sauce picante, les fromages râpés, la crème sure, le fromage à la crème, la poudre de chili et le cumin. Bien mélanger avec une grosse cuillère.
2. Verser le mélange dans la mijoteuse et cuire à faible intensité pendant 2 heures, en remuant toutes les 15 minutes.

Pour rehausser le goût, servir avec des croustilles de tortillas et un bol de Salsa aux pommes vertes (page 19).

Convertir des recettes pour la mijoteuse

Ne convertissez pas les recettes rapides. Les meilleures recettes pour la mijoteuse sont celles qui demandent une heure ou plus de cuisson au four ou de mijotage sur la cuisinière. Les autres contiennent probablement des ingrédients qui doivent cuire rapidement.

Brie chaud avec chutney aux fraises

Temps de cuisson : 4 à 5 heures
Temps de préparation : 10 minutes
Attention requise : moyenne
Mijoteuse : 1-3 l (3-12 tasses)
8 à 12 portions en hors-d'œuvre

240 ml (1 tasse) de fraises
120 ml (½ tasse) de cassonade
80 ml (⅓ tasse) de vinaigre de cidre
0,5 ml (⅛ c. à thé) de muscade
30 ml (2 c. à soupe) de jus de pamplemousse
1 morceau de 227 g (8 oz) de brie
15 ml (1 c. à soupe) d'amandes effilées, grillées

1. Équeuter les fraises et les couper en quatre. Mélanger les fraises, la cassonade, le vinaigre, la muscade et le jus de pamplemousse dans la mijoteuse. Couvrir et cuire à faible intensité pendant 4 heures. Retirer le couvercle, régler à intensité élevée et cuire pendant 30 minutes, en remuant de temps à autre. Refroidir le mélange au réfrigérateur.
2. Mettre le brie dans un plat allant au four et parsemer d'amandes effilées. Cuire à découvert à 180 °C (350 °F) pendant environ 10 minutes. Le fromage doit être partiellement fondu, mais pas complètement. Sortir du four et garnir avec le chutney à la température ambiante.

Servir avec des bâtonnets de céleri cru et un vin blanc sec.

Ajouter un peu de vin

Ajoutez 120 ml (½ tasse) de vin pour donner un goût sophistiqué à de nombreux plats, sans ajouter trop de calories. Et puisque l'alcool s'évapore durant la cuisson, vous obtiendrez toute la saveur sans le mal de tête !

Salsa aux abricots à la manière du Sud-Ouest

Temps de cuisson : 1 à 2 heures
Temps de préparation : 15 minutes
Attention requise : minimum
Mijoteuse : 1-3 l (4-12 tasses)
12 à 24 portions en hors-d'œuvre

30 ml (2 c. à soupe) d'oignon rouge, haché
2 ml (½ c. à thé) de piment jalapeno frais, haché finement
480 ml (2 tasses) d'abricots en conserve dans un sirop léger, hachés
8 ml (½ c. à soupe) d'huile d'olive
15 ml (1 c. à soupe) de coriandre fraîche
2 ml (½ c. à thé) de vinaigre blanc
8 ml (½ c. à soupe) de jus de lime
1 ml (¼ c. à thé) de zeste de lime, râpé
1 ml (¼ c. à thé) de cumin moulu
2 ml (½ c. à thé) de sel d'ail
2 ml (½ c. à thé) de poivre blanc moulu

1. Peler et hacher l'oignon en morceaux de 5 m (¼ po).
2. Enlever la tige du jalapeno et le hacher finement.
3. Rincer et égoutter les abricots, puis les couper en morceaux de 5 mm (¼ po).
4. Mélanger tous les ingrédients dans la mijoteuse. Cuire à découvert à faible intensité pendant 1 à 2 heures.

Cette salsa est excellente servie chaude ou froide avec des croustilles de tacos cuites au four.

CHAPITRE 3
Soupes

Soupe au bœuf haché et aux légumes

Temps de cuisson : 7 à 8 heures
Temps de préparation : 15 minutes
Attention requise : minimum
Mijoteuse : 3-6 l (12-24 tasses)
6 portions

227 g (½ lb) de bœuf haché maigre
4 tomates fraîches de grosseur moyenne
1 gros oignon jaune
120 ml (½ tasse) de céleri, tranché
3 carottes de grosseur moyenne
1,5 l (6 tasses) de bouillon de bœuf
2 ml (½ c. à thé) de sel
2 ml (½ c. à thé) de poivre noir moulu
240 ml (1 tasse) de pois frais
240 ml (1 tasse) de haricots verts frais

1. Dans une poêle moyenne, dorer le bœuf haché sur feu moyen-vif, puis éliminer le gras.
2. Couper les tomates en cubes de 1,5 cm (½ po). Peler et couper l'oignon en morceaux de 5 mm (¼ po). Couper le céleri en tranches de 5 mm (¼ po) d'épaisseur. Peler et couper les carottes en rondelles de 5 mm (¼ po) d'épaisseur.
3. Mettre le bœuf haché, le bouillon de bœuf, les tomates, l'oignon, le céleri, les carottes, le sel et le poivre dans la mijoteuse. Couvrir et cuire à faible intensité pendant 6 heures.
4. Ajouter les pois et les haricots verts. Couvrir et continuer la cuisson à faible intensité pendant 1 à 2 heures.

Saupoudrer du persil frais avant de servir.

Pas de crème, s'il vous plaît !

Pour faire un potage velouté sans produits laitiers, retirez une partie des légumes du bouillon puis réduisez-les en purée au mélangeur. Remettez ensuite le tout dans la soupe et remuez.

Temps de cuisson : 9 à 11 heures
Temps de préparation : 30 minutes
Attention requise : moyenne
Mijoteuse : 3-6 l (12-24 tasses)
8 portions

Minestrone

454 g (1 lb) de bœuf à ragoût

1 boîte de 796 ml (28 oz) de tomates

1 oignon de grosseur moyenne

1,5 l (6 tasses) d'eau

1 cube de bouillon de bœuf

30 ml (2 c. à soupe) de persil séché

7 ml (1 ½ c. à thé) de sel de table

7 ml (1 ½ c. à thé) de thym séché

2 ml (½ c. à thé) de poivre noir moulu

1 courgette de grosseur moyenne

480 ml (2 tasses) de chou, haché

1 boîte de 455 ml (16 oz) de pois chiches, égouttés

240 ml (1 tasse) de macaronis en forme de coude, non cuits

1. Couper la viande en cubes de 2,5 cm (1 po). Couper les tomates en cubes de 1,5 cm (½ po), puis réserver le jus. Peler et couper l'oignon en morceaux de 5 mm (¼ po). Dans la mijoteuse, verser le bœuf, l'eau, les tomates avec leur jus, le cube de bouillon, l'oignon, le persil, le sel, le thym et le poivre. Couvrir et cuire à faible intensité pendant 8 à 10 heures.

2. Couper la courgette en rondelles de 5 mm (¼ po) d'épaisseur. Hacher le chou en morceaux de 5 mm (¼ po). Incorporer à la soupe la courgette, le chou, les pois chiches et les macaronis. Couvrir et cuire à intensité élevée pendant 1 heure.

Saupoudrer de parmesan au moment de servir.

Remplacer la viande

Substituez le bouillon de légumes au bouillon de viande dans n'importe quelle recette de soupe. Cela donne une saveur plus légère et plus nette, sans aucun gras. Ajoutez des haricots au lieu de la viande pour créer un plat végétarien.

Soupe à la dinde de l'après Action de grâce

Temps de cuisson : 6 à 8 heures
Temps de préparation : 20 minutes
Attention requise : minimum
Mijoteuse : 3-8 l (12-32 tasses)
6 portions

1 gros oignon jaune
1 poivron vert frais
1 ml (¼ c. à thé) de poivre
1 ml (¼ c. à thé) d'origan
1 ml (¼ c. à thé) de basilic
720 ml (3 tasses) d'eau bouillante
240 ml (1 tasse) de sauce tomate
15 ml (1 c. à soupe) de sauce soja
240 ml (1 tasse) de céleri, en dés

240 ml (1 tasse) de carottes, en tranches
240 ml (1 tasse) de champignons frais, en tranches
454 g (1 lb) de restes de dinde, effilochés
15 ml (1 c. à soupe) de bouillon de poulet

1. Peler l'oignon et les carottes, puis retirer la tige et les graines du poivron vert. Couper le céleri, les carottes, l'oignon et le poivron vert en morceaux de 5 mm (¼ po). Laver les champignons en les essuyant avec un linge humide, puis les trancher très finement avec un couteau d'office bien affûté.
2. Verser tous les ingrédients dans la mijoteuse. Couvrir et cuire à faible intensité pendant 6 à 8 heures.

Qu'est-ce qui accompagnerait le mieux cette soupe qu'un Pain à la citrouille d'Halloween (page 84) ?

Poivrons

Les poivrons ont un goût différent selon leur couleur. Le vert est le plus acide. Le rouge possède un parfum plus poivré. Le jaune et l'orange ont une saveur douce. Mélangez-les pour créer un bouquet de saveurs uniques et obtenir un plat aux couleurs magnifiques.

Soupe aux pois cassés et au jambon

Temps de cuisson : 8 à 10 heures
Temps de préparation : 20 minutes
Attention requise : minimum
Mijoteuse : 3-8 l (12-32 tasses)
6 portions

1 oignon jaune de grosseur moyenne
3 carottes
2 branches de céleri, avec les feuilles
2 gousses d'ail
1 paquet de 454 g (16 oz) de pois cassés verts secs, rincés
480 ml (2 tasses) de jambon, en cubes
1 feuille de laurier
60 ml (¼ tasse) de persil frais, ciselé
15 ml (1 c. à soupe) de sel
2 ml (½ c. à thé) de poivre noir moulu
1,5 l (6 tasses) d'eau chaude

1. Peler et couper l'oignon en morceaux de 5 mm (¼ po). Peler et émincer la carotte en rondelles de 5 mm (¼ po) d'épaisseur, puis le céleri en morceaux de 5 mm (¼ po) d'épaisseur. Hacher finement l'ail avec un couteau d'office bien affûté.
2. Mettre tous les ingrédients dans la mijoteuse, en versant l'eau sur le dessus, mais sans mélanger. Couvrir et cuire à faible intensité pendant 8 à 10 heures. Enlever la feuille de laurier avant de servir.

Pour un heureux mariage de saveurs, servir la soupe accompagnée d'un Pain d'avoine au miel (page 88).

Congeler les plats

Lorsque vous planifiez de congeler une soupe ou un ragoût après sa cuisson, retranchez un peu de temps de cuisson afin que les légumes ne se transforment pas en purée lorsqu'ils seront réchauffés. Si possible, omettez les pommes de terre et ajoutez-les fraîches quand le plat sera réchauffé.

Crème de pommes de terre dorées raffinée

Temps de cuisson : 7 à 9 heures
Temps de préparation : 30 minutes
Attention requise : moyenne
Mijoteuse : 3-6 l (12-24 tasses)
6 portions

1 grosse branche de céleri
1 grosse carotte
4 cubes de bouillon de poulet
1,2 l (5 tasses) d'eau
15 ml (1 c. à soupe) de sel
1 boîte de 370 ml (13 oz) de lait
   concentré

6 pommes de terre dorées de grosseur
   moyenne
15 ml (1 c. à soupe) de persil séché, en
   flocons
5 ml (1 c. à thé) de poivre noir moulu
80 ml (⅓ tasse) de beurre
1 oignon jaune

1. Peler et couper les pommes de terre en cubes de 2,5 cm (1 po). Peler et hacher l'oignon en morceaux de 5 mm (¼ po). Tailler le céleri en morceaux de 5 mm (¼ po). Peler et hacher la carotte en morceaux de 5 mm (¼ po).
2. Mettre tous les ingrédients dans la mijoteuse, sauf le lait. Couvrir et cuire à faible intensité pendant 7 à 8 heures.
3. Ajouter le lait et continuer la cuisson à couvert à faible intensité pendant 30 minutes de plus.

Servir en complément d'un bifteck grillé.

Garder la pelure

Les pelures de pommes de terre contiennent de nombreuses vitamines qui ne se retrouvent pas dans la « chair ». À moins que votre recette ne demande une apparence propre et « blanche », laissez les pelures et profitez de l'apport nutritionnel supplémentaire.

Chaudrée de chou-fleur et de jambon

Temps de cuisson : 8 à 9 heures
Temps de préparation : 20 minutes
Attention requise : minimum
Mijoteuse : 3-6 l (12-24 tasses)
6 portions

480 ml (2 tasses) de jambon, en cubes
720 ml (3 tasses) de chou-fleur frais, haché
1 petit oignon blanc
240 ml (1 tasse) de lait concentré en conserve
30 ml (2 c. à soupe) de farine
240 ml (1 tasse) de fromage suisse, râpé
480 ml (2 tasses) d'eau
240 ml (1 tasse) de crème légère

1. Couper le jambon en dés de 1,5 cm (½ po). Couper le chou-fleur en morceaux de 1,5 cm (½ po). Peler et hacher finement l'oignon.
2. Mélanger le lait concentré et la farine dans la mijoteuse.
3. Ajouter le jambon, le chou-fleur, l'oignon, le fromage suisse et l'eau. Couvrir et cuire à faible intensité pendant 8 à 9 heures.
4. Incorporer la crème 10 minutes avant de servir.

Servir avec un choix de légumes marinés pour compenser la saveur douce et crémeuse de cette soupe.

Le bol est dans la courge

Utilisez la courge comme bol à soupe. De nombreuses petites courges complètent bien les soupes et les ragoûts. Coupez-les en deux, enlevez les graines et faites cuire les courges au four à micro-ondes ou au four traditionnel. Versez votre soupe à la louche dans les courges pour une allure festive.

Soupe « touski »

Temps de cuisson : 8 à 10 heures
Temps de préparation : 30 minutes
Attention requise : minimum
Mijoteuse : 4-8 l (16-32 tasses)
8 portions

6 tranches de bacon
454 g (1 lb) de jambon
454 g (1 lb) de bœuf
2 poitrines de poulet sans peau
6 carottes de grosseur moyenne
3 branches de céleri
1 gros oignon jaune
1,5 l (6 tasses) d'eau

240 ml (1 tasse) de haricots verts frais
240 ml (1 tasse) de pois frais
240 ml (1 tasse) de maïs frais
454 g (1 lb) de chair de crabe, en gros
     morceaux ou déchiquetée
1 ml (¼ c. à thé) de poivre noir moulu
5 ml (1 c. à thé) de sel de table

1. Dans une poêle moyenne, dorer le bacon sur feu moyen-vif. Tiédir sur des essuie-tout, puis émietter. Couper le jambon, le bœuf et le poulet en cubes de 2,5 cm (1 po). Peler et trancher les carottes en rondelles de 5 mm (¼ po). Couper le céleri en tranches de 5 mm (¼ po) d'épaisseur. Peler et couper l'oignon en morceaux de 5 mm (¼ po). Enlever les tiges des haricots.

2. Incorporer tous les ingrédients à la mijoteuse, sauf les pois et la chair de crabe. Couvrir et cuire à faible intensité pendant 7 à 9 heures. Ajouter les pois et la chair de crabe, puis continuer la cuisson pendant 1 à 2 heures.

Servir avec un choix de craquelins et de fromages.

Écume brune

Ne vous en faites pas, c'est un résidu normal de la cuisson lente, surtout lorsque l'on utilise du poulet avec les os. Il s'agit simplement de la combinaison de la moelle des os avec les épices et le gras. Vous n'avez qu'à enlever l'écume et à servir la soupe délicieuse·

Soupe au cari avec porc, pois et épinards

Temps de cuisson : 10 à 12 heures
Temps de préparation : 20 minutes
Attention requise : minimum
Mijoteuse : 3-6 l (12-24 tasses)
8 portions

750 g (1 ½ lb) de rôti de porc
240 ml (1 tasse) de carottes miniatures
1 branche de céleri
1 oignon blanc de grosseur moyenne
240 ml (1 tasse) de pois cassés jaunes, rincés
1,5 l (6 tasses) de bouillon de poulet
10 ml (2 c. à thé) de poudre de cari
2 ml (½ c. à thé) de paprika
1 ml (¼ c. à thé) de cumin moulu
1 ml (¼ c. à thé) de poivre noir moulu
480 ml (2 tasses) d'épinards frais, déchiquetés

1. Enlever le gras du rôti de porc et couper en cubes de 1,5 cm (½ po). Couper les carottes miniatures en deux. Hacher le céleri en morceaux de 5 mm (¼ po). Peler et hacher l'oignon en morceaux de 5 mm (¼ po).
2. Mettre tous les ingrédients dans la mijoteuse, sauf les épinards. Bien mélanger. Couvrir et cuire à faible intensité pendant 10 à 12 heures.
3. Déchiqueter les épinards en morceaux de 2,5 cm (1 po) et les incorporer à la soupe au moment de servir.

Servir accompagnée du Pain blanc parsemé de graines (page 90).

Du cari, s'il vous plaît

La poudre de cari ne consiste pas en une seule épice, mais en un mélange de 15 à 50 épices différentes. Le cari de Madras possède habituellement la saveur la plus riche.

Soupe aux haricots de Lima du cousin Jimmy

Temps de cuisson : 8 à 10 heures
Temps de préparation : 20 minutes
Attention requise : minimum
Mijoteuse : 3-6 l (12-24 tasses)
8 portions

1 gros oignon jaune
2 branches de céleri
3 grosses pommes de terre
3 carottes de grosseur moyenne
5 ml (1 c. à thé) d'origan séché
2 feuilles de laurier
1,5 l (6 tasses) de bouillon de bœuf

480 ml (2 tasses) de saucisse kielbassa, en rondelles
1 sac de 454 g (1 lb) de gros haricots de Lima secs
15 ml (1 c. à soupe) de sel de table
5 ml (1 c. à thé) de poivre
1 l (4 tasses) d'eau

1. Peler et hacher l'oignon en morceaux de 5 mm (¼ po). Hacher le céleri en morceaux de 5 mm (¼ po). Peler et couper les pommes de terre en dés de 1,5 cm (½ po). Peler et couper les carottes en morceaux de 5 mm (¼ po). Trancher la saucisse kielbassa en rondelles de 5 mm (¼ po) d'épaisseur. Rincer les haricots de Lima.

2. Mettre tous les ingrédients dans la mijoteuse. Bien remuer. Couvrir et cuire à faible intensité pendant 8 à 10 heures. Enlever les feuilles de laurier avant de servir.

Servir accompagnée d'un Pain brun copieux (page 91) et d'un choix de fromages.

Combien d'eau ?

Lorsque vous faites cuire une soupe, ajoutez seulement suffisamment d'eau pour recouvrir les ingrédients. Avant de servir, rajoutez-en, si vous désirez une soupe plus claire.

Soupe brocoli et nouilles au goût de fromage

Temps de cuisson : 4 à 5 heures
Temps de préparation : 30 minutes
Attention requise : minimum
Mijoteuse : 3-6 l (12-24 tasses)
6 portions

480 ml (2 tasses) de nouilles
480 ml (2 tasses) de brocoli frais, haché
1 oignon blanc de grosseur moyenne
480 ml (2 tasses) de fromage fondu, en cubes
30 ml (2 c. à soupe) de beurre
15 ml (1 c. à soupe) de farine
2 ml (½ c. à thé) de sel de table
1,3 l (5 ½ tasses) de lait écrémé

1. Cuire les nouilles dans une casserole d'eau bouillante jusqu'à ce qu'elles soient tendres, mais encore croquantes au centre. Couper le brocoli en morceaux de 2,5 cm (1 po). Peler et hacher l'oignon en morceaux de 5 mm (¼ po). Couper le fromage en cubes de 1,5 cm (½ po).
2. Mélanger tous les ingrédients dans la mijoteuse. Couvrir et cuire à faible intensité pendant 4 à 5 heures.

Servir en entrée du Rôti de bœuf aux fruits séchés (page 110).

Buffet à la mijoteuse

La prochaine fois que vous organisez un buffet, n'oubliez pas votre mijoteuse. Ajoutez une soupe ou des hors-d'œuvre chauds au menu, c'est une façon simple et rapide de servir de nombreux convives.

Gombo au jambon et au poulet

Temps de cuisson : 7 à 9 heures
Temps de préparation : 30 minutes
Attention requise : minimum
Mijoteuse : 3-8 l (12-32 tasses)
8 portions

750 g (1 ½ lb) de poitrine de poulet
227 g (½ lb) de jambon fumé
15 ml (1 c. à soupe) d'huile
240 ml (1 tasse) de gombos frais, en tranches
2 oignons blancs de grosseur moyenne
1 poivron vert de grosseur moyenne
4 grosses tomates rouges
60 ml (¼ tasse) de chiles verts frais ou en conserve, en dés
2 ml (½ c. à thé) de poivre noir moulu

30 ml (2 c. à soupe) de coriandre fraîche, ciselée
1,5 l (6 tasses) de bouillon de poulet
3 boîtes de 455 ml (16 oz) de petits haricots blancs, **ou** 840 à 960 ml (3 ½ à 4 tasses) de petits haricots blancs secs, cuits
120 ml (½ tasse) de riz blanc sec
3 ml (¾ c. à thé) de sel de table
15 ml (1 c. à soupe) d'huile

1. Enlever et jeter la peau et les os du poulet. Couper le poulet et le jambon en morceaux de 2,5 cm (1 po). Dans une poêle moyenne, cuire le jambon et le poulet dans l'huile sur feu moyen, jusqu'à ce que le poulet perde sa coloration rosée. Couper les gombos en tranches de 5 mm (¼ po) d'épaisseur. Peler et couper les oignons en morceaux de 5 mm (¼ po). Enlever la tige et les graines du poivron vert et couper en morceaux de 5 mm (¼ po). Couper la tomate en morceaux de 1,5 cm (½ po). Couper les chiles verts en dés à l'aide d'un couteau d'office bien affûté. Hacher la coriandre en morceaux de 5 mm (¼ po).

2. Mélanger tous les ingrédients dans la mijoteuse, sauf la coriandre. Couvrir et cuire à faible intensité pendant 7 à 9 heures. Incorporer la coriandre juste avant de servir.

Servir accompagnée d'un Pain blanc parsemé de graines (page 90) et d'un choix de fromages.

Cuisson du riz

Le riz blanc traité demande moins d'eau que le riz complet à grains longs ou le riz sauvage, lesquels peuvent demander jusqu'à 1,5 l (6 tasses) d'eau par 240 ml (1 tasse) de riz sec. Si vous avez un doute, lisez les instructions inscrites sur l'emballage.

Chaudrée de palourdes, de poulet et de jambon

Temps de cuisson : 8 à 10 heures
Temps de préparation : 30 minutes
Attention requise : minimum
Mijoteuse : 3-8 l (12-32 tasses)
8 portions

4 poitrines de poulet
454 g (1 lb) de bacon
227 g (½ lb) de jambon
2 gros oignons jaunes
4 carottes de grosseur moyenne
4 branches de céleri
4 pommes de terre de grosseur moyenne
240 ml (1 tasse) de palourdes, avec le jus

480 ml (2 tasses) de maïs à grains entiers, avec le liquide
1 l (4 tasses) de bouillon de poulet
2 ml (½ c. à thé) de sel de table
2 ml (½ c. à thé) de poivre noir moulu
180 ml (¾ tasse) de farine
1 l (4 tasses) de lait
1 l (4 tasses) de cheddar, râpé
120 ml (½ tasse) de crème à fouetter
1 botte d'oignons verts

1. Enlever la peau et les os des poitrines de poulet, puis couper la viande en morceaux de 2,5 cm (1 po). Couper le bacon en morceaux de 2,5 cm (1 po). Couper le jambon en cubes de 1,5 cm (½ po). Peler et hacher l'oignon en morceaux de 5 mm (¼ po). Peler et couper les carottes en rondelles de 5 mm (¼ po). Hacher le céleri en morceaux de 5 mm (¼ po). Peler et couper les pommes de terre en dés de 1,5 cm (½ po).
2. Faire revenir le bacon, le jambon, le poulet, le céleri et les oignons jaunes dans une grande poêle à feu moyen, jusqu'à ce que le bacon soit croustillant. Retirer le gras et verser le mélange dans la mijoteuse. Ajouter les carottes, les pommes de terre, les palourdes, le maïs, le sel, le poivre et le bouillon de poulet. Couvrir et cuire à faible intensité pendant 7 à 9 heures.
3. Enlever les racines et la première pelure des oignons verts et les hacher en morceaux de 5 mm (¼ po), incluant les tiges vertes. Dans un bol moyen, mélanger la farine, le lait, le fromage et la crème. Fouetter rapidement jusqu'à consistance mousseuse, puis verser dans la soupe. Couvrir et continuer la cuisson à faible intensité pendant 1 heure. Juste avant de servir, incorporer les oignons verts.

Servir avec un choix de légumes marinés et de fromages.

Potage à la bière

Temps de cuisson : 4 heures
Temps de préparation : 15 minutes
Attention requise : minimum
Mijoteuse : 3-8 l (12-32 tasses)
6 portions

40 ml (2 ½ c. à soupe) de beurre
25 ml (1 ½ c. à soupe) de farine
½ bâtonnet de cannelle
2 ml (½ c. à thé) de sucre
2 jaunes d'œufs
120 ml (½ tasse) de lait
480 ml (2 tasses) de pilsen, bière pâle fortement houblonnée

1. Dans une poêle moyenne, faire fondre le beurre sur feu moyen. Ajouter la farine et cuire jusqu'à ce qu'elle brunisse. Verser le mélange de farine dans la mijoteuse. Ajouter la bière, la cannelle et le sucre. Couvrir et cuire à intensité élevée pendant 4 heures.
2. Régler la mijoteuse à faible intensité. Fouetter les jaunes d'œufs et le lait. Incorporer ce mélange à la soupe. Cuire à découvert à intensité élevée pendant 15 minutes. Passer avant de servir.

Servir en entrée des Bouts de bœuf pétillants (page 117).

Problèmes avec la cannelle

Même si elle possède un goût merveilleux, la cannelle est une épice difficile. Elle peut tuer la levure, empêchant le pain de lever. Elle se diffuse peu dans les soupes et les ragoûts, mais a plutôt tendance à rester en surface.

Soupe italienne aux légumes

Temps de cuisson : 6 à 8 heures
Temps de préparation : 20 minutes
Attention requise : minimum
Mijoteuse : 3-6 l (12-24 tasses)
6 portions

1 kg (2 lb) de bœuf haché
1 petite courgette
3 pommes de terre de grosseur moyenne
1 boîte de maïs
1 boîte de 455 ml (16 oz) de sauce tomate
30 ml (2 c. à soupe) d'origan moulu
0,5 ml (⅛ c. à thé) de basilic
2 ml (½ c. à thé) de sel d'ail
3 feuilles de laurier

1. Dans une poêle moyenne, dorer le bœuf haché sur feu moyen-vif, puis éliminer le gras.
2. Couper la courgette en morceaux de 1,5 cm (½ po). Peler et couper les pommes de terre en dés de 1,5 cm (½ po).
3. Mettre tous les ingrédients dans la mijoteuse. Couvrir et cuire à faible intensité pendant 6 à 8 heures.

Servir accompagnée de linguines au beurre à l'ail.

Enlever les feuilles de lauriers

Les feuilles de laurier parfument un plat, mais il faut les retirer avant de servir, car elles peuvent être coupantes.

Temps de cuisson : 7 à 9 heures
Temps de préparation : 20 minutes
Attention requise : minimum
Mijoteuse : 3-8 l (12-32 tasses)
8 portions

Soupe à l'orge et à l'agneau

1,2 kg (2 ½ lb) d'agneau
2 oignons blancs de grosseur moyenne
3 branches de céleri
720 ml (3 tasses) de persil, ciselé
45 ml (3 c. à soupe) de beurre
240 ml (1 tasse) d'orge de grosseur moyenne
2 ml (½ c. à thé) de sel de table
2 ml (½ c. à thé) de poivre noir moulu
1 feuille de laurier
1,5 l (6 tasses) d'eau

1. Couper l'agneau en cubes de 2,5 cm (1 po), en éliminant le gras au fur et à mesure. Peler et hacher l'oignon en morceaux de 5 mm (¼ po). Couper le céleri en morceaux de 5 mm (¼ po), incluant les feuilles. Ciseler le persil en morceaux de 1,5 cm (½ po).
2. Chauffer le beurre dans une grande poêle à feu moyen, jusqu'à ce qu'il brunisse. Faire revenir l'agneau pendant environ 10 minutes. À l'aide d'une cuillère à égoutter, enlever la viande de la poêle et la mettre dans la mijoteuse. Sauter l'oignon, jusqu'à ce qu'il devienne transparent. Éliminer le gras, puis verser l'oignon dans la mijoteuse. Mettre le céleri, le persil, l'orge, le sel, le poivre, la feuille de laurier et l'eau dans la mijoteuse. Couvrir et cuire à faible intensité pendant 7 à 9 heures.

Servir avec une salade verte fraîche et des œufs durs.

Faire revenir les aliments

Lorsqu'une recette vous demande de faire revenir des ingrédients, cuisez-les dans une poêle à frire sur feu moyen-vif à vif. L'huile est l'ingrédient le plus souvent utilisé pour faire sauter les aliments, bien que l'eau et les vinaigres aromatisés soient de bons choix faibles en gras.

Soupe au cari et aux tomates

Temps de cuisson : 8 à 10 heures
Temps de préparation : 30 minutes
Attention requise : minimum
Mijoteuse : 3-8 l (12-32 tasses)
8 portions

2 gousses d'ail
12 tomates italiennes
1 l (4 tasses) de bouillon de poulet
15 ml (1 c. à soupe) de poudre de cari
1 ml (¼ c. à thé) de cannelle
2 ml (½ c. à thé) de sel de table
1 oignon blanc de grosseur moyenne
1 l (4 tasses) de nouilles aux œufs sèches

1. Peler et hacher l'oignon en morceaux de 5 mm (¼ po). Peler et hacher finement l'ail avec un couteau de cuisine bien affûté. Hacher les tomates en morceaux de 5 mm (¼ po).
2. Mélanger tous les ingrédients dans la mijoteuse, sauf les nouilles aux œufs. Couvrir et cuire à faible intensité pendant 7 à 9 heures.
3. Ajouter les nouilles aux œufs. Couvrir et continuer la cuisson à faible intensité pendant 1 heure.

Servir en entrée avec le Poulet au cari vert des Indes orientales (page 222).

Cuisiner avec la tomate

Lorsque vous utilisez des tomates fraîches dans une recette, assurez-vous de les faire cuire pendant au moins 4 heures à faible intensité. Cela éliminera l'acidité et donnera un goût plus doux aux plats. Cela évitera également à vos invités d'avoir des brûlures d'estomac.

Potage de pommes de terre dorées avec jambon et oignon Vidalia

Temps de cuisson : 8 à 10 heures
Temps de préparation : 15 minutes
Attention requise : minimum
Mijoteuse : 3-8 l (12-32 tasses)
8 portions

240 ml (1 tasse) de jambon
2 gros oignons Vidalia
½ petit poivron rouge
4 grosses pommes de terre dorées
480 ml (2 tasses) de bouillon de poulet
2 ml (½ c. à thé) de poivre noir moulu
240 ml (1 tasse) de lait écrémé
240 ml (1 tasse) de ricotta

1. Couper le jambon en morceaux de 1,5 cm (½ po). Peler et couper les oignons en morceaux de 5 mm (¼ po). Enlever la tige et les graines du poivron rouge et couper le tout en morceaux de 5 mm (¼ po). Peler et couper les pommes de terre en morceaux de 1,5 cm (½ po).
2. Mettre le jambon, les oignons, le poivron, les pommes de terre, le bouillon et le poivre noir dans la mijoteuse. Couvrir et cuire à faible intensité pendant 8 à 10 heures. Une demi-heure avant de servir, incorporer le lait écrémé et la ricotta. Couvrir et continuer la cuisson à faible intensité.

Servir avec des craquelins fins et des légumes frais, comme du poivron rouge et des bâtonnets de carottes et de céleri.

Potage du Wisconsin à la bière et au fromage

Temps de cuisson : 1 à 2 heures
Temps de préparation : 10 minutes
Attention requise : grande
Mijoteuse : 3-8 l (12-32 tasses)
8 portions

1 gros oignon
240 ml (1 tasse) de cheddar fort
120 ml (½ tasse) de bouillon de légumes
240 ml (1 tasse) de pilsen, bière pâle fortement houblonnée
480 ml (2 tasses) de lait 1 %
2 ml (½ c. à thé) de poudre d'ail
2 ml (½ c. à thé) de poivre noir moulu

Peler et hacher l'oignon en morceaux de 5 mm (¼ po). Râper le fromage. Mélanger tous les ingrédients dans la mijoteuse. Couvrir et cuire à faible intensité pendant 1 à 2 heures, en remuant toutes les 10 minutes. Ne pas trop cuire, car le fromage risque de se séparer.

Servir garni de maïs soufflé blanc fraîchement éclaté.

Chaudrée de maïs et de fromage facile à préparer

Temps de cuisson : 8 à 9 heures
Temps de préparation : 15 minutes
Attention requise : minimum
Mijoteuse : 3-6 l (12-24 tasses)
6 portions

1 oignon jaune de grosseur moyenne
4 carottes de grosseur moyenne
4 branches de céleri
360 ml (1 ½ tasse) de cheddar râpé
180 ml (¾ tasse) d'eau
5 ml (1 c. à thé) de sel de table
5 ml (1 c. à thé) de poivre noir moulu
480 ml (2 tasses) de maïs à grains entiers, en conserve ou frais
480 ml (2 tasses) de crème de maïs en conserve
720 ml (3 tasses) de lait

1. Peler et hacher l'oignon en morceaux de 5 mm (¼ po). Peler et couper les carottes en rondelles de 5 mm (¼ po). Couper le céleri en tranches de 5 mm (¼ po).
2. Mélanger l'eau, l'oignon, les carottes, le céleri, le sel et le poivre dans la mijoteuse. Couvrir et cuire à faible intensité pendant 8 à 9 heures. Une heure avant de servir, incorporer le maïs, le lait et le fromage. Couvrir et continuer la cuisson à faible intensité pendant 1 heure.

Maïs congelé

Vous pouvez utiliser du maïs en conserve ou congelé dans toutes les recettes qui demandent du maïs frais. Il résiste bien à de nombreuses heures de cuisson. Et comme les grains sont petits, même le maïs congelé se réchauffe rapidement.

Crème d'asperges et de poireaux

Temps de cuisson : 8 à 10 heures
Temps de préparation : 20 minutes
Attention requise : moyenne
Mijoteuse : 3-8 l (12-32 tasses)
6 portions

2 pommes de terre de grosseur moyenne
2 gros poireaux
3 carottes de grosseur moyenne
2 branches de céleri
1 kg (2 lb) d'asperges
10 ml (2 c. à thé) de thym
1 l (4 tasses) de bouillon de poulet
480 ml (2 tasses) de lait 1 %

1. Peler et hacher les pommes de terre et les poireaux en morceaux de 5 mm (¼ po). Hacher les carottes et le céleri en morceaux de 5 mm (¼ po). Prélever les pointes d'asperges et réserver. Hacher la partie verte de la tige en morceaux de 5 mm (¼ po).
2. Mettre les carottes, le céleri, les pommes de terre, les poireaux, le thym, les tiges d'asperges et le bouillon de poulet dans la mijoteuse. Couvrir et cuire à faible intensité pendant 7 à 9 heures.
3. Mettre la mixture dans un mélangeur et la réduire en purée lisse. Incorporer le lait et les pointes d'asperges. Couvrir et continuer la cuisson pendant 1 heure.

Pour un heureux mélange de saveurs, servir avec du Pain à la courgette (page 85).

Soupe trop claire

Essayez d'ajouter la moitié de l'eau demandée. Si elle est toujours trop claire, retirez le couvercle de la mijoteuse 1 à 2 heures avant de servir.

Soupe suédoise aux fruits

Temps de cuisson : 8 à 10 heures
Temps de préparation : 30 minutes
Attention requise : minimum
Mijoteuse : 3-8 l (12-32 tasses)
8 portions

240 ml (1 tasse) d'abricots séchés
240 ml (1 tasse) de pommes séchées
240 ml (1 tasse) de prunes séchées
240 ml (1 tasse) de poires séchées
240 ml (1 tasse) de pêches séchées
240 ml (1 tasse) de cerises noires douces en conserve, dénoyautées
120 ml (½ tasse) de vin rouge moelleux
240 ml (1 tasse) de jus d'orange
60 ml (¼ tasse) de jus de citron
120 ml (½ tasse) de cassonade
120 ml (½ tasse) de tapioca à cuisson rapide

1. Couper les fruits séchés en morceaux de 2,5 cm (1 po).
2. Mettre tous les ingrédients dans la mijoteuse et bien remuer. Couvrir et cuire à faible intensité pendant 8 à 10 heures.
3. Vérifier la quantité d'eau après 5 heures de cuisson pour déterminer s'il faut en ajouter. La soupe devrait avoir la consistance d'un sirop clair ; si elle est plus épaisse, ajouter 120 ml (½ tasse) d'eau.

Cette soupe est excellente lorsqu'elle est servie chaude sur un gâteau blanc traditionnel avec de la glace à la vanille.

Ingrédients sautés faibles en gras

Pour une cuisson sans gras, optez pour des vinaigres aromatisés lorsque vous faites revenir des viandes et des légumes. Ils ajoutent un goût léger au plat et s'harmonisent bien avec presque toutes les recettes.

Soupe au porc et aux pois à la danoise

Temps de cuisson : 8 à 10 heures
Temps de préparation : 30 minutes
Attention requise : minimum
Mijoteuse : 3-8 l (12-32 tasses)
8 portions

454 g (1 lb) de pois cassés jaunes
1 kg (2 lb) de bacon maigre
454 g (1 lb) de saucisse de porc
4 poireaux de grosseur moyenne
3 carottes de grosseur moyenne
2 branches de céleri
5 ml (1 c. à thé) de sel
5 ml (1 c. à thé) de poivre noir
1,5 l (6 tasses) de bouillon de légumes

1. Rincer les pois cassés. Couper le bacon et la saucisse en morceaux de 2,5 cm (1 po). Peler et hacher les poireaux en morceaux de 5 mm (¼ po). Couper le céleri et les carottes en morceaux de 5 mm (¼ po).
2. Dans une grande poêle, dorer le bacon et la saucisse sur feu moyen-vif, puis éliminer le gras. Déposer les viandes sur des essuie-tout pour qu'ils absorbent encore plus de gras.
3. Mettre tous les ingrédients dans la mijoteuse. Couvrir et cuire à faible intensité pendant 8 à 10 heures

Servir avec des canapés faits de concombre et de fromage à la crème sur un pain de seigle grillé.

Dégraisser la viande

Pour éliminer presque tout le gras du bœuf haché et du bacon, faites-les cuire au four à micro-ondes, puis déposez-les sur plusieurs couches d'essuie-tout pour les égoutter. Déposez un essuie-tout sur le dessus de la viande et tapotez un peu avant de la mettre dans la mijoteuse.

CHAPITRE 4

Repas tout-en-un

Casserole de bœuf haché et de pommes de terre

Temps de cuisson : 7 à 9 heures
Temps de préparation : 20 minutes
Attention requise : minimum
Mijoteuse : 4-6 l (16-24 tasses)
4 portions

454 g (1 lb) de bœuf haché maigre
3 pommes de terre de grosseur moyenne
4 carottes de grosseur moyenne
1 oignon jaune de grosseur moyenne
240 ml (1 tasse) de pois frais
30 ml (2 c. à soupe) de riz blanc sec
5 ml (1 c. à thé) de sel de table
2 ml (½ c. à thé) de poivre noir moulu
240 ml (1 tasse) de jus de tomate

1. Dans une poêle moyenne, dorer le bœuf sur feu moyen-vif, puis éliminer le gras. Peler et couper les pommes de terre en tranches de 5 mm (¼ po) d'épaisseur. Peler et trancher les carottes en rondelles de 5 mm (¼ po) d'épaisseur. Peler et couper l'oignon en morceaux de 5 mm (¼ po).
2. Verser tous les ingrédients dans la mijoteuse, sauf les pois. Bien remuer. Couvrir et cuire à faible intensité pendant 5 à 7 heures. Ajouter les pois et poursuivre la cuisson pendant 2 heures.

Servir en guise de dessert le Mélange de fruits chauds (page 314).

Garder les légumes pour la fin

Ajoutez les légumes à cuisson rapide moins de 2 heures avant de servir. Les pois, tout spécialement, peuvent se transformer en purée s'ils sont mis plus tôt. Si vous les aimez plus croquants, ajoutez-les plus tard.

Casseroles d'épinards, de fromage et d'œufs

Temps de cuisson : 5 à 6 heures
Temps de préparation : 20 minutes
Attention requise : moyenne
Mijoteuse : 3-6 l (12-24 tasses)
8 portions

2 bottes d'épinards frais
480 ml (2 tasses) de fromage cottage
360 ml (1 ½ tasse) de cheddar, râpé
3 œufs
60 ml (¼ tasse) de farine
5 ml (1 c. à thé) de sel de table
120 ml (½ tasse) de beurre, fondu

1. Laver les épinards dans l'eau froide et enlever les tiges. Déchirer les feuilles en morceaux de 2,5 cm (1 po). Mettre les feuilles d'épinards, le fromage cottage et le cheddar dans un grand bol à mélanger.
2. Dans un petit bol, mélanger les œufs, la farine, le sel de table et le beurre, jusqu'à consistance homogène. Verser sur le mélange d'épinards. Bien mélanger avec une cuillère de bois.
3. Verser le mélange dans la mijoteuse, couvrir et cuire à intensité élevée pendant 1 heure. Bien remuer après la première heure de cuisson, puis régler la mijoteuse à faible intensité.
4. Couvrir et cuire pendant 4 à 5 heures.

Cette recette mérite d'être essayée pour un élégant brunch du dimanche. Comme accompagnement, servez du champagne et des croissants au beurre. Vos convives ne croiront jamais qu'elle a été cuisinée à la mijoteuse !

Omettre le jaune d'œuf

Le jaune d'œuf contient tout le gras et le cholestérol de l'œuf. Utilisez des blancs d'œufs au lieu d'œufs entiers, lorsque vous faites des pâtes, des gâteaux et d'autres plats. Habituellement, deux blancs d'œuf peuvent remplacer un œuf entier.

Plat au corned-beef

Temps de cuisson : 8 à 9 heures
Temps de préparation : 20 minutes
Attention requise : minimum
Mijoteuse : 4-6 l (16-24 tasses)
6 portions

2 oignons jaunes
6 petites pommes de terre
12 carottes
2 feuilles de laurier
480 ml (2 tasses) d'eau

1 rutabaga, pelé et coupé en quartiers
6 branches de céleri
1 chou pommé
1,5 kg (3 lb) de corned-beef
20 grains de poivre noir

1. Peler et couper les oignons en quartiers. Peler et couper les pommes de terre en deux. Peler et couper les carottes en quartiers. Peler et couper le rutabaga en 8 morceaux. Couper les branches de céleri en quartiers. Couper le chou en 8 morceaux.
2. Mettre le corned-beef au fond de la mijoteuse. Déposer les feuilles de laurier et les grains de poivre par-dessus. Placer les légumes en étages dans l'ordre suivant : oignons, pommes de terre, céleri, carottes, chou et rutabaga. Ajouter l'eau. Couvrir et cuire à faible intensité pendant 8 à 9 heures, ou jusqu'à ce que le rutabaga soit tendre.
3. Enlever les feuilles de laurier avant de servir. Couper la viande en tranches minces en travers du grain.

Disposer la viande et les légumes sur un grand plat de service. Utiliser le jus de cuisson en guise de sauce.

Des pommes de terre fermes

Essayez de les faire cuire moins longtemps ; ajoutez-les plus tard durant la cuisson. Ou, si vous faites un rôti braisé, utilisez des pommes de terre entières.

Saucisses et légumes d'automne

Temps de cuisson : 6 à 8 heures
Temps de préparation : 20 minutes
Attention requise : minimum
Mijoteuse : 3-6 l (12-24 tasses)
4 portions

454 g (1 lb) de courge poivrée (courgeron)

2 pommes de terre de grosseur moyenne

4 carottes

4 branches de céleri

60 ml (¼ tasse) de poivron vert, haché

2 oignons jaunes

240 ml (1 tasse) de courgette, en tranches

240 ml (1 tasse) de pois frais ou congelés

240 ml (1 tasse) de haricots frais ou congelés

480 ml (2 tasses) de bouillon de bœuf, frais ou en conserve

30 ml (2 c. à soupe) de vin rouge

1 ml (¼ c. à thé) de poivre noir moulu

5 ml (1 c. à thé) de romarin séché, émietté

227 g (½ lb) de grosse saucisse **ou** de boulette à la chair de saucisse

30 ml (2 c. à soupe) de farine

120 ml (½ tasse) d'eau chaude

1. Peler et couper la courge en cubes de 1,5 cm (½ po). (Comme la courge possède une peau coriace, utilisez un grand couteau bien affûté et travaillez sur une surface dure.) Peler et couper les pommes de terre en dés de 1,5 cm (½ po). Peler et couper les carottes en tronçons de 2,5 cm (1 po). Couper les branches de céleri en tronçons de 2,5 cm (1 po). Étrogner le poivron vert et le couper en dés de 5 mm (¼ po) avec un couteau moyen. Peler et couper les oignons en quatre. Couper les courgettes en tranches de 5 mm (¼ po) d'épaisseur.

2. Incorporer la courge, les pommes de terre, les carottes, le céleri, la courgette, les haricots verts, le bouillon, le vin, le poivre noir et le romarin à la mijoteuse, et remuer.

3. Couper les saucisses en tranches de 1,5 cm (½ po) d'épaisseur. S'il s'agit de boulettes, les émietter en morceaux de la grosseur d'une bille. Dans une poêle à frire, dorer la saucisse et les oignons avec le poivron vert sur feu moyen-vif. Retirer la graisse et verser le mélange sur des essuie-tout. Laisser reposer 2 minutes pour qu'ils absorbent le surplus de gras. Verser ensuite ce mélange dans la mijoteuse. Couvrir et cuire à faible intensité pendant 6 à 8 heures.

4. Une heure avant de servir, ajouter les pois. Dans un petit bol, verser 30 ml (2 c. à soupe) de farine et 120 ml (½ tasse) d'eau et, avec une fourchette, mélanger jusqu'à consistance lisse. Incorporer le tout à la mijoteuse et remuer. Poursuivre la cuisson à couvert pendant 1 heure.

Servir avec du Pain brun copieux (page 91) et du fromage à la crème.

Viandes mélangées à la Tetrazzini

Temps de cuisson : 6 à 8 heures
Temps de préparation : 30 minutes
Attention requise : minimum
Mijoteuse : 4-6 l (16-24 tasses)
8 portions

1 botte de petits oignons verts
240 ml (1 tasse) de céleri
120 ml (½ tasse) d'olives vertes farcies, hachées
1 poivron vert
227 g (½ lb) de champignons frais
1 paquet de 454 g (1 lb) de spaghetti
15 ml (1 c. à soupe) de persil séché

240 ml (1 tasse) de poulet, précuit et coupé en cubes
240 ml (1 tasse) de dinde, précuite et coupée en cubes
240 ml (1 tasse) de jambon, précuit et coupé en cubes
720 ml (3 tasses) de bouillon de poulet

1. Peler et hacher les oignons verts en morceaux de 5 mm (¼ po). Hacher le céleri en morceaux de 5 mm (¼ po). Enlever la tige et les graines du poivron vert et le hacher en morceaux de 5 mm (¼ po). Laver les champignons en les essuyant avec un linge humide, puis les trancher finement. Faire cuire à l'avance la viande au four à micro-ondes ou utiliser des restes. Couper la viande en cubes de 2,5 cm (1 po). Briser les spaghettis en morceaux d'environ 2,5 cm (1 po).

2. Dans la mijoteuse, disposer les ingrédients en plusieurs couches dans l'ordre suivant :

   1. Spaghettis ;
   2. Viandes ;
   3. Oignons ;
   4. Olives ;
   5. Céleri et persil ;
   6. Poivron ;
   7. Champignons.

   Verser le bouillon de poulet par-dessus. Couvrir et cuire à faible intensité pendant 6 à 8 heures.

Servir avec une grande cuillère et saupoudrer le tout de parmesan avant de servir.

Des pâtes intéressantes

Pour un goût différent lors de votre prochain plat de pâtes, essayez différentes pâtes aux légumes, comme celles aux tomates ou aux épinards. Elles ont souvent une consistance plus solide et nutritive que les pâtes régulières.

Casserole de bœuf et de haricots à arôme de fumée

Temps de cuisson : 4 à 6 heures
Temps de préparation : 15 minutes
Attention requise : minimum
Mijoteuse : 3-6 l (12-24 tasses)
4 portions

454 g (1 lb) de bœuf haché maigre
1 gros oignon jaune
350 g (¾ lb) de bacon
240 ml (1 tasse) de ketchup
60 ml (¼ tasse) de cassonade
15 ml (1 c. à soupe) d'assaisonnement liquide à arôme de fumée
45 ml (3 c. à soupe) de vinaigre blanc
5 ml (1 c. à thé) de sel
2 ml (½ c. à thé) de poivre noir moulu

2 boîtes de fèves au lard
1 boîte de haricots de Lima
1 boîte de haricots rouges

1. Dans une poêle moyenne, dorer le bœuf haché sur feu moyen-vif, en remuant, jusqu'à ce que la viande soit brune. Éliminer le gras, puis verser la viande dans la mijoteuse.
2. Peler et hacher l'oignon en morceaux de 5 mm (¼ po). Trancher le bacon en morceaux de 2,5 cm (1 po). Cuire l'oignon et le bacon dans la poêle à feu moyen, en remuant jusqu'à ce que le bacon soit croustillant.
3. Mettre tous les ingrédients dans la mijoteuse et bien remuer. Cuire à couvert à faible intensité pendant 4 à 6 heures.

Servir en guise de dessert le Pouding de pain perdu aux raisins (page 324).

Les haricots interchangeables

Remplacez les variétés de haricots au gré de votre inspiration. Allez à votre coopérative alimentaire locale et essayez des haricots à l'aspect différent pour votre prochain chili ou votre prochaine soupe aux haricots. Tous les haricots ont une saveur assez douce ; vous ne pouvez donc commettre d'erreurs graves et vous pourriez découvrir un nouveau chouchou.

Jambalaya style Nouvelle-Orléans

Temps de cuisson : 7 à 8 heures
Temps de préparation : 45 minutes
Attention requise : moyenne
Mijoteuse : 4-8 l (16-32 tasses)
8 portions

1 poulet de 1,5 kg (3 lb)

454 g (1 lb) de saucisse fumée épicée

45 ml (3 c. à soupe) d'huile d'olive

240 ml (1 tasse) de céleri, haché

180 ml (¾ tasse) de persil frais, haché

1 gros oignon jaune

160 ml (⅔ tasse) de poivron vert, haché

2 gousses d'ail

8 tomates entières

240 ml (1 tasse) d'oignons verts, hachés

480 ml (2 tasses) de bouillon de poulet

1 boîte de 170 ml (6 oz) de pâte de tomates

7 ml (1 ½ c. à thé) de thym

2 feuilles de laurier

10 ml (2 c. à thé) d'origan

5 ml (1 c. à thé) de poudre de chili

5 ml (1 c. à thé) de sel

2 ml (½ c. à thé) de piment de Cayenne

5 ml (1 c. à thé) de poivre noir moulu

5 ml (1 c. à thé) de poudre d'ail

480 ml (2 tasses) de riz à grains longs, non cuit, lavé et rincé

1,5 kg (3 lb) de crevettes crues

Jambalaya style
Nouvelle-Orléans (suite)

1. Mettre le poulet dans une grande marmite, recouvrir d'eau et faire bouillir pendant 1 heure sur la cuisinière. Retirer le poulet et prélever la chair ; jeter la peau. Couper la viande en morceaux de la grosseur d'une bouchée et déposer dans la mijoteuse.

2. Couper la saucisse en morceaux de 5 mm (¼ po). Cuire dans une grande poêle à frire dans l'huile d'olive à feu moyen, jusqu'à ce qu'elle soit dorée. Enlever la viande avec une cuillère à égoutter et la mettre sur des essuie-tout pour qu'ils absorbent le reste de la graisse.

3. Hacher le céleri et le persil en morceaux de 5 mm (¼ po). Peler et hacher l'oignon en morceaux de 5 mm (¼ po). Enlever les graines et la tige du poivron vert et le hacher en morceaux de 5 mm (¼ po). Hacher finement l'ail avec un couteau de cuisine bien affûté. Sauter le céleri, le persil, l'oignon, le poivron vert et l'ail dans la graisse de saucisse sur feu moyen pendant 5 minutes. Éliminer le gras.

4. Couper les tomates en quartiers. Enlever les racines et la couche externe des oignons verts et les hacher en morceaux de 5 mm (¼ po), incluant la partie verte. Déposer tous les ingrédients dans la mijoteuse à l'exception des crevettes ; remuer et cuire à couvert à faible intensité pendant 6 à 7 heures.

5. Une heure avant de servir, faire bouillir les crevettes dans l'eau pendant 10 minutes. Décortiquer et déveiner en passant la dent d'une fourchette sur le dos des crevettes. Mettre les crevettes dans la mijoteuse, puis remuer. Continuer la cuisson à faible intensité pendant 1 heure.

Servir avec un dessert léger, comme la Soupe suédoise aux fruits (page 46), sur de la glace à la vanille.

Poulet et boulettes de pâtes

Temps de cuisson : 8 ½ à 10 ½ heures
Temps de préparation : 15 minutes
Attention requise : minimum
Mijoteuse : 4-6 l (16 à 24 tasses)
4 portions

180 ml (¾ tasse) de lait
1 petit oignon jaune
10 ml (2 c. à thé) de sel
3 branches de céleri
1 poulet de 1,5 kg (3 lb), découpé
3 carottes de grosseur moyenne
120 ml (½ tasse) de bouillon de poulet

2 ml (½ c. à thé) de poivre noir moulu
2 ml (½ c. à thé) d'assaisonnement
   pour volaille
480 ml (2 tasses) d'un paquet de
   mélange à pâte (Bisquick)
5 ml (1 c. à thé) de persil séché, en
   flocons

1. Laver les morceaux de poulet et retirer l'excédent de gras. Mettre les morceaux de poulet dans la mijoteuse. Ajouter le bouillon. Saupoudrer le poulet de sel, de poivre et d'assaisonnement pour volaille.
2. Couper le céleri et les carottes en tronçons de 2,5 cm (1 po). Peler et hacher l'oignon en morceaux de 5 mm (¼ po). Placer le céleri, les carottes et l'oignon par-dessus le poulet. Couvrir et cuire à faible intensité pendant 8 à 10 heures.
3. Environ ½ heure avant de servir, incorporer le mélange à pâte, le lait et les flocons de persil. Remuer jusqu'à ce que tout le mélange à pâte soit moelleux. Dans la mijoteuse, déposer par cuillerées le mélange en surface. Couvrir et cuire pendant 30 minutes.

Servir aussitôt que les boulettes de pâte sont prêtes afin qu'elles ne deviennent pas caoutchouteuses et insipides. Saupoudrer chaque portion de flocons de persil.

Faire des étages d'ingrédients

Pour de meilleurs résultats, disposez les ingrédients en couches de manière à ce que les légumes longs à cuire, comme les pommes de terre et les carottes, soient placés au fond de la mijoteuse et les légumes rapides à cuire, comme le maïs et les pois, sur le dessus. Placez ensuite la viande sur les légumes, puis ajoutez le liquide et les épices par-dessus le mélange.

Plat à la manière de la Nouvelle-Angleterre

Temps de cuisson : 7 à 9 heures
Temps de préparation : 15 minutes
Attention requise : minimum
Mijoteuse : 3-6 l (12-24 tasses)
6 portions

6 carottes de grosseur moyenne
2 oignons jaunes de grosseur moyenne
4 branches de céleri
1 petit chou pommé
1,5 kg (3 lb) de palette de bœuf désossée
2 ml (½ c. à thé) de sel de table
2 ml (½ c. à thé) de poivre noir moulu
1 sachet de mélange à soupe à l'oignon déshydratée
480 ml (2 tasses) d'eau
15 ml (1 c. à soupe) de vinaigre
1 feuille de laurier

1. Laver et couper les carottes en deux. Peler et couper les oignons en quartiers. Couper les branches de céleri en deux. Enlever les feuilles externes du chou et couper la tête en huit.

2. Mettre les carottes, l'oignon et le céleri dans la mijoteuse. Déposer le rôti de palette sur le dessus. Saupoudrer de sel et de poivre, puis ajouter le mélange à soupe à l'oignon, l'eau, le vinaigre et la feuille de laurier. Ajouter le chou. Ne pas mélanger les ingrédients. Couvrir et cuire à faible intensité pendant 7 à 9 heures.

Servir avec une trempette faite avec une part de raifort et une part de crème sure.

Épicer la viande

Au lieu de faire mariner la viande, enduisez-la d'un mélange d'épices séchées avant de la mettre dans la mijoteuse. Vous pouvez acheter des mélanges préparés ou faire des expériences avec vos épices favorites. L'ail, l'oignon et le persil séchés constituent un bon point de départ.

Casserole dix étages

Temps de cuisson : 4 heures
Temps de préparation : 20 minutes
Attention requise : minimum
Mijoteuse : 3-6 l (12-24 tasses)
6 portions

6 pommes de terre de grosseur moyenne
2 oignons blancs de grosseur moyenne
2 ml (½ c. à thé) de poivre noir moulu
1 boîte de 426 ml (15 oz) de maïs
1 boîte de 426 ml (15 oz) de petits pois
1 boîte de 305 ml (10 ¾ oz) de crème de céleri

60 ml (¼ tasse) d'eau
750 g (1 ½ lb) de dinde hachée
2 ml (½ c. à thé) de sel de table

1. Dans une poêle moyenne, dorer la dinde sur feu moyen-vif. Éliminer le gras, puis déposer la dinde sur des essuie-tout pour la tiédir. Peler et couper les pommes de terre en tranches de 5 mm (¼ po). Peler et trancher les oignons en rondelles de 5 mm (¼ po).

2. Dans la mijoteuse, déposer les ingrédients en plusieurs couches dans l'ordre suivant :
   1. Un quart des pommes de terre, la moitié des oignons, avec une pincée de sel et de poivre ;
   2. La moitié du maïs en conserve ;
   3. Un quart des pommes de terre ;
   4. La moitié des petits pois en conserve ;
   5. Un quart des pommes de terre, la moitié restante des oignons, une pincée de sel et de poivre ;
   6. L'autre moitié du maïs en conserve ;
   7. Un quart des pommes de terre ;
   8. L'autre moitié des petits pois en conserve ;
   9. La dinde ;
   10. La crème de céleri et l'eau.

3. Couvrir et cuire à intensité élevée pendant 4 heures.

Servir avec un dessert constitué de la Compote de fraises et de rhubarbe (page 328) versée sur de la glace à la vanille.

Choucroute et saucisse Forêt-Noire

Temps de cuisson : 8 à 9 heures
Temps de préparation : 20 minutes
Attention requise : minimum
Mijoteuse : 3-6 l (12-24 tasses)
6 portions

1,2 kg (2 ½ lb) de saucisse de Pologne fraîche
6 carottes de grosseur moyenne
6 pommes de terre de grosseur moyenne
2 oignons jaunes de grosseur moyenne
3 gousses d'ail
1 l (4 tasses) de choucroute
360 ml (1 ½ tasse) de vin blanc sec
5 ml (1 c. à thé) de graines de carvi
2 ml (½ c. à thé) de poivre noir moulu

1. Couper la saucisse de Pologne en tronçons de 7,5 cm (3 po). Peler et couper les carottes en tronçons de 7,5 cm (3 po). Peler et couper les pommes de terre en cubes de 2,5 cm (1 po). Peler et couper les oignons en rondelles de 5 mm (¼ po). Peler l'ail et hacher finement avec un couteau de cuisine bien affûté. Rincer et égoutter la choucroute.

2. Dans une poêle, dorer la saucisse sur feu moyen-vif. Éliminer le gras, puis transférer la saucisse dans la mijoteuse. Incorporer le reste des ingrédients à la mijoteuse. Couvrir et cuire à faible intensité pendant 8 à 9 heures.

Servir en guise de dessert la Macédoine de fruits en croûte (page 322).

Saucisse faible en gras

Vous pouvez cuire à l'avance la saucisse au four à micro-ondes pour diminuer son contenu en gras. Si vous aimez des saucisses croustillantes dans vos recettes, faites-les dorer et ajoutez-les durant la dernière demi-heure de cuisson.

Casserole cow-boy du Wyoming

Temps de cuisson : 4 heures
Temps de préparation : 15 minutes
Attention requise : minimum
Mijoteuse : 3-6 l (12-24 tasses)
4 portions

60 ml (¼ tasse) de lait
454 g (1 lb) de bœuf haché maigre
240 ml (1 tasse) de colby, en cubes
2 ml (½ c. à thé) de poudre de chili
1 boîte de 305 ml (10 ¾ oz) de crème de tomate
1 boîte de 455 ml (16 oz) de maïs à grains entiers
1 boîte de 455 ml (16 oz) de haricots rouges
5 ml (1 c. à thé) d'oignon séché, en flocons

1. Dans une poêle moyenne, dorer le bœuf à feu moyen-vif. Éliminer le gras, puis répandre le bœuf haché sur des essuie-tout pour le tiédir. Couper le fromage en cubes de 1,5 cm (½ po).

2. Mettre tous les ingrédients dans la mijoteuse. Couvrir et cuire à faible intensité pendant 4 heures.

Servir sur des scones.

Temps de cuisson : 6 à 8 heures
Temps de préparation : 15 minutes
Attention requise : minimum
Mijoteuse : 3-6 l (12-24 tasses)
4 portions

Hachis Parmentier

454 g (1 lb) de bœuf à ragoût

3 carottes de grosseur moyenne

240 ml (1 tasse) de haricots verts frais

1 oignon jaune de grosseur moyenne

240 ml (1 tasse) de pois frais

240 ml (1 tasse) de maïs sucré en conserve ou congelé

5 ml (1 c. à thé) de sel de table

5 ml (1 c. à thé) de poivre noir moulu

480 ml (2 tasses) de sauce à saveur de bœuf

1,5 l (6 tasses) de restes de purée de pommes de terre

1. Couper la viande en cubes de 2,5 cm (1 po). Peler et couper les carottes en rondelles de 5 mm (¼ po). Enlever les tiges des haricots et couper les haricots en deux. Peler et hacher les oignons en morceaux de 5 mm (¼ po).

2. Dans la mijoteuse, mettre les légumes, le sel, le poivre, la viande et la sauce en remuant. Napper le hachis de purée de pommes de terre. Couvrir et cuire à faible intensité pendant 6 à 8 heures.

Servir en guise de dessert les Pommes cuites aux raisins et à l'orange (page 317).

Repas avec saucisse kielbassa et chou

Temps de cuisson : 7 à 8 heures
Temps de préparation : 15 minutes
Attention requise : minimum
Mijoteuse : 4-6 l (16-24 tasses)
6 portions

750 g (1 ½ lb) de saucisse kielbassa
2 oignons jaunes de grosseur moyenne
4 pommes de terres de grosseur moyenne
1 poivron rouge
4 grosses tomates mûres
2 gousses d'ail
1 ½ chou pommé vert
240 ml (1 tasse) de vin blanc sec
15 ml (1 c. à soupe) de moutarde de Dijon
3 ml (¾ c. à thé) de graines de carvi
2 ml (½ c. à thé) de poivre noir moulu
3 ml (¾ c. à thé) de sel de table

1. Couper la saucisse kielbassa en tronçons de 7,5 cm (3 po). Peler et hacher les oignons en morceaux de 5 mm (¼ po). Peler et couper les pommes de terre en cubes de 2,5 cm (1 po). Enlever les tiges et les graines du poivron rouge et les hacher ensuite en morceaux de 5 mm (¼ po). Couper les tomates en morceaux de 1,5 cm (½ po). Peler l'ail et le hacher finement avec un couteau d'office. Couper le chou en lanières de 5 mm (¼ po) avec un couteau de cuisine bien affûté.

2. Mélanger tous les ingrédients dans la mijoteuse. Couvrir et cuire à faible intensité pendant 7 à 8 heures.

Servir en guise de dessert le Pouding au riz (page 319).

Trancher les viandes

Pour couper de minces lanières de viande, placez un couperet ou un couteau de chef à 45 °, puis tranchez en travers du grain en lanières.

Plat chaud de petites saucisses fumées

Temps de cuisson : 6 à 7 heures
Temps de préparation : 15 minutes
Attention requise : minimum
Mijoteuse : 3-6 l (12-24 tasses)
4 portions

454 g (1 lb) de saucisse fumée
480 ml (2 tasses) de macaronis cuits
1 oignon jaune de grosseur moyenne
180 ml (¾ tasse) de fromage américain
45 ml (3 c. à soupe) de piments type Jamaïque, hachés
45 ml (3 c. à soupe) de farine
3 ml (¾ c. à thé) de sel
1 ml (¼ c. à thé) de poivre noir moulu
240 ml (1 tasse) de lait
240 ml (1 tasse) d'eau
7 ml (½ c. à soupe) de vinaigre
240 ml (1 tasse) de pois frais
5 ml (1 c. à thé) de persil séché

1. Couper les saucisses fumées en tronçons de 2,5 cm (1 po). Cuire les macaronis dans l'eau bouillante jusqu'à ce qu'ils soient tendres, mais pas mous. Peler et hacher l'oignon en morceaux de 5 mm (¼ po). Râper le fromage. Hacher les piments type Jamaïque en morceaux de 5 mm (¼ po).
2. Sur la cuisinière, mettre dans une casserole moyenne le fromage, la farine, le sel, le poivre, le lait, l'eau et le vinaigre. Cuire à feu moyen, en remuant souvent, jusqu'à ce que le mélange soit lisse et épais. Verser dans la mijoteuse. Ajouter les saucisses, les macaronis, les pois, les oignons, le persil et les piments. Bien remuer. Couvrir et cuire à faible intensité pendant 6 à 7 heures.

Servir en guise de dessert avec les Pommes et riz de mamie (page 318).

CHAPITRE 5

Menus végétariens

Poivrons rouges farcis à la mexicaine

Temps de cuisson : 4 à 6 heures
Temps de préparation : 30 minutes
Attention requise : minimum
Mijoteuse : 4-6 l (16-24 tasses)
4 portions

4 gros poivrons rouges
1 grosse tomate
2 brins de coriandre fraîche
120 ml (½ tasse) de riz cuit
480 ml (2 tasses) d'eau
2 ml (½ c. à thé) de poudre de chili
120 ml (½ tasse) de sauce tomate
60 ml (¼ tasse) de cheddar, râpé
120 ml (½ tasse) de ciboulette, ciselée

120 ml (½ tasse) de haricots noirs cuits, frais ou en conserve
120 ml (½ tasse) de maïs frais, en conserve ou congelé
2 ml (½ c. à thé) de basilic séché, émietté
1 ml (¼ c. à thé) de poivre noir moulu
2 gousses d'ail

1. Enlever la tige et les graines des poivrons rouges. Peler l'ail et le hacher finement avec un couteau de cuisine bien affûté. Ciseler la ciboulette en morceaux de 5 mm (¼ po). Couper les tomates en dés de 5 mm (¼ po). Broyer la coriandre ou la hacher finement avec un couteau bien affûté.
2. Dans un bol, mettre le riz, les haricots, la ciboulette, le maïs, les tomates, l'ail, la coriandre, le basilic, le poivre noir et la poudre de chili. Bien remuer avec une grande cuillère. Utiliser une cuillère à glace pour remplir chaque poivron rouge. La mixture devrait arriver jusqu'au sommet des poivrons, mais sans déborder.
3. Verser la sauce tomate et l'eau dans la mijoteuse. Déposer les poivrons rouges farcis dans la mijoteuse de façon à ce qu'ils se tiennent debout. Couvrir et cuire à faible intensité pendant 4 à 6 heures. Cinq minutes avant de servir, parsemer le dessus de chaque poivron rouge de cheddar. Couvrir et cuire à faible intensité jusqu'à ce que le fromage soit fondu.

Beurrez des tortillas de blé, saupoudrez-les de sel d'ail, et faites-les cuire dans un four à 180 °C (350 °F) pendant 10 minutes. C'est un accompagnement croustillant.

Substituer des champignons à la viande

Pour transformer tout plat de viande en un plat végétarien, substituez des morilles à la viande. Veuillez vous fier au volume et non au poids, puisque même ces champignons denses pèsent moins que la viande.

Haricots rouges à l'ail

Temps de cuisson : 8 à 10 heures
Temps de préparation : 20 minutes
Attention requise : moyenne
Mijoteuse : 5-6 l (20-24 tasses)
8 portions

454 g (1 lb) de haricots rouges
720 ml (3 tasses) d'eau
5 ml (1 c. à thé) de thym
1 botte d'oignons verts
7 gousses d'ail
1 branche de céleri
1 poivron vert
120 ml (½ tasse) de persil frais

120 ml (½ tasse) de ketchup
15 ml (1 c. à soupe) de sauce Worcestershire
30 ml (2 c. à soupe) de tabasco
1 oignon jaune de grosseur moyenne
2 ml (½ c. à thé) de sel de table
2 ml (½ c. à thé) de poivre noir moulu
2 feuilles de laurier

1. Faire tremper les haricots toute la nuit dans 1,5 l (6 tasses) d'eau. Égoutter et rincer les haricots. Les mettre dans la mijoteuse et ajouter 720 ml (3 tasses) d'eau fraîche. Cuire à couvert à faible intensité pendant 3 heures.

2. Peler et hacher l'oignon jaune en morceaux de 5 mm (¼ po). Laver, puis couper les oignons verts en tronçons de 1,5 cm (½ po). Il est important de conserver les tiges vertes. Peler et émincer l'ail à l'aide d'un couteau d'office bien affûté. Hacher le céleri en morceaux de 5 mm (¼ po). Enlever les graines du poivron et le couper en dés de 5 mm (¼ po).

3. Dans la mijoteuse, mettre l'oignon jaune, les oignons verts, l'ail, le céleri, le poivron, le persil, le ketchup, la sauce Worcestershire, le tabasco, les feuilles de laurier, le thym, le sel et le poivre. Remuer jusqu'à ce que les ingrédients soient bien mêlés aux haricots. Cuire à couvert à faible intensité pendant 5 à 7 heures.

Pour un repas complet et sain, servir sur du riz complet avec des brocolis frais cuits à la vapeur.

De l'ail en pot

Méfiez-vous de l'ail préparé. Même si l'ail haché en pot semble constituer une bonne affaire et s'avérer plus commode, lorsqu'il est conditionné, il libère une huile après avoir été haché. Cela affecte le goût et la consistance de vos recettes. L'ail frais est toujours supérieur.

Haricots noirs et riz à l'antillaise

Temps de cuisson : 7 à 9 heures
Temps de préparation : 30 minutes
Attention requise : moyenne
Mijoteuse : 3-6 l (12-24 tasses)
6 portions

1 gros poivron rouge

Huile d'olive pour asperger le poivron rouge, avec 7 ml (1 ½ c. à thé) de plus

½ poivron vert

2 gousses d'ail

240 ml (1 tasse) de riz blanc cru (donne 720 ml, 3 tasses de riz cuit)

2 boîtes de 455 ml (16 oz) de haricots noirs

30 ml (2 c. à soupe) de vinaigre blanc

10 ml (2 c. à thé) de tabasco, ou d'une autre sauce épicée

45 ml (3 c. à soupe) de coriandre fraîche, ciselée

5 ml (1 c. à thé) de sel de table

2 ml (½ c. à thé) de poivre noir moulu

1. Enlever la tige et les graines du poivron rouge, puis le couper en quartiers. Asperger l'intérieur, le côté « chair », d'huile d'olive. Cuire au four à 180 °C (350 °F) pendant 1 heure. Retirer le poivron rouge du four et le couper en lanières de 5 mm (¼ po). Enlever les graines du poivron vert et le couper en lanières de 5 mm (¼ po). Peler et émincer l'ail avec un couteau d'office bien affûté. Préparer le riz selon les instructions inscrites sur l'emballage afin d'obtenir 720 ml (3 tasses) de riz cuit.

2. Dans une grande poêle, faire sauter à feu moyen-vif le poivron rouge, le poivron vert et l'ail dans 7 ml (1 ½ c. à thé) d'huile d'olive pendant 2 minutes. Éliminer l'huile. Dans la mijoteuse, mettre la coriandre, le sel et le poivre noir et y verser la mixture. Égoutter et rincer les haricots noirs, puis les déposer dans la mijoteuse. Ajouter ensuite le vinaigre, le tabasco et le riz. Remuer jusqu'à ce que tous les ingrédients soient bien mélangés. Couvrir et cuire à faible intensité pendant 6 à 8 heures. Puisque ce plat ne contient pas beaucoup de liquide, il faudra peut-être ajouter 60 à 120 ml (¼ à ½ tasse) d'eau, environ à mi-cuisson.

Servir avec le Pain blanc parsemé de graines (page 90).

Casserole d'épinards, de riz et de légumes

Temps de cuisson : 6 à 8 heures
Temps de préparation : 20 minutes
Attention requise : moyenne
Mijoteuse : 3-6 l (12-24 tasses)
8 portions

1 gros oignon jaune
3 gousses d'ail
1 botte de persil
2 bottes d'épinards
720 ml (3 tasses) d'eau
30 ml (2 c. à soupe) d'huile d'olive
30 ml (2 c. à soupe) de pâte de tomates

0,5 ml (⅛ c. à thé) de poivre noir moulu
240 ml (1 tasse) de riz blanc non cuit
240 ml (1 tasse) de tomates fraîches, hachées
0,5 ml (⅛ c. à thé) de sel de table

1. Peler et hacher l'oignon en morceaux de 5 mm (¼ po). Peler et émincer l'ail avec un couteau d'office bien affûté. Hacher le persil en morceaux de 5 mm (¼ po). Laver les épinards et enlever les tiges. Hacher les tomates en morceaux de 5 mm (¼ po).

2. Dans une poêle moyenne, chauffer l'huile sur feu moyen-vif. Sauter l'oignon, le persil et l'ail pendant 3 à 5 minutes, jusqu'à ce que les oignons soient translucides. Éliminer l'huile, puis transférer la mixture dans la mijoteuse. Ajouter l'eau, la pâte de tomates, les tomates hachées, le sel et le poivre. Bien remuer. Ajouter les épinards et le riz ; remuer. Couvrir et cuire à faible intensité pendant 6 à 8 heures, ou jusqu'à ce que le riz soit prêt.

Accompagner ce repas de cubes de cantaloup et de melon miel Honeydew frais, pour contrebalancer le goût robuste des tomates.

Sauter les aliments dans l'eau

Pour un choix santé, faites sauter l'oignon et l'ail dans quelques cuillerées d'eau au lieu de l'huile ou du beurre. Ils deviendront un peu plus croustillants de cette manière et cette méthode de cuisson vous préservera de quelques grammes de gras.

Maïs rôti crémeux avec riz

Temps de cuisson : 7 à 9 heures
Temps de préparation : 20 minutes
Attention requise : moyenne
Mijoteuse : 3-6 l (12-24 tasses)
6 portions

45 ml (3 c. à soupe) d'huile d'olive
240 ml (1 tasse) de riz blanc non cuit
1 l (4 tasses) de bouillon de poulet
120 ml (½ tasse) de lait écrémé
120 ml (½ tasse) de vin blanc sec
2 ml (½ c. à thé) de sel de table
2 ml (½ c. à thé) de poivre noir moulu
2 ml (½ c. à thé) de muscade
480 ml (2 tasses) de maïs cuit, frais ou congelé
151 g (⅓ lb) de fromage à la crème
4 oignons verts frais

1. Dans une poêle moyenne, chauffer l'huile sur feu moyen-vif. Faire revenir le riz pendant 3 à 5 minutes, en remuant constamment, jusqu'à ce qu'il soit doré. Égoutter, puis verser dans la mijoteuse.
2. Verser le bouillon de poulet, le lait, le vin blanc, le sel, le poivre et la muscade dans la mijoteuse. Cuire à couvert à faible intensité pendant 6 à 8 heures ou jusqu'à ce que le riz soit tendre.
3. Couper le fromage à la crème en cubes de 1,5 cm (½ po). Peler et émincer les oignons verts avec un couteau d'office bien affûté.
4. Mettre le maïs, les oignons verts et le fromage à la crème dans la mijoteuse. Cuire à couvert pendant 30 à 60 minutes, en remuant toutes les 10 minutes. Le fromage devrait être complètement fondu et incorporé à la sauce.

Préparation des légumes congelés

Décongelez les légumes en les plaçant au réfrigérateur le soir qui précède leur utilisation. Si vous avez plus de 480 ml (2 tasses) de légumes congelés dans votre recette, cela pourrait amener la nourriture à se réchauffer trop lentement au début de la cuisson.

Pilaf au boulghour, aux pois chiches et au citron

Temps de cuisson : 6 à 9 heures
Temps de préparation : 30 minutes
Attention requise : moyenne
Mijoteuse : 3-6 l (12-24 tasses)
6 portions

240 ml (1 tasse) de boulghour, mouture moyenne
480 ml (2 tasses) de pois chiches cuits, **ou** 240 ml (1 tasse) de pois chiches secs
2 ml (½ c. à thé) de sel de table
2 ml (½ c. à thé) de poivre noir moulu
480 ml (2 tasses) de bouillon de légumes
1 petit oignon jaune
1 petit poivron vert
3 gousses d'ail
15 ml (1 c. à soupe) d'huile d'olive
2 ml (½ c. à thé) de cumin
80 ml (⅓ tasse) de jus de citron frais
240 ml (1 tasse) de persil frais, ciselé

1. Laver le boulghour et les pois chiches, puis les verser dans la mijoteuse. Ajouter le sel, le poivre et le bouillon de légumes. Cuire à couvert à faible intensité pendant 2 à 3 heures.

2. Peler et hacher l'oignon en morceaux de 5 mm (¼ po). Enlever les graines du poivron et le couper en dés de 5 mm (¼ po). Peler et hacher finement l'ail avec un couteau de cuisine bien affûté.

3. Dans une poêle moyenne, chauffer l'huile d'olive sur feu moyen-vif. Sauter les oignons, le poivron vert et l'ail pendant 3 à 5 minutes, en remuant constamment, jusqu'à ce que les oignons soient translucides. Éliminer l'huile. Verser le mélange dans la mijoteuse, puis incorporer le cumin. Bien remuer. Poursuivre la cuisson à couvert à faible intensité pendant 4 à 6 heures.

4. Intégrer le jus de citron et le persil dans la mijoteuse. Bien mélanger. Poursuivre la cuisson à découvert à faible intensité pendant 30 minutes.

Pour une consistance crémeuse, ajouter 120 ml (½ tasse) de cheddar doux et éliminer le persil et le jus de citron.

Pâtes à l'aubergine et aux tomates

Temps de cuisson : 3 ½ à 5 heures
Temps de préparation : 45 minutes
Attention requise : grande
Mijoteuse : 3-6 l (12-24 tasses)
4 portions

3 gousses d'ail
2 ml (½ c. à thé) de sel de table
2 ml (½ c. à thé) d'origan séché
350 g (¾ lb) d'aubergine, en cubes
30 ml (2 c. à soupe) d'huile d'olive
15 ml (1 c. à soupe) de pâte de tomates
1 boîte de 455 ml (16 oz) de tomates italiennes, avec leur jus
30 ml (2 c. à soupe) de vinaigre balsamique
0,5 ml (⅛ c. à thé) de piment rouge fort, en flocons
340 g (12 oz) de pâtes en forme de coquille ou autres (rotinis, fleur, papillon, etc.)

180 ml (¾ tasse) d'oignon jaune, haché
30 ml (2 c. à soupe) de basilic frais, ciselé
120 ml (½ tasse) de bouillon de poulet

1. Peler et hacher l'oignon en morceaux de 5 mm (¼ po). Peler et hacher finement l'ail. Peler et couper l'aubergine en cubes de 2,5 cm (1 po). Ciseler le basilic en lanières de 5 mm (¼ po). Verser les tomates en conserve dans un bol moyen et les défaire approximativement en quartiers avec une cuillère de bois.
2. Dans une petite poêle, chauffer l'huile d'olive à feu moyen. Sauter l'oignon et l'ail pendant 3 à 5 minutes, en remuant constamment, jusqu'à ce que les oignons soient translucides. Égoutter et verser dans la mijoteuse.
3. Mettre l'aubergine, le vinaigre balsamique, le bouillon de poulet, la pâte de tomates et l'origan dans la mijoteuse. Cuire à découvert à intensité élevée pendant 3 à 4 heures, ou jusqu'à ce que la sauce soit légèrement plus épaisse.
4. Réduire la température à faible intensité. Incorporer le basilic et les flocons de piment rouge à la sauce dans la mijoteuse et remuer. Cuire les pâtes sur la cuisinière dans une casserole d'eau bouillante avec 2 ml (½ c. à thé) de sel, pendant 10 minutes. Égoutter et verser les pâtes dans la mijoteuse. Bien remuer pour enrober toutes les pâtes de sauce. Couvrir et cuire à faible intensité pendant 30 à 60 minutes, ou jusqu'à ce que les pâtes soient tendres, mais pas trop cuites.

Accompagner ce repas de tranches de tomates garnies de fromage de chèvre et de basilic frais.

Ragoût de lentilles et de tofu à la menthe

Temps de cuisson : 8 à 9 heures
Temps de préparation : 10 minutes
Attention requise : minimum
Mijoteuse : 3-6 l (12-24 tasses)
6 portions

480 ml (2 tasses) de lentilles jaunes sèches

1,5 l (6 tasses) d'eau salée (ajouter 15 ml [1 c. à soupe] de sel à l'eau et remuer jusqu'à dissolution)

60 ml (¼ tasse) de menthe verte fraîche, ciselée

15 ml (1 c. à soupe) de menthe poivrée fraîche, ciselée

480 ml (2 tasses) de tofu ferme, en cubes

2 ml (½ c. à thé) d'huile de soja

5 ml (1 c. à thé) de jus de citron

240 ml (1 tasse) d'eau

5 ml (1 c. à thé) de sel de table

1. Faire tremper les lentilles toute la nuit dans 1,5 l (6 tasses) d'eau salée. Laver et égoutter. Ciseler la menthe verte et la menthe poivrée en morceaux de 5 mm (¼ po). Couper le tofu en cubes de 2,5 cm (1 po).

2. Mettre tous les ingrédients dans la mijoteuse, sauf le tofu. Cuire à couvert à faible intensité pendant 7 à 8 heures. Ajouter le tofu et poursuivre la cuisson pendant 1 à 2 heures.

Substituer 30 ml (2 c. à soupe) de fines herbes à l'italienne à la menthe verte et à la menthe poivrée pour créer une version aux fines herbes de ce ragoût de lentilles.

Pâtes fraîches ou sèches

Les pâtes fraîches contiennent habituellement plus d'œufs que les pâtes sèches. Cela contribue au goût plus crémeux, mais ajoute du gras et du cholestérol à votre alimentation. Pour un goût plus prononcé, ajoutez plus d'épices à votre sauce.

Chili végétarien crémeux

Temps de cuisson : 8 à 9 heures
Temps de préparation : 15 minutes
Attention requise : minimum
Mijoteuse : 3-6 l (12-24 tasses)
6 portions

480 ml (2 tasses) de haricots rouges secs
480 ml (2 tasses) de tofu ferme, en cubes
2 grosses carottes
2 gros oignons jaunes
15 ml (1 c. à soupe) de poudre de chili
5 ml (1 c. à thé) de sel d'ail
5 ml (1 c. à thé) de poivre noir moulu
240 ml (1 tasse) de maïs, frais ou en conserve
120 ml (½ tasse) de crème sure faible en gras

1. Faire tremper les haricots toute la nuit dans 1,5 l (6 tasses) d'eau. Couper le tofu en cubes de 2,5 cm (1 po). Peler et trancher les carottes en rondelles de 5 mm (¼ po). Peler et couper les oignons en dés de 5 mm (¼ po).

2. Égoutter et rincer les haricots. Verser tous les ingrédients dans la mijoteuse, sauf le tofu. Remuer à l'aide d'une cuillère de bois, jusqu'à ce que tous les ingrédients soient bien mélangés. Cuire à couvert à faible intensité pendant 7 à 8 heures. Ajouter le tofu et cuire pendant 1 à 1 ½ heure. Environ 30 minutes avant de servir, remuer le chili, puis incorporer la crème sure. Bien mélanger. Cuire à découvert à faible intensité durant la dernière demi-heure.

Pour un repas tex-mex presque authentique, servir ce chili avec le Pain de maïs cylindrique (page 82).

Pilaf à l'orge et aux noix

Temps de cuisson : 6 heures
Temps de préparation : 20 minutes
Attention requise : moyenne
Mijoteuse : 3-6 l (12-24 tasses)
4 portions

420 ml (1 ¾ tasse) d'orge perlé
120 ml (½ tasse) de beurre, divisé
120 ml (½ tasse) de persil frais, ciselé
1 l (4 tasses) de bouillon de légumes
2 oignons jaunes de grosseur moyenne
60 ml (¼ tasse) de noix de macadamia rôties, hachées

240 ml (1 tasse) de champignons frais, en tranches
60 ml (¼ tasse) de pacanes rôties, hachées

1. Dans une poêle moyenne, sauter l'orge dans 60 ml (4 c. à soupe) de beurre sur feu moyen, jusqu'à ce qu'il soit doré. Remuer souvent. Verser le mélange dans la mijoteuse.

2. Peler et hacher les oignons en morceaux de 5 mm (¼ po). Laver les champignons en les essuyant avec un linge humide, puis les émincer avec un couteau d'office bien affûté. Sauter les oignons et les champignons dans le reste du beurre, dans la poêle à feu moyen, en remuant régulièrement pendant environ 5 minutes. Verser dans la mijoteuse et bien remuer. Verser 480 ml (2 tasses) du bouillon de légumes dans le mélange. Couvrir et cuire à faible intensité pendant 4 heures.

3. Ajouter le reste du bouillon et cuire à découvert pendant 2 heures, en remuant de temps en temps.

4. Hacher les noix avec un couteau d'office bien affûté. Enfourner les noix sur une plaque de cuisson à 180 °C (350 °F) et cuire pendant 15 minutes. Ciseler grossièrement le persil. Quinze minutes avant de servir, mettre les noix et le persil dans la mijoteuse.

Pour rehausser la saveur de noix de ce plat, servir avec des tranches de pomme et d'orange fraîches.

Pour empêcher les fruits de brunir

Les pommes et les bananes ne bruniront pas si vous les aspergez d'un mélange constitué d'une part de jus de citron et d'une part d'eau. Le jus acide du citron donnera un peu de mordant aux fruits doux.

Soupe des moines bouddhistes

Temps de cuisson : 7 à 9 heures
Temps de préparation : 40 minutes
Attention requise : moyenne
Mijoteuse : 3-6 l (12-24 tasses)
6 portions

454 g (1 lb) de courge musquée
1 grosse patate douce
1 l (4 tasses) d'eau
120 ml (½ tasse) d'arachides crues, décortiquées et pelées
80 ml (⅓ tasse) de haricots mungos secs
45 ml (3 c. à soupe) d'huile végétale
1 carré de tofu
1 l (4 tasses) de lait de coco non sucré
5 ml (1 c. à thé) de sel de table
1 paquet de 340 g (12 oz) de nouilles transparentes

1. Peler la courge et la patate douce et couper en morceaux de 7,5 cm (3 po). Verser dans la mijoteuse en ajoutant 1 l (4 tasses) d'eau et le sel. Cuire à couvert à faible intensité pendant 6 à 8 heures, ou jusqu'à tendreté.

2. Faire tremper les haricots mungos et les arachides dans l'eau jusqu'à ce qu'ils ramollissent, pendant environ 30 minutes. Sauter le tofu dans l'huile végétale sur feu moyen-vif, jusqu'à ce qu'il soit doré. Éliminer l'huile, puis couper le tofu en lanières de 5 mm (¼ po). Ajouter les haricots, les arachides, le tofu, le lait de coco, le sel et les nouilles transparentes. Couvrir et cuire à faible intensité pendant 1 heure.

Pour un authentique repas de monastère, servir avec du Pain brun copieux (page 91) et un cheddar vieilli trois ans.

Faire ses propres pâtes

Utilisez de la semoule de blé pour faire vos pâtes maison. Elle est tirée d'un blé riche en gluten et est moulue plus finement. La pâte sera plus rigide que celle obtenue avec de la farine régulière et elle tiendra mieux à une longue cuisson.

Casserole aux lentilles et à l'oignon Vidalia

Temps de cuisson : 6 heures
Temps de préparation : 15 minutes
Attention requise : minimum
Mijoteuse : 3-6 l (12-24 tasses)
4 portions

1 gros oignon Vidalia, haché
5 ml (1 c. à thé) de sel de table
720 ml (3 tasses) d'eau
60 ml (¼ tasse) de cassonade
480 ml (2 tasses) de sauce tomate

480 ml (2 tasses) de lentilles sèches
30 ml (2 c. à soupe) de moutarde de Dijon
80 ml (⅓ tasse) de mélasse noire

Peler et hacher l'oignon en morceaux de 5 mm (¼ po). Rincer les lentilles et les mettre dans la mijoteuse. Ajouter l'oignon, le sel, l'eau, la sauce tomate, la cassonade, la moutarde et la mélasse. Bien remuer. Couvrir et cuire à faible intensité pendant 6 heures.

Peler et trancher un autre oignon en rondelles de 5 mm (¼ po). Faire sauter les rondelles jusqu'à ce qu'elles soient croustillantes, puis les répandre sur la casserole avant de servir.

Soupe aux légumes-racines

Temps de cuisson : 6 à 8 heures
Temps de préparation : 15 minutes
Attention requise : minimum
Mijoteuse : 3-8 l (12-32 tasses)
6 portions

2 oignons jaunes de grosseur moyenne
3 carottes de grosseur moyenne
1 rutabaga de grosseur moyenne
1 grosse betterave
1 navet de grosseur moyenne
5 ml (1 c. à thé) de muscade moulue

3 pommes de terre de grosseur moyenne
1 ml (¼ c. à thé) de poivre noir moulu
720 ml (3 tasses) de bouillon de légumes

Peler et couper tous les légumes en dés de 5 mm (¼ po). Mélanger tous les ingrédients dans la mijoteuse. Couvrir et cuire à faible intensité pendant 6 à 8 heures.

Ce plat complète parfaitement des sandwiches au bœuf chaud.

Artichauts farcis aux portobellos

Temps de cuisson : 7 à 9 heures
Temps de préparation : 30 minutes
Attention requise : minimum
Mijoteuse : 3-8 l (12-32 tasses)
4 portions

4 gros artichauts
4 gros champignons portobellos
3 gousses d'ail
30 ml (2 c. à soupe) de parmesan râpé
2 ml (½ c. à thé) de poivre noir moulu
15 ml (1 c. à soupe) d'huile d'olive
5 ml (1 c. à thé) de sel

1. Enlever les tiges des artichauts et jeter les deux ou trois premières rangées de feuilles. Tailler la base de façon à ce que les artichauts se tiennent à plat. Couper le dessus des artichauts et creuser le centre, en enlevant les feuilles de teinte mauve et tout ce qui est pelucheux.

2. Hacher les champignons en morceaux de 5 mm (¼ po). Peler et hacher finement l'ail avec un couteau de cuisine bien affûté. Dans un bol de taille moyenne, mélanger les champignons, l'ail, le parmesan, le poivre noir et l'huile d'olive. Farcir les artichauts avec ce mélange.

3. Verser l'eau dans la mijoteuse, environ 4 cm (1 ½ po) d'eau, puis incorporer le sel. Placer les artichauts dans l'eau. Couvrir et cuire à faible intensité pendant 7 à 9 heures. Les feuilles seront tendres quand ils seront prêts.

La Casserole de patates douces et de pommes (page 284) accompagne magnifiquement ce plat.

Libérer le potentiel de l'ail

Retirez tous les bienfaits de l'ail en écrasant les gousses avant de les ajouter à un plat. Placez la lame d'un large couteau sur le côté et déposez la gousse pelée sous la lame. Pressez jusqu'à ce que vous entendiez la gousse éclater. Vous allez libérer toutes les huiles bénéfiques sans hacher l'ail.

Pains

Pain de maïs cylindrique

Temps de cuisson : 2 heures
Temps de préparation : 10 minutes
Attention requise : minimum
Mijoteuse : 4-8 l (16-32 tasses)
12 à 16 portions

1 œuf
60 ml (¼ tasse) de sucre
240 ml (1 tasse) de lait écrémé
80 ml (⅓ tasse) de beurre, fondu
300 ml (1 ¼ tasse) de farine panifiable
3 boîtes de conserve d'aluminium vides,
    d'environ 342 ml (12 oz) chacune
2 ml (½ c. à thé) d'huile végétale

180 ml (¾ tasse) de semoule de maïs
    jaune
22 ml (4 ½ c. à thé) de levure
    chimique
5 ml (1 c. à thé) de sel

1. Mélanger la farine, la semoule de maïs, le sucre, la levure chimique et le sel ; réserver. Battre légèrement l'œuf avec le lait et le beurre. Ajouter cette mixture aux ingrédients secs et mélanger le tout, jusqu'à ce que tous les ingrédients secs soient mouillés. Ne pas trop mélanger. La pâte devrait encore contenir des grumeaux.

2. Graisser l'intérieur des trois boîtes de conserve vides avec 2 ml (½ c. à thé) d'huile végétale. Verser ⅓ du mélange dans chaque boîte. Couvrir chaque boîte avec un papier d'aluminium graissé à l'intérieur. Mettre les boîtes sur une grille ou un dessous-de-plat au fond de la mijoteuse. Cuire à intensité élevée pendant 2 heures, ou jusqu'à ce qu'une longue brochette en bois insérée dans le pain ressorte propre. Laisser reposer 5 minutes avant de démouler.

Servez du pain de maïs, une rouelle de jambon et des Haricots au lard du Nord-Ouest (page 263) pour un repas campagnard traditionnel.

Moule à pain

Plusieurs modèles de mijoteuse offrent des moules à pain en option. Vous pouvez les utiliser ou prendre des boîtes de conserve pour légumes ou café à la place. Trois boîtes à soupe équivalent à un pain et vous donneront de petits pains individuels amusants.

Farce traditionnelle pour volaille ou viande rouge

Temps de cuisson : 6 heures
Temps de préparation : 20 minutes
Attention requise : moyenne
Mijoteuse : 3-6 l (12-24 tasses)
8 portions

1 pain de maïs
8 tranches de pain blanc sec
1 oignon jaune de grosseur moyenne
2 branches de céleri
4 œufs, battus
480 ml (2 tasses) de bouillon de poulet
2 boîtes de 305 ml (10 ¾ oz) de crème de poulet concentrée
5 ml (1 c. à thé) de sauge
2 ml (½ c. à thé) de poivre noir
30 ml (2 c. à soupe) de beurre

1. Déchirer le pain en morceaux de la grosseur d'une pièce de vingt-cinq sous.
2. Peler et hacher l'oignon en morceaux de 5 mm (¼ po). Hacher le céleri en morceaux de 5 mm (¼ po).
3. Mélanger tous les ingrédients, sauf le beurre. Verser le mélange dans la mijoteuse. Répandre des carrés de beurre sur le dessus. Couvrir et cuire à intensité élevée pendant 2 heures.
4. Cuire ensuite à couvert à faible intensité pendant 4 heures additionnelles.

Cette recette accompagne parfaitement la Poitrine de dinde à l'aneth (page 128).

Pain à la citrouille d'Halloween

Temps de cuisson : 3 à 4 heures
Temps de préparation : 15 minutes
Attention requise : minimum
Mijoteuse : 4-6 l (16-24 tasses)
12 portions

240 ml (1 tasse) d'huile végétale
240 ml (1 tasse) de sucre blanc
240 ml (1 tasse) de cassonade
4 œufs
720 ml (3 tasses) de farine
10 ml (2 c. à thé) de sel
5 ml (1 c. à thé) de cannelle

5 ml (1 c. à thé) de muscade
480 ml (2 tasses) de citrouille en conserve
10 ml (2 c. à thé) de bicarbonate de soude
480 ml (2 tasses) de noix hachées

1. Dans un bol de taille moyenne, mélanger l'huile, le sucre et la cassonade avec une cuillère de bois. Battre les œufs avec une fourchette jusqu'à consistance écumeuse. Incorporer les œufs et la citrouille à la mixture d'huile et de sucre. Dans un bol moyen, combiner la farine, le sel, la cannelle, la muscade et le bicarbonate de soude et bien mélanger. Ajouter ce mélange aux ingrédients liquides et bien remuer. Avec un couteau d'office bien affûté, hacher les noix en morceaux de 3 mm (⅛ po) et les incorporer à la pâte.
2. Graisser l'intérieur d'une boîte de café de 1 kg (2 lb), puis saupoudrer légèrement la partie graissée de farine. Verser la pâte dans la boîte de conserve et couvrir de papier d'aluminium. Faire trois rangées de trous à l'aide d'une fourchette. Mettre la boîte de café dans la mijoteuse. Cuire à couvert à intensité élevée pendant 3 heures. Vérifier la cuisson du pain avant de le retirer, avec une longue brochette en bois. Si elle ressort propre, le pain est prêt. S'il y a de la pâte sur la brochette, poursuivre la cuisson pendant 30 minutes.

Servir à la place des petits pains lors de la prochaine fête d'automne.

Vérifier la cuisson du pain

Pour vérifier la cuisson d'un pain ou d'un gâteau, insérez un cure-dent au centre. S'il ressort propre, il est prêt. Si des miettes ou de la pâte collent dessus, il faut poursuivre la cuisson.

Pain à la courgette

Temps de cuisson : 3 à 4 heures
Temps de préparation : 20 minutes
Attention requise : minimum
Mijoteuse : 4-6 l (16-24 tasses)
12 portions

2 œufs
160 ml (⅔ tasse) d'huile végétale
30 ml (2 c. à soupe) de sucre
360 ml (1 ½ tasse) de courgette, pelée et râpée
10 ml (2 c. à thé) de vanille
480 ml (2 tasses) de farine
1 ml (¼ c. à thé) de sel
2 ml (½ c. à thé) de levure chimique
5 ml (1 c. à thé) de cannelle
2 ml (½ c. à thé) de muscade
240 ml (1 tasse) de noix hachées

1. Dans un bol moyen, battre les œufs avec une fourchette, jusqu'à consistance mousseuse. Ajouter l'huile, le sucre, la courgette râpée et la vanille. Bien mélanger avec une cuillère de bois. Incorporer le reste des ingrédients à la pâte. Bien remuer.

2. Graisser l'intérieur d'une boîte de café de 1 kg (2 lb), puis saupoudrer légèrement la partie graissée de farine. Verser la pâte dans la boîte de conserve et couvrir de papier d'aluminium. Faire trois rangées de trous à l'aide d'une fourchette. Mettre la boîte de café dans la mijoteuse. Cuire à couvert à intensité élevée pendant 3 à 4 heures. Après 3 heures, vérifier la cuisson en insérant une longue brochette de bois dans le pain. Si elle en ressort propre, le pain est prêt.

Conseil culinaire : Ne pas céder à la tentation de jeter un œil à votre pain avant que le temps de cuisson minimum ne soit écoulé. Même les pains qui ne contiennent pas de levure peuvent être affectés par les changements soudains d'humidité ou de température.

Pain aux bananes et aux noix

Temps de cuisson : 4 à 5 heures
Temps de préparation : 20 minutes
Attention requise : minimum
Mijoteuse : 4-6 l (16-24 tasses)
12 portions

3 bananes très mûres
120 ml (½ tasse) de noix, hachées
2 gros œufs, battus
240 ml (1 tasse) de sucre
2 ml (½ c. à thé) de sel
5 ml (1 c. à thé) de bicarbonate de soude
120 ml (½ tasse) de shortening fondu
480 ml (2 tasses) de farine

1. À l'aide d'un essuie-tout enduit d'une petite quantité de shortening, graisser l'intérieur d'une boîte de café de 1 kg (2 lb), puis la saupoudrer d'une petite quantité de farine.

2. Écraser les bananes. Hacher les noix en morceaux de 2 mm (1/16 po). Ajouter les œufs, le sucre, le sel, le bicarbonate, le shortening, la farine et les noix à la purée de banane. Bien mélanger avec une cuillère de bois. Verser le mélange dans la boîte de conserve. Couvrir la boîte de papier d'aluminium, puis faire trois rangées de trous à l'aide d'une fourchette. Mettre la boîte de café dans la mijoteuse. Couvrir et cuire à faible intensité pendant 4 à 5 heures.

Après un repas copieux, servir en guise de dessert avec du thé Earl Grey.

Pain au cheddar et à l'oignon

Temps de cuisson : 4 à 6 heures
Temps de préparation : 15 minutes
Attention requise : moyenne
Mijoteuse : 4-6 l (16-24 tasses)
12 portions

30 ml (2 c. à soupe) d'oignon blanc, râpé
120 ml (½ tasse) de cheddar, râpé
10 ml (2 c. à thé) de levure sèche active
240 ml (1 tasse) d'eau chaude
720 ml (3 tasses) de farine panifiable
5 ml (1 c. à thé) de sel

1. Râper très finement l'oignon. Râper grossièrement le cheddar. À l'aide d'un essuie-tout enduit d'une petite quantité de shortening, graisser l'intérieur d'une boîte de café de 1 kg (2 lb).
2. Dissoudre la levure dans 120 ml (½ tasse) d'eau chaude. Dans un grand bol, mélanger la farine, la levure, le sel et le reste de l'eau chaude. Si la pâte est trop sèche, ajouter plus d'eau. Incorporer le cheddar et les oignons. Rouler la pâte pour former une boule et l'insérer dans la boîte de café. Couvrir légèrement avec un essuie-tout et laisser reposer dans un endroit chaud pendant 1 à 2 heures. Lorsque la pâte lève, elle devrait doubler son volume initial.
3. Couvrir la boîte de conserve de papier d'aluminium, puis faire trois rangées de trous à l'aide d'une fourchette. Mettre la boîte de café dans la mijoteuse. Cuire à couvert à faible intensité pendant 4 à 6 heures. Le pain est cuit lorsqu'il ne garde plus l'empreinte du doigt au toucher.

Ce pain est un excellent compagnon au Rôti de bœuf aux fruits séchés (page 110).

Levure

La levure est un organisme vivant qui se multiplie à la chaleur. Cependant, si vous l'ajoutez à de l'eau bouillante, vous risquez de la tuer. Vous pouvez obtenir un pain plus dense en remplaçant la levure par du bicarbonate de soude.

Pain d'avoine au miel

Temps de cuisson : 4 à 6 heures
Temps de préparation : 15 minutes
Attention requise : moyenne
Mijoteuse : 4-6 l (16-24 tasses)
12 portions

10 ml (2 c. à thé) de levure sèche active

300 ml (1 ¼ tasse) d'eau chaude

120 ml (½ tasse) de miel

30 ml (2 c. à soupe) d'huile végétale

240 ml (1 tasse) de flocons d'avoine à cuisson rapide

7 ml (1 ½ c. à thé) de sel

720 ml (3 tasses) de farine panifiable

1. À l'aide d'un essuie-tout enduit d'une petite quantité de shortening, graisser l'intérieur d'une boîte de café de 1 kg (2 lb).
2. Dissoudre la levure dans 120 ml (½ tasse) d'eau chaude. Dans un grand bol, mélanger tous les ingrédients. Si la pâte est trop sèche, ajouter plus d'eau. Rouler la pâte en une boule et la mettre dans la boîte de café. Couvrir légèrement avec un essuie-tout et laisser reposer dans un endroit chaud pendant 1 à 2 heures. Lorsque la pâte lève, elle devrait doubler son volume initial.
3. Couvrir la boîte de café de papier d'aluminium, puis faire trois rangées de trous à l'aide d'une fourchette. Mettre la boîte de café dans la mijoteuse. Couvrir la mijoteuse et cuire à faible intensité pendant 4 à 6 heures. Le pain est cuit lorsqu'il ne garde pas plus l'empreinte du doigt au toucher.

Pour une heureuse juxtaposition de saveurs, servir avec le Ragoût congolais (page 210).

Pain à l'aneth estival de grand-mère Margaret

Temps de cuisson : 4 à 6 heures
Temps de préparation : 20 minutes
Attention requise : moyenne
Mijoteuse : 4-6 l (16-24 tasses)
12 portions

30 ml (2 c. à soupe) d'oignon, râpé
10 ml (2 c. à thé) de levure sèche active
60 ml (¼ tasse) d'eau chaude
720 ml (3 tasses) de farine
2 ml (½ c. à thé) de bicarbonate de soude
5 ml (1 c. à thé) de sel
30 ml (2 c. à soupe) d'aneth
240 ml (1 tasse) de fromage cottage
15 ml (1 c. à soupe) de lait, si nécessaire

1. Râper très finement l'oignon. À l'aide d'un essuie-tout enduit d'une petite quantité de shortening, graisser l'intérieur d'une boîte de café de 1 kg (2 lb).
2. Dissoudre la levure dans l'eau chaude. Dans un grand bol, mélanger tous les ingrédients, sauf l'oignon. Si la pâte est trop sèche, ajouter 15 ml (1 c. à soupe) de lait. Incorporer l'oignon. Rouler la pâte en boule et la mettre dans la boîte de café. Couvrir légèrement avec un essuie-tout et laisser reposer dans un endroit chaud pendant 1 à 2 heures. Lorsque la pâte lève, elle devrait doubler son volume initial.
3. Couvrir la boîte de café de papier d'aluminium, puis faire trois rangées de trous à l'aide d'une fourchette. Mettre la boîte de café dans la mijoteuse. Couvrir la mijoteuse et cuire à faible intensité pendant 4 à 6 heures. Le pain est cuit lorsqu'il ne garde plus l'empreinte du doigt au toucher.

Excellent avec le Rôti braisé épicé (page 114).

Temps de cuisson : 4 à 6 heures
Temps de préparation : 15 minutes
Attention requise : moyenne
Mijoteuse : 4-6 l (16-24 tasses)
12 portions

Pain blanc parsemé de graines

10 ml (2 c. à thé) de levure sèche active
360 ml (1 ½ tasse) d'eau chaude
720 ml (3 tasses) de farine panifiable
15 ml (1 c. à soupe) de lait écrémé en poudre
30 ml (2 c. à soupe) d'huile d'olive
7 ml (1 ½ c. à thé) de sel
60 ml (¼ tasse) de graines de pavot
60 ml (¼ tasse) de graines de sésame
120 ml (½ tasse) de graines de tournesol

1. À l'aide d'un essuie-tout enduit d'une petite quantité de shortening, graisser l'intérieur d'une boîte de café de 1 kg (2 lb).
2. Dissoudre la levure dans 120 ml (½ tasse) d'eau chaude. Dans un grand bol, mélanger la farine, le lait en poudre, l'huile, le reste de l'eau, le sel et la levure. Si la pâte est trop sèche, ajouter plus d'eau, 15 ml (1 c. à soupe) à la fois. Incorporer les graines. Rouler la pâte en boule et la mettre dans la boîte de café. Couvrir légèrement avec un essuie-tout et laisser reposer dans un endroit chaud pendant 1 à 2 heures. Lorsque la pâte lève, elle devrait doubler son volume initial.
3. Couvrir la boîte de café de papier d'aluminium, puis faire trois rangées de trous à l'aide d'une fourchette. Mettre la boîte de café dans la mijoteuse. Couvrir la mijoteuse et cuire à faible intensité pendant 4 à 6 heures. Le pain est cuit lorsqu'il ne garde plus l'empreinte du doigt au toucher.

Servir comme accompagnement avec le Gombo de canard sauvage (page 154).

Pain brun copieux

Temps de cuisson : 4 à 6 heures
Temps de préparation : 15 minutes
Attention requise : moyenne
Mijoteuse : 4-6 l (16-24 tasses)
12 portions

5 ml (1 c. à thé) de sel
240 ml (1 tasse) de raisins secs
720 ml (3 tasses) d'eau
20 ml (4 c. à thé) de levure chimique
240 ml (1 tasse) de farine de seigle
    moulue à la pierre
2 ml (½ c. à thé) de bicarbonate de soude

240 ml (1 tasse) de farine de blé entier
    moulue à la pierre
240 ml (1 tasse) de semoule de maïs
    moulue à la pierre
180 ml (¾ tasse) de mélasse
420 ml (1 ¾ tasse) de lait

1. À l'aide d'un essuie-tout enduit d'une petite quantité de shortening, graisser l'intérieur d'une boîte de café de 1 kg (2 lb).

2. Dans un grand bol, mélanger les farines, la semoule de maïs, le bicarbonate, la levure chimique et le sel. Bien remuer. Ajouter la mélasse et le lait. Remuer jusqu'à consistance homogène. Incorporer les raisins. Verser la pâte dans la boîte de café. Couvrir la boîte de café de papier d'aluminium, puis faire trois rangées de trous à l'aide d'une fourchette. Mettre 720 ml (3 tasses) d'eau dans la mijoteuse. Placer la boîte de café dans la mijoteuse. Couvrir la mijoteuse et cuire à faible intensité pendant 4 à 6 heures. Le pain est cuit lorsqu'il ne garde plus l'empreinte du doigt au toucher.

3. Vider l'eau de la mijoteuse et enlever le papier d'aluminium recouvrant la boîte de café. Remettre cette dernière dans la mijoteuse avec le couvercle légèrement entrouvert, de façon à ce que la vapeur puisse s'échapper. Poursuivre la cuisson à faible intensité pendant 15 minutes.

Ce pain est parfait avec le Rôti de bœuf aux fruits séchés (page 110).

Cuisson du pain

Lorsque vous faites cuire du pain dans une boîte de soupe, de légumes ou de café, couvrez la boîte de conserve avec du papier d'aluminium et percez quelques trous avec une fourchette. Utilisez également le couvercle de la mijoteuse.

Pain aux amandes et aux pépites de chocolat

Temps de cuisson : 4 à 6 heures
Temps de préparation : 15 minutes
Attention requise : moyenne
Mijoteuse : 4-6 l (16-24 tasses)
12 portions

7 ml (1 ½ c. à thé) de levure sèche active

240 ml (1 tasse) d'eau, plus si nécessaire

720 ml (3 tasses) de farine panifiable

15 ml (1 c. à soupe) de lait écrémé en poudre

3 ml (¾ c. à thé) de sel

45 ml (3 c. à soupe) de sucre

2 ml (½ c. à thé) de vanille

30 ml (2 c. à soupe) de beurre, ramolli

180 ml (¾ tasse) de pépites de chocolat mi-sucré

80 ml (⅓ tasse) d'amandes, effilées

1. À l'aide d'un essuie-tout enduit d'une petite quantité de shortening, graisser l'intérieur d'une boîte de café de 1 kg (2 lb).

2. Dissoudre la levure dans 120 ml (½ tasse) d'eau chaude. Dans un grand bol, mélanger la farine, le lait en poudre, la levure, le reste de l'eau, le sel, le sucre, la vanille et le beurre. Si la pâte est trop sèche, ajouter plus d'eau, 15 ml (1 c. à soupe) à la fois. Incorporer les pépites de chocolat et les amandes. Rouler la pâte en boule et la mettre dans la boîte de café. Couvrir légèrement avec un essuie-tout et laisser reposer dans un endroit chaud pendant 1 à 2 heures. Lorsque la pâte lève, elle devrait doubler son volume initial.

3. Couvrir la boîte de café de papier d'aluminium, puis faire trois rangées de trous à l'aide d'une fourchette. Mettre la boîte de café dans la mijoteuse. Couvrir la mijoteuse et cuire à faible intensité pendant 4 à 6 heures. Le pain est cuit lorsqu'il ne garde plus l'empreinte du doigt au toucher.

Faire griller le pain et tartiner de beurre d'arachide pour un petit déjeuner nutritif et délicieux.

Ragoûts

Ragoût de haricots et de tomates

Temps de cuisson : 8 à 10 heures
Temps de préparation : 20 minutes
Attention requise : minimum
Mijoteuse : 4-8 l (16-32 tasses)
6 portions

10 ml (2 c. à thé) de basilic séché
1 poivron rouge de grosseur moyenne
1 poivron vert de grosseur moyenne
240 ml (1 tasse) de lentilles sèches
480 ml (2 tasses) d'eau
1 gros oignon blanc
10 ml (2 c. à thé) de poudre d'ail
1 boîte de 426 ml (15 oz) de pois
    chiches
5 ml (1 c. à thé) de cumin moulu
1 boîte de 426 ml (15 oz) de haricots secs
2 pommes de terre de grosseur moyenne

1 paquet de 283 g (10 oz) d'épinards
    congelés, hachés
1 boîte de 411 ml (14 ½ oz) de tomates
    italiennes à l'étuvée
1 l (4 tasses) de jus de tomate
30 ml (2 c. à soupe) de persil séché
30 ml (2 c. à soupe) de poudre de
    chili
2 carottes de grosseur moyenne

1. Laver les pommes de terre sans les éplucher, puis les couper en cubes de 2,5 cm (1 po). Peler et couper les oignons en morceaux de 5 mm (¼ po). Enlever la tige et les graines des poivrons rouge et vert, puis les couper en dés de 5 mm (¼ po). Laver et couper les carottes en rondelles de 5 mm (¼ po). Égoutter et rincer les haricots. Rincer les lentilles.

2. Mettre tous les ingrédients dans la mijoteuse. Remuer doucement. Couvrir et cuire à faible intensité pendant 8 à 10 heures.

Pour ajouter du mordant à la saveur douce de ce plat, servir avec les Betteraves à l'italienne (page 297).

Papier d'aluminium et congélation

Lorsque vous congelez des soupes et des ragoûts, ne couvrez pas les plats à base de tomates avec du papier d'aluminium, car l'acide des tomates réagira avec l'aluminium.

Ragoût cubain de haricots noirs

Temps de cuisson : 8 à 10 heures
Temps de préparation : 15 minutes
Attention requise : minimum
Mijoteuse : 6 l (24 tasses)
8 portions

1 gros oignon jaune
1 poivron vert
4 gousses d'ail
2 branches de céleri
4 tomates fraîches
1 feuille de laurier
1 l (4 tasses) d'eau
2 cubes de bouillon de poulet
60 ml (4 c. à soupe) de vinaigre balsamique

30 ml (2 c. à soupe) d'huile d'olive
5 ml (1 c. à thé) de poivre noir moulu
5 ml (1 c. à thé) de piment de Cayenne
240 ml (1 tasse) de carottes miniatures pelées
5 ml (1 c. à thé) de thym séché
480 ml (2 tasses) de haricots noirs, rincés

1. Peler et hacher l'oignon en morceaux de 1,5 cm (½ po). Peler les gousses et hacher l'ail finement avec un couteau de cuisine bien affûté. Couper les carottes miniatures en deux. Couper le céleri en morceaux de 5 mm (¼ po). Couper les tomates en morceaux de 1,5 cm (½ po).
2. Chauffer l'huile d'olive dans une grande poêle sur feu moyen-vif. Ajouter l'oignon, le poivron vert, l'ail et les épices moulues. Faire sauter pendant environ 5 minutes, en remuant constamment, jusqu'à ce que les oignons soient tendres. Éliminer l'huile, puis verser le mélange dans la mijoteuse.
3. Mettre les carottes, le céleri, les haricots noirs, la feuille de laurier, les tomates et les cubes de bouillon émiettés dans la mijoteuse. Ajouter l'eau. Remuer jusqu'à ce que tous les ingrédients soient bien mélangés. Couvrir et cuire à faible intensité pendant 8 à 10 heures.
4. Dix minutes avant de servir, incorporer le vinaigre balsamique.

Pour un authentique repas cubain, servir des tranches de plantain frites à la poêle.

Ragoût de jambon, de tomates et de haricots verts à la morave

Temps de cuisson : 5 à 6 heures
Temps de préparation : 10 minutes
Attention requise : minimum
Mijoteuse : 3-6 l (12-24 tasses)
6 portions

1 l (4 tasses) de tomates fraîches, en dés
1,5 l (6 tasses) de haricots verts frais
3 ml (¾ c. à thé) de sel de table
2 ml (½ c. à thé) de poivre noir moulu
480 ml (2 tasses) de jambon précuit, en cubes
4 oignons jaunes de grosseur moyenne

1. Couper le jambon en cubes de 2,5 cm (1 po). Peler et hacher l'oignon en morceaux de 1,5 cm (½ po). Peler les tomates avec un couteau d'office bien affûté, en soulevant doucement la pelure de la chair. Couper les tomates en dés de 5 mm (¼ po). Enlever les bouts des haricots verts.
2. Mettre tous les ingrédients dans la mijoteuse. Remuer deux ou trois fois avec une cuillère de bois. Cuire à couvert à faible intensité pendant 5 à 6 heures.

Pour un délice d'automne, servir sur une purée de pommes de terre avec une courge.

Ragoût à la polonaise

Temps de cuisson : 8 à 9 heures
Temps de préparation : 20 minutes
Attention requise : minimum
Mijoteuse : 3-6 l (12-24 tasses)
4 portions

750 g (1 ½ lb) de saucisse de Pologne
2 oignons de grosseur moyenne
4 pommes de terre de grosseur moyenne
240 ml (1 tasse) de fromage Monterey Jack, râpé
1 l (4 tasses) de choucroute
1 boîte de 305 ml (10 ¾ oz) de crème de céleri concentrée
80 ml (⅓ tasse) de cassonade

1. Couper la saucisse de Pologne en tranches de 1,5 cm (½ po). Peler et hacher les oignons en morceaux de 5 mm (¼ po). Peler et couper les pommes de terre en cubes de 2,5 cm (1 po). Râper le fromage. Égoutter la choucroute.
2. Mettre la soupe, la cassonade, la choucroute, la saucisse, les pommes de terre et les oignons dans la mijoteuse. Couvrir et cuire à faible intensité pendant 8 à 9 heures. Incorporer le fromage au mélange 10 minutes avant de servir.

Ragoût de bœuf fruité

Temps de cuisson : 10 heures
Temps de préparation : 30 minutes
Attention requise : moyenne
Mijoteuse : 6-8 l (24-32 tasses)
8 portions

6 gousses d'ail
2 ml (½ c. à thé) de sel
30 ml (2 c. à soupe) d'eau
3 ml (¾ c. à thé) de curcuma
240 ml (1 tasse) d'abricots séchés
3 ml (¾ c. à thé) de cannelle moulue
3 ml (¾ c. à thé) de gingembre moulu
240 ml (1 tasse) de dattes séchées, dénoyautées

1 kg (2 lb) de rôti de bœuf dans la ronde
480 ml (2 tasses) d'oignon jaune, haché
10 ml (2 c. à thé) de piments rouges séchés, broyés
30 ml (2 c. à soupe) d'huile d'olive extra vierge
480 ml (2 tasses) de bouillon de bœuf
15 ml (1 c. à soupe) de fécule de maïs

1. Couper la viande en morceaux de 3 cm (1 ¼ po). Peler et hacher l'oignon en morceaux de 5 mm (¼ po). Peler et hacher finement l'ail. Dans un petit bol, combiner le piment rouge, le curcuma, le gingembre, la cannelle et le sel, puis recouvrir la viande avec cette mixture. Dans une grande poêle, chauffer l'huile d'olive à feu moyen-vif, puis saisir la viande. Éliminer le gras.

2. Mettre la viande dans la mijoteuse. Ajouter les oignons, le bouillon de bœuf, les dattes et les abricots. Couvrir et cuire à faible intensité pendant 9 heures. Enlever la viande, les oignons et les fruits. Faire une pâte avec la fécule de maïs et 30 ml (2 c. à soupe) d'eau. Incorporer cette pâte au jus de cuisson dans la mijoteuse. Cuire à intensité élevée, en remuant régulièrement, jusqu'à épaississement.

3. Remettre la viande, les légumes et les fruits dans la mijoteuse. Couvrir et poursuivre la cuisson à faible intensité pendant 1 heure.

Pour un heureux mélange de saveurs, servir avec le Riz sauvage à la manière du Minnesota (page 292).

Cuire un rôti

Lorsque vous faites cuire un gros rôti à la mijoteuse, coupez la viande en morceaux 4 à 6 fois plus petits. Elle cuira plus rapidement et atteindra la température plus vite, éliminant ainsi les bactéries. Essayez de mettre des oignons entre chaque couche de viande afin que leur parfum imprègne la viande.

Ragoût de poulet savoureux à l'ail

Temps de cuisson : 6 à 8 heures
Temps de préparation : 30 minutes
Attention requise : minimum
Mijoteuse : 3-6 l (12-24 tasses)
4 portions

480 ml (2 tasses) d'eau
60 ml (¼ tasse) de farine tout usage
5 ml (1 c. à thé) de sel
1 ml (¼ c. à thé) de poivre blanc
8 gousses d'ail
1 oignon jaune de grosseur moyenne
2 ml (½ c. à thé) d'huile faible en gras
1 kg (2 lb) de poitrine de poulet sans peau et désossé, fraîche ou congelée

480 ml (2 tasses) de carottes fraîches, en tranches
6 pommes de terre jaunes de grosseur moyenne
240 ml (1 tasse) de céleri frais, en tranches
1,2 l (5 tasses) de bouillon de poulet en conserve ou congelé

1. Dans un bol à mélanger, fouetter rapidement le bouillon de poulet, l'eau et la farine jusqu'à consistance lisse.
2. Peler les gousses d'ail et les écraser individuellement en plaçant la lame d'un couteau large sur le côté, par-dessus la gousse, et en pressant jusqu'à ce qu'elle éclate, ce qui libère le jus. Les gousses n'ont pas besoin d'être hachées. Sauter l'ail écrasé dans l'huile sur feu moyen, jusqu'à ce qu'il soit légèrement doré.
3. Peler et couper les carottes et les pommes de terre en morceaux de 2,5 cm (1 po). Couper les oignons en dés de moins de 3 mm (⅛ po) avec un couteau d'office. Couper le céleri en tranches de 5 mm (¼ po) d'épaisseur. Couper le poulet en cubes de 2,5 cm (1 po).
4. Mettre tous les ingrédients dans la mijoteuse, sauf le poivre. Remuer jusqu'à ce qu'ils soient bien mélangés et mouillés. Cuire à couvert à faible intensité pendant 6 à 8 heures. Enlever le couvercle 15 minutes avant de servir. Bien remuer, puis incorporer le poivre.

Même s'il est excellent sans accompagnement, servez le ragoût sur du Pain brun copieux (page 91) pour faire un repas complet. Ajouter de la couleur au plat en le garnissant de tranches d'orange fraîche et de raisins bleus.

Ragoût de bœuf traditionnel

Temps de cuisson : 8 à 9 heures
Temps de préparation : 30 minutes
Attention requise : minimum
Mijoteuse : 3-6 l (12-24 tasses)
6 portions

1 kg (2 lb) d'épaule de bœuf
6 carottes de grosseur moyenne
240 ml (1 tasse) d'eau
60 ml (¼ tasse) de farine
2 cubes de bouillon de bœuf
2 ml (½ c. à thé) de sel
2 ml (½ c. à thé) de poivre

6 oignons jaunes de grosseur moyenne
6 pommes de terre de grosseur moyenne
6 branches de céleri
1 boîte de 305 ml (10 ¾ oz) de crème de tomates concentrée

1. Couper le bœuf en cubes de 2,5 cm (1 po), en enlevant tout le gras. Peler les carottes, les oignons et les pommes de terre. Trancher le céleri et les carottes en tronçons de 2,5 cm (1 po). Couper les oignons et les pommes de terre en quatre.

2. Dans un bol moyen, mélanger à l'aide d'une fourchette la soupe, les cubes de bouillon, l'eau et la farine, jusqu'à ce que la mixture soit de consistance lisse et que les cubes de bouillon se dissolvent. Mettre le bœuf au fond de la mijoteuse et recouvrir du mélange liquide. Ajouter les carottes, les oignons, le céleri et les pommes de terre. Saupoudrer de sel et de poivre. Cuire à faible intensité pendant 8 à 9 heures.

Pour un repas savoureux et nutritif, servir avec la Purée de pommes de terre à l'aneth (page 294).

Variation des temps de cuisson

La taille de la mijoteuse, la qualité de la viande et la teneur en eau des légumes feront qu'un plat sera plus ou moins long à cuire.

Ragoût de poulet du Nouveau-Brunswick

Temps de cuisson : 6 à 8 heures
Temps de préparation : 20 minutes
Attention requise : minimum
Mijoteuse : 3-6 l (12-24 tasses)
6 portions

1 poulet à bouillir
2 l (8 tasses) d'eau
2 gros oignons jaunes
45 ml (3 c. à soupe) de sel de table
5 ml (1 c. à thé) de poivre
15 ml (1 c. à soupe) de sucre
1 l (4 tasses) de maïs sucré frais
   (environ 8 épis)

1 l (4 tasses) de tomates fraîches, en cubes
3 pommes de terre de grosseur moyenne
480 ml (2 tasses) de gombos, en dés
480 ml (2 tasses) de haricots de Lima

1. Couper le poulet en morceaux et les mettre dans la mijoteuse avec 2 l (8 tasses) d'eau. Cuire à couvert à intensité élevée pendant 2 heures. Enlever le poulet et laisser tiédir.

2. Peler et trancher les oignons en rondelles de 5 mm (¼ po). Couper les tomates en dés de 1,5 cm (½ po). Peler et couper les pommes de terre en dés de 1,5 cm (½ po). Égrener les épis de maïs. Couper les gombos en morceaux de 1,5 cm (½ po). Désosser le poulet.

3. Mettre le poulet, les oignons, les tomates, les pommes de terre, le maïs sucré, les gombos, les haricots de Lima, le sel, le poivre et le sucre dans la mijoteuse. Cuire à couvert à faible intensité pendant 6 à 8 heures.

La saveur de ce ragoût est rehaussée lorsqu'il a été réfrigéré toute la nuit et réchauffé le lendemain.

Légumes aromatiques

Les navets, les oignons, le céleri et les carottes sont considérés comme des légumes aromatiques parce qu'ils dégagent une merveilleuse odeur en cuisant et rehaussent le goût des recettes à base de viande.

Ragoût de bœuf au cidre

Temps de cuisson : 10 à 12 heures
Temps de préparation : 15 minutes
Attention requise : minimum
Mijoteuse : 3-6 l (12-24 tasses)
6 portions

1 kg (2 lb) de bœuf à ragoût
8 carottes
6 pommes de terre de grosseur moyenne
2 pommes Granny Smith
1 petit oignon blanc
10 ml (2 c. à thé) de sel
2 ml (½ c. à thé) de thym
480 ml (2 tasses) de cidre
60 ml (¼ tasse) de farine

1. Couper le bœuf en cubes de 1,5 cm (½ po). Peler et trancher les carottes en rondelles de 3 mm (⅛ po) d'épaisseur. Peler et couper les pommes de terre en cubes de 1,5 cm (½ po). Peler et couper les pommes en morceaux de 1,5 cm (½ po). Peler et hacher finement l'oignon.
2. Mettre les carottes, les pommes de terre et les pommes dans la mijoteuse. Ajouter la viande et la parsemer de sel, de thym et d'oignon. Verser le cidre sur le dessus. Couvrir et cuire à faible intensité pendant 10 à 12 heures. Avant de servir, mélanger la farine avec suffisamment d'eau pour faire une pâte et l'incorporer ensuite au ragoût. Couvrir et cuire à intensité élevée pendant environ 15 minutes, jusqu'à épaississement.

Verser sur une Purée de pommes de terre à l'aneth (page 294) pour un mélange inusité de saveurs.

Les meilleures coupes pour la mijoteuse

Les meilleures coupes de bœuf pour les ragoûts sont l'épaule, le flanchet et la pointe de poitrine. La cuisson douce et lente attendrit même les viandes les plus coriaces, tandis que ces coupes ont tendance à être bien persillées, ce qui permet au jus savoureux des gras de s'infiltrer dans le ragoût.

Ragoût de bœuf à plusieurs étages

Temps de cuisson : 9 à 10 heures
Temps de préparation : 20 minutes
Attention requise : minimum
Mijoteuse : 3-6 l (12-24 tasses)
6 portions

1,2 kg (2 ½ lb) de bœuf à ragoût
1 gros oignon jaune
6 carottes de grosseur moyenne
4 branches de céleri
4 grosses tomates mûres
10 petites pommes de terre nouvelles
30 ml (2 c. à soupe) de sauce Worcestershire
60 ml (¼ tasse) de vin rouge
45 ml (3 c. à soupe) de cassonade
5 ml (1 c. à thé) de sel de table
2 ml (½ c. à thé) de poivre noir moulu
1 ml (¼ c. à thé) de piment de la Jamaïque
1 ml (¼ c. à thé) de marjolaine séchée
1 ml (¼ c. à thé) de thym séché
2 feuilles de laurier
90 ml (6 c. à soupe) de tapioca à cuisson rapide

1. Couper le bœuf en cubes de 2,5 cm (1 po). Peler et couper l'oignon en tranches de 5 mm (¼ po). Peler et couper les carottes en deux, dans le sens longitudinal. Enlever les feuilles de céleri et couper les branches en deux. Hacher les tomates en morceaux de 5 mm (¼ po).
2. Dans la mijoteuse, disposer les ingrédients en couches dans l'ordre suivant : bœuf, oignons, pommes de terre, carottes, céleri, sauce Worcestershire, vin rouge, cassonade, sel, poivre, piment de la Jamaïque, marjolaine, thym, feuilles de laurier, tapioca et tomates. Couvrir et cuire à faible intensité pendant 9 à 10 heures.

Pour un repas complet, servir avec les Pois et riz de grand-mère Dorothy (page 290).

Ragoût champêtre français au poulet et au porc

Temps de cuisson : 8 à 9 heures
Temps de préparation : 20 minutes
Attention requise : minimum
Mijoteuse : 3-6 l (12-24 tasses)
4 portions

1,5 kg (3 lb) de côtelettes de porc
4 poitrines de poulet
10 oignons perlés
15 ml (1 c. à soupe) d'huile d'olive
60 ml (¼ tasse) de vin blanc sec
240 ml (1 tasse) de champignons frais, en quartiers

30 ml (2 c. à soupe) de moutarde de Dijon
5 ml (1 c. à thé) de farine
5 ml (1 c. à thé) d'eau chaude
480 ml (2 tasses) de bouillon de bœuf
4 gousses d'ail

1. Désosser les côtelettes de porc et couper la viande en cubes de 1,5 cm (½ po). Enlever les os et la peau du poulet et les jeter ; couper la viande en cubes de 1,5 cm (½ po). Peler les oignons perlés. Laver les champignons en les essuyant avec un linge humide, puis les couper en quatre. Peler et hacher finement l'ail.

2. Dans une grande poêle à feu moyen, faire sauter dans l'huile d'olive le porc, le poulet, les oignons et l'ail, jusqu'à ce que la viande soit dorée. Éliminer le gras, puis verser le mélange dans la mijoteuse. Dans un bol moyen, combiner le bouillon de bœuf, le vin et la moutarde, puis verser la mixture dans la mijoteuse. Ajouter les champignons sur le dessus. Couvrir et cuire à faible intensité pendant 8 à 9 heures.

3. Environ 30 minutes avant de servir, faire une pâte avec l'eau chaude et la farine puis l'incorporer au contenu de la mijoteuse. Cuire à découvert, en remuant de temps à autre, jusqu'à épaississement.

Garnir le ragoût de persil ciselé juste avant de servir.

Peler les oignons perlés

Lorsque vous utilisez des oignons perlés, faites-les d'abord blanchir pendant 3 minutes. Plongez-les ensuite dans l'eau froide. Retirez-les de l'eau, coupez les bouts avant d'enlever les tiges en un tour de main.

Ragoût de poulet aux arachides

Temps de cuisson : 4 à 6 heures
Temps de préparation : 15 minutes
Attention requise : minimum
Mijoteuse : 3-6 l (12-24 tasses)
4 portions

4 poitrines de poulet
1 poivron vert
1 poivron rouge
2 oignons jaunes de grosseur moyenne
1 boîte de 170 ml (6 oz) de pâte de tomates
180 ml (¾ tasse) de beurre d'arachide croquant
720 ml (3 tasses) de bouillon de poulet
5 ml (1 c. à thé) de sel de table
5 ml (1 c. à thé) de poudre de chili
5 ml (1 c. à thé) de sucre
2 ml (½ c. à thé) de muscade moulue

1. Enlever la peau et les os des poitrines de poulet, puis les jeter ; couper la viande en cubes de 2,5 cm (1 po). Enlever les tiges et les pépins des poivrons et les couper en rondelles de 5 mm (¼ po) d'épaisseur. Peler et couper les oignons en rondelles de 5 mm (¼ po) d'épaisseur.

2. Mettre tous les ingrédients dans la mijoteuse. Bien remuer, jusqu'à ce que tous les ingrédients soient mêlés. Couvrir et cuire à faible intensité pendant 4 à 6 heures.

Parsemer le ragoût d'arachides hachées et de noix de coco râpée avant de servir sur du riz fraîchement cuit.

Ne mangez pas les feuilles de laurier

N'oubliez pas que les feuilles de laurier ajoutent beaucoup de saveur, mais vous devez toujours les enlever avant de servir un plat. Les feuilles de laurier sont coupantes et il est dangereux d'en manger.

Champignons, poivrons et tomates à l'étuvée

Temps de cuisson : 8 à 9 heures
Temps de préparation : 20 minutes
Attention requise : minimum
Mijoteuse : 3-6 l (12-24 tasses)
8 portions

12 tomates italiennes
2 poivrons rouges
2 poivrons jaunes
2 poivrons verts
2 gros oignons jaunes
360 ml (1 ½ tasse) de pleurotes en huître, en quartiers
6 gousses d'ail
30 ml (2 c. à soupe) d'huile d'olive
3 feuilles de laurier
10 ml (2 c. à thé) de basilic séché
5 ml (1 c. à thé) de sel
5 ml (1 c. à thé) de poivre noir moulu

1. Couper les tomates en dés de 1,5 cm (½ po). Enlever les tiges et les graines des poivrons et les couper en lanières de 5 mm (¼ po). Peler et trancher les oignons en rondelles de 5 mm (¼ po). Laver les champignons en les essuyant avec un linge humide, puis les couper en quartiers. Peler les gousses d'ail et les couper en huit.

2. Dans une poêle moyenne, chauffer l'huile sur feu moyen. Sauter les poivrons, les oignons, l'ail et les champignons pendant 5 minutes. Éliminer le gras, puis verser les légumes dans la mijoteuse. Ajouter les épices et les tomates et bien remuer. Couvrir et cuire à faible intensité pendant 8 à 9 heures.

Servir comme accompagnement avec le Pain de viande maigre (page 115).

Ragoût de crevettes et de palourdes avec tomates

Temps de cuisson : 6 à 9 heures
Temps de préparation : 20 minutes
Attention requise : minimum
Mijoteuse : 4-8 l (16-32 tasses)
6 portions

2 carottes de grosseur moyenne
4 gousses d'ail
15 ml (1 c. à soupe) d'huile d'olive
240 ml (1 tasse) de sauce tomate
5 ml (1 c. à thé) de thym séché
2 ml (½ c. à thé) de poivre noir moulu
227 g (½ lb) de petites à moyennes crevettes
720 ml (3 tasses) de palourdes fraîches décortiquées ou en conserve

2 oignons jaunes de grosseur moyenne, hachés
4 tomates mûres de grosseur moyenne
2 pommes de terre blanches de grosseur moyenne
1 poivron vert de grosseur moyenne
15 ml (1 c. à soupe) de sauce épicée
2 branches de céleri

1. Faire bouillir les crevettes pendant 10 minutes. Égoutter et rincer dans l'eau froide. Enlever les carapaces et les queues. Enlever les veines noires en passant la dent d'une fourchette le long du dos de chaque crevette. Si des palourdes fraîches sont utilisées, enlever les coquilles. Peler et hacher les oignons en morceaux de 5 mm (¼ po). Couper les tomates en morceaux de 5 mm (¼ po). Peler et couper les pommes de terre en morceaux de 1,5 cm (½ po). Enlever les graines et les tiges du poivron vert et les couper en morceaux de 5 mm (¼ po). Couper le céleri en tranches de 5 mm (¼ po). Peler et couper les carottes en rondelles de 5 mm (¼ po). Peler et hacher finement l'ail.

2. Dans une grande poêle sur feu moyen, faire sauter les oignons et l'ail dans l'huile d'olive, jusqu'à ce que l'oignon soit translucide et tendre. Ajouter les tomates, les pommes de terre, le poivron vert, le céleri, les carottes, la sauce tomate, le thym, le poivre et la sauce épicée. Faire sauter pendant 5 minutes.

3. Verser le mélange dans la mijoteuse. Couvrir et cuire à faible intensité pendant 6 à 8 heures. Ajouter les crevettes et les palourdes. Couvrir et cuire à intensité élevée pendant 30 minutes.

Hacher une botte d'oignons verts en morceaux de 5 mm (¼ po), incluant les tiges vertes, puis tapisser le dessus du ragoût avant de servir avec une baguette.

CHAPITRE 8
Bœuf

Rôti de bœuf aux fruits séchés

Temps de cuisson : 6 à 8 heures
Temps de préparation : 15 minutes
Attention requise : minimum
Mijoteuse : 3-6 l (12-24 tasses)
8 portions

2 oignons jaunes de grosseur moyenne
1 gousse d'ail
1,5 à 1,8 kg (3 à 4 lb) de rôti à braiser désossé
360 ml (1 ½ tasse) de fruits séchés mélangés
360 ml (1 ½ tasse) de rondelles de pommes séchées
180 ml (¾ tasse) de bière blonde
240 ml (1 tasse) d'eau
60 ml (¼ tasse) de cassonade tassée
1 feuille de laurier
1 ml (¼ c. à thé) de cannelle moulue
12 ml (2 ½ c. à thé) de sel
1 ml (¼ c. à thé) de poivre noir moulu

1. Peler et couper les oignons en tranches de 5 mm (¼ po) d'épaisseur. Peler et hacher finement l'ail avec un couteau de cuisine bien affûté.
2. Mettre les oignons au fond de la mijoteuse. Mettre le rôti par-dessus. Couvrir avec les fruits séchés mélangés. Mélanger ensemble la bière, l'eau, l'ail, la cassonade, la feuille de laurier, la cannelle, le sel et le poivre, puis verser sur le rôti. Couvrir et cuire à faible intensité pendant 6 à 8 heures.

Enlever la feuille de laurier et garnir avec les rondelles de pommes séchées avant de servir.

Sucrer avec des boissons gazeuses

Substituez du Coca-Cola® ou du 7-Up® au liquide en faisant votre prochain rôti. Le sucre apporte une texture de caramel, tandis que les saveurs se fondent avec la viande et les légumes.

Soupe cajun au bœuf et aux légumes

Temps de cuisson : 8 à 10 heures
Temps de préparation : 30 minutes
Attention requise : minimum
Mijoteuse : 4-6 l (16-24 tasses)
8 portions

750 g (1 ½ lb) de poitrine de bœuf
240 ml (1 tasse) de céleri, haché
15 ml (1 c. à soupe) de sauce soja
15 ml (1 c. à soupe) de sel
120 ml (½ tasse) de persil frais, ciselé
720 ml (3 tasses) de navet, haché
3 gousses d'ail
360 ml (1 ½ tasse) de maïs frais
840 ml (3 ½ tasses) de vin blanc sec
4 l (16 tasses) d'eau
360 ml (1 ½ tasse) de haricots verts frais
360 ml (1 ½ tasse) d'oignons verts hachés

840 ml (3 ½ tasses) de pommes de terre, en tranches
360 ml (1 ½ tasse) de tomates fraîches, hachées
480 ml (2 tasses) de poivron vert frais, haché
480 ml (2 tasses) de choux de Bruxelles
5 ml (1 c. à thé) de menthe fraîche, ciselée
30 ml (2 c. à soupe) de sauce épicée

1. Couper la poitrine de bœuf en cubes de 2,5 cm (1 po). Enlever les racines et la première pelure des oignons verts. Hacher les oignons verts, le céleri, le persil et la menthe en morceaux de 1,5 cm (½ po). Couper les tiges des haricots verts. Peler et couper les pommes de terre en tranches de 5 mm (¼ po) d'épaisseur. Peler et couper les tomates en morceaux de 1,5 cm (½ po). Enlever les graines et la tige du poivron vert, puis le couper en morceaux de 5 mm (¼ po). Peler et couper les navets en morceaux de 5 mm (¼ po). Peler l'ail et le hacher finement avec un couteau d'office bien affûté.

2. Mélanger tous les ingrédients dans la mijoteuse. Couvrir et cuire à faible intensité pendant 8 à 10 heures.

Pour un authentique plat cajun, le Pain de maïs cylindrique (page 82) est un incontournable.

Légumes et conversion des recettes

Avec des légumes forts comme les navets ou les rutabagas, réduisez de moitié la quantité requise d'une recette au four lorsque vous l'adaptez à la mijoteuse. La cuisson lente accentue ces saveurs qui peuvent devenir trop dominantes dans un plat mijoté.

Soupe à la queue de bœuf et aux légumes de grand-mère Opal

Temps de cuisson : 6 à 8 heures
Temps de préparation : 20 minutes
Attention requise : minimum
Mijoteuse : 3-6 l (12-24 tasses)
6 portions

240 ml (1 tasse) de carottes, en dés
120 ml (½ tasse) de céleri, en dés
2 navets
1 kg (2 lb) de queue de bœuf
2 l (8 tasses) d'eau
5 ml (1 c. à thé) de sel
5 ml (1 c. à thé) de sel de céleri

480 ml (2 tasses) de pommes de terre blanches, en cubes
1 boîte de 455 ml (16 oz) de tomates, avec leur jus
1 boîte de 455 ml (16 oz) de maïs à grains entiers, avec le liquide
1 petit oignon jaune

1. Peler et hacher l'oignon en morceaux de 5 mm (¼ po). Peler les carottes avec un économe et les couper en morceaux de 5 mm (¼ po). Couper le céleri en morceaux de 5 mm (¼ po). Peler et couper les pommes de terre en morceaux de 1,5 cm (½ po). Couper les tomates en morceaux de 1,5 cm (½ po), en conservant le liquide. Peler et hacher les navets en morceaux de 5 mm (¼ po).

2. Dans la mijoteuse, mettre la queue de bœuf, l'eau, les deux variétés de sel, l'oignon, les carottes, les navets et le céleri. Couvrir et cuire à faible intensité pendant 5 à 6 heures. Retirer la queue de bœuf et la désosser. Jeter ensuite les os et remettre la viande dans la mijoteuse. Ajouter les pommes de terre, les tomates et le maïs, ainsi que le liquide du maïs et des tomates. Couvrir et poursuivre la cuisson à faible intensité pendant 1 à 2 heures.

Le Pain blanc parsemé de graines (page 90) accompagne bien cette soupe traditionnelle.

Légumes lents à cuire

Les légumes-racines denses comme les pommes de terre, les carottes, les navets et les rutabagas prennent plus de temps à cuire que la viande et d'autres légumes. Coupez-les en petits morceaux et mettez-les au fond de la mijoteuse et sur les côtés pour être certain qu'ils reçoivent le plus de chaleur possible.

Boulettes de viande porc-épic

Temps de cuisson : 7 à 8 heures
Temps de préparation : 20 minutes
Attention requise : minimum
Mijoteuse : 3-6 l (12-24 tasses)
6 portions

120 ml (½ tasse) d'oignon jaune, haché
120 ml (½ tasse) de poivron vert, haché
360 ml (1 ½ tasse) de bœuf haché maigre
120 ml (½ tasse) de riz blanc non cuit
1 œuf
5 ml (1 c. à thé) de sel de table
2 ml (½ c. à thé) de poivre noir moulu
1 boîte de 305 ml (10 ¾ oz) de crème de tomates concentrée

1. Peler et hacher l'oignon en morceaux de 3 mm (⅛ po). Enlever la tige et les graines du poivron et le hacher en morceaux de 3 mm (⅛ po). Dans un bol, combiner le bœuf haché, le riz, l'oignon, le poivron vert, l'œuf, le sel et le poivre. Mélanger avec les mains jusqu'à consistance homogène.
2. Façonner environ 24 boulettes de viande de la grosseur d'une balle de golf et les mettre dans la mijoteuse. Verser la soupe sur les boulettes de viande. Couvrir et cuire à faible intensité pendant 7 à 8 heures.

Pour un repas complet, servir avec des Choux de Bruxelles à l'orange (page 269).

Pain de viande à la dinde

Pour un plat plus maigre, substituez la dinde hachée au bœuf haché dans votre prochaine recette de boulettes de viande, de chili ou de pain de viande. Elle est moins grasse et présente une valeur nutritive similaire.

Rôti braisé épicé

Temps de cuisson : 8 à 10 heures
Temps de préparation : 15 minutes
Attention requise : minimum
Mijoteuse : 3-6 l (12-24 tasses)
8 portions

1 oignon jaune
4 grosses pommes de terre blanches
1,8 kg (4 lb) de rôti à braiser
240 ml (1 tasse) d'eau
60 ml (¼ tasse) de vin blanc sec
60 ml (¼ tasse) de ketchup
10 ml (2 c. à thé) de moutarde de Dijon
5 ml (1 c. à thé) de sauce Worcestershire
1 sachet de préparation pour sauce brune
0,5 ml (⅛ c. à thé) de poudre d'ail
1 ml (¼ c. à thé) de poivre noir moulu
2 ml (½ c. à thé) de sel de table

1. Peler et hacher l'oignon en morceaux de 5 mm (¼ po). Peler et couper les pommes de terre en deux, dans le sens longitudinal.
2. Placer tous les ingrédients dans la mijoteuse, sauf le rôti braisé. Bien remuer. Ajouter le rôti. Couvrir et cuire à faible intensité pendant 8 à 10 heures.

Pour faire une sauce onctueuse, incorporer 30 ml (2 c. à soupe) de farine au jus de cuisson dans la mijoteuse.

Congeler des plats de viande

Lorsque vous faites dorer la viande pour un plat que vous allez congeler, utilisez peu ou pas de corps gras pendant la cuisson. Le gras cuit et congelé peut détériorer le goût de la viande.

Pain de viande maigre

Temps de cuisson : 4 à 6 heures
Temps de préparation : 15 minutes
Attention requise : minimum
Mijoteuse : 3-6 l (12-24 tasses)
6 portions

480 ml (2 tasses) de chou, râpé
1 oignon blanc de grosseur moyenne
1 poivron vert
454 g (1 lb) de bœuf haché maigre
2 ml (½ c. à thé) de graines de carvi
5 ml (1 c. à thé) de sel de table

1. Râper le chou en lanières de 5 mm (¼ po) avec un grand couteau de cuisine. Peler et hacher l'oignon en morceaux de 5 mm (¼ po). Enlever la tige et les graines du poivron vert et le hacher en morceaux de 5 mm (¼ po).
2. Mélanger tous les ingrédients dans un bol. Former un pain rond. Dans la mijoteuse, déposer le pain de viande sur une grille à viande ou un panier de cuisson à vapeur. Cuire à couvert à intensité élevée pendant 4 à 6 heures.

Pour une saveur épicée et relevée, verser un filet de sauce Heinz 57 sur le pain de viande avant de servir.

Pour éviter que le pain de viande colle au fond

Pour éviter que le pain de viande colle au fond de la mijoteuse, disposez une tranche de bacon au fond du récipient de grès avant de mettre le pain de viande.

Sauerbraten à la mijoteuse

Temps de cuisson : 5 heures
Temps de préparation : 15 minutes
Attention requise : minimum
Mijoteuse : 4-6 l (16-24 tasses)
8 portions

2 oignons jaunes
1,8 kg (4 lb) de rôti de bœuf
2 ml (½ c. à thé) de sel de table
2 ml (½ c. à thé) de poivre noir moulu
480 ml (2 tasses) de bouillon de bœuf
80 ml (⅓ tasse) de cassonade
80 ml (⅓ tasse) de vinaigre de cidre
8 biscuits au gingembre

1. Peler et hacher les oignons en morceaux de 2,5 cm (1 po). Saupoudrer le rôti de bœuf de sel et de poivre. Mettre le rôti dans la mijoteuse. Ajouter les oignons, le bouillon, la cassonade et le vinaigre. Couvrir et cuire à intensité élevée pendant 5 heures.
2. Enlever le rôti de la mijoteuse. Émietter les biscuits au gingembre et les incorporer à la sauce dans la mijoteuse. Remuer lentement pendant environ 10 minutes, ou jusqu'à épaississement. Trancher la viande et verser la sauce à la louche sur les tranches.

Pour un authentique repas bavarois, servir avec le Pain brun copieux (page 91).

Prévenir les éclaboussures

Pour éviter que le gras chaud n'éclabousse quand vous saisissez la viande, saupoudrez le fond de la poêle de farine avant d'ajouter la viande. Vous pouvez également ajouter de l'eau pendant que la viande cuit.

Rôti braisé à l'aneth

Temps de cuisson : 8 à 10 heures
Temps de préparation : 20 minutes
Attention requise : minimum
Mijoteuse : 4-6 l (16 à 24 tasses)
6 portions

1,5 kg (3 lb) de rôti de palette
5 ml (1 c. à thé) de sel de table
15 ml (1 c. à soupe) de vinaigre

2 ml (½ c. à thé) de poivre noir moulu
10 ml (2 c. à thé) d'aneth séché
60 ml (¼ tasse) d'eau

Saupoudrer les deux côtés de la viande de sel, de poivre et d'aneth. Mettre le rôti dans la mijoteuse, puis verser l'eau et le vinaigre. Couvrir et cuire à faible intensité pendant 8 à 10 heures.

Ce rôti est excellent accompagné d'une sauce constituée de 240 ml (1 tasse) de crème sure avec 10 ml (2 c. à thé) d'aneth.

Bouts de bœuf pétillants

Temps de cuisson : 8 à 10 heures
Temps de préparation : 10 minutes
Attention requise : minimum
Mijoteuse : 4-6 l (16-24 tasses)
4 portions

1 kg (2 lb) de rôti de palette
480 ml (2 tasses) de champignons frais, en tranches
1 boîte de 305 ml (10 ¾ oz) de crème de champignons concentrée
1 sachet de préparation pour soupe à l'oignon déshydratée
240 ml (1 tasse) de boisson gazeuse citron-lime

Couper la viande en cubes de 2,5 cm (1 po), en éliminant le gras au fur et à mesure. Laver les champignons en les essuyant avec un linge humide, puis les couper en tranches de 3 mm (⅛ po) d'épaisseur. Mettre tous les ingrédients dans la mijoteuse. Bien remuer. Couvrir et cuire à faible intensité pendant 8 à 10 heures.

Pour un heureux mélange de saveurs, servir avec la Casserole de patates douces et de pommes (page 284).

Temps de cuisson : 8 à 10 heures
Temps de préparation : 20 minutes
Attention requise : minimum
Mijoteuse : 4-6 l (16-24 tasses)

Bœuf bourguignon

4 portions

1kg (2 lb) de rôti de palette
25 ml (1 ½ c. à soupe) de farine
4 gros oignons jaunes
240 ml (1 tasse) de champignons frais, en tranches
5 ml (1 c. à thé) de sel de table
1 ml (¼ c. à thé) de marjolaine séchée
1 ml (¼ c. à thé) de thym séché
1 ml (¼ c. à thé) de poivre noir moulu
240 ml (1 tasse) de bouillon de bœuf
240 ml (1 tasse) de vin de Bourgogne

1. Couper la viande en cubes de 2,5 cm (1 po), en éliminant le gras au fur et à mesure. Enrober la viande de farine en pressant fermement les cubes dans un bol contenant la farine. Peler et trancher les oignons en rondelles de 5 mm (¼ po). Laver les champignons en les essuyant avec un linge humide, puis les couper en tranches de 3 mm (⅛ po) d'épaisseur.
2. Mettre tous les ingrédients dans la mijoteuse. Couvrir et cuire à faible intensité pendant 8 à 10 heures.

Pour un repas complet, servir avec de grosses nouilles aux œufs et le Chou-fleur fromagé (page 295).

Temps de cuisson : 8 à 10 heures
Temps de préparation : 20 minutes
Attention requise : minimum
Mijoteuse : 4-8 l (16-32 tasses)

Goulache hongroise
8 portions

1 kg (2 lb) de bifteck de ronde
2 ml (½ c. à thé) de poudre d'oignon
2 ml (½ c. à thé) de poudre d'ail
2 ml (½ c. à thé) de sel de table
2 ml (½ c. à thé) de poivre noir moulu
7 ml (1 ½ c. à thé) de paprika
30 ml (2 c. à soupe) de farine
1 boîte de 305 ml (10 ¾ oz) de crème de tomates concentrée
120 ml (½ tasse) d'eau
240 ml (1 tasse) de crème sure

1. Couper le bifteck en cubes de 2,5 cm (1 po). Mélanger la viande, la poudre d'oignon, la poudre d'ail, le sel, le poivre, le paprika et la farine, jusqu'à ce que la viande soit bien enrobée. Mettre dans la mijoteuse et verser la soupe et la farine. Couvrir et cuire à faible intensité pendant 8 à 10 heures.
2. Environ une demi-heure avant de servir, ajouter la crème sure. Couvrir et cuire à faible intensité.

Pour une présentation authentique, servir sur des macaronis en forme de coude.

Produits laitiers faibles en gras

Substituez des produits faibles en gras à la crème sure, au fromage à la crème et aux fromages à pâte dure réguliers, peu importe la recette. Cependant, n'utilisez pas de produits laitiers écrémés, à moins que la recette ne le précise. Une certaine quantité de matière grasse est nécessaire pour que les produits laitiers se mêlent correctement dans la plupart des plats.

Temps de cuisson : 8 à 10 heures
Temps de préparation : 20 minutes
Attention requise : minimum
Mijoteuse : 3-6 l (12-24 tasses)
8 portions

Riz espagnol au bœuf

454 g (1 lb) de bœuf haché maigre
1 oignon jaune de grosseur moyenne
1 poivron rouge
240 ml (1 tasse) de sauce tomate
240 ml (1 tasse) d'eau
5 ml (1 c. à thé) de poudre de chili
10 ml (2 c. à thé) de sauce Worcestershire
240 ml (1 tasse) de riz blanc cru

1. Dans une poêle moyenne, dorer le bœuf haché sur feu moyen-vif. Éliminer le gras, puis répandre la viande sur des essuie-tout pour qu'ils absorbent le surplus de gras. Peler et hacher les oignons en morceaux de 5 mm (¼ po). Enlever la tige et les graines du poivron rouge, puis le hacher en morceaux de 5 mm (¼ po).

2. Mélanger tous les ingrédients dans la mijoteuse. Couvrir et cuire à faible intensité pendant 8 à 10 heures.

Pour un repas copieux et savoureux, servir avec un Potage du Wisconsin à la bière et au fromage (page 43).

Saisir les viandes pour les recettes

La meilleure méthode consiste à dorer votre viande avant de la mettre dans la mijoteuse. Faites-la simplement sauter dans une petite quantité d'huile sur feu moyen-vif, jusqu'à ce que la surface de la viande soit dorée. La mijoteuse fera le reste.

Bifteck et poivron épicés à la japonaise

Temps de cuisson : 6 à 8 heures
Temps de préparation : 15 minutes
Attention requise : minimum
Mijoteuse : 3-6 l (12-24 tasses)
4 portions

454 g (1 lb) de bifteck
2 gousses d'ail
1 poivron vert
45 ml (3 c. à soupe) de sauce soja
240 ml (1 tasse) de champignons frais,
    en tranches
5 ml (1 c. à thé) de gingembre moulu, **ou** 10 ml
    (2 c. à thé) de gingembre frais, finement haché
2 ml (½ c. à thé) de piment rouge séché, broyé
1 oignon blanc de grosseur moyenne

1. Couper le bifteck en tranches d'environ 1,5 cm (½ po) d'épaisseur. Peler l'ail et le hacher finement avec un couteau de cuisine bien affûté. Enlever la tige et les graines du poivron vert, puis le trancher en lanières de 5 mm (¼ po), dans le sens longitudinal. Laver les champignons en les essuyant avec un linge humide, puis les émincer. Peler et trancher l'oignon en rondelles de 5 mm (¼ po).
2. Mélanger tous les ingrédients dans la mijoteuse. Bien remuer. Couvrir et cuire à faible intensité pendant 6 à 8 heures.

Pour une saveur authentique, servir sur des nouilles transparentes.

Temps de cuisson : 4 à 5 heures
Temps de préparation : 30 minutes
Attention requise : minimum
Mijoteuse : 6 l (24 tasses)

Chop soui au bœuf
6 portions

1,5 kg (3 lb) de bavette de flanchet
120 ml (½ tasse) de céleri, haché
240 ml (1 tasse) de bok choy, haché
1 petit oignon, haché
120 ml (½ tasse) d'eau
30 ml (2 c. à soupe) de sauce soja foncée
25 ml (1 ½ c. à soupe) de mélasse noire
5 ml (1 c. à thé) de sauce épicée
15 ml (1 c. à soupe) de farine
30 ml (2 c. à soupe) d'eau

Mélanger tous les ingrédients dans la mijoteuse, sauf la farine et l'eau. Bien remuer. Cuire à intensité élevée pendant 4 à 5 heures. Combiner la farine et l'eau, puis les incorporer au contenu de la mijoteuse. Remuer jusqu'à épaississement.

Servir sur du riz blanc et le garnir de graines de sésame.

Bœuf aigre-doux vietnamien

Temps de cuisson : 8 à 9 heures
Temps de préparation : 20 minutes
Attention requise : minimum
Mijoteuse : 3-6 l (12-24 tasses)
4 portions

1 kg (2 lb) de bifteck de ronde
480 ml (2 tasses) de carottes, en rondelles
480 ml (2 tasses) d'oignons perlés
1 poivron vert de grosseur moyenne
2 grosses tomates mûres
30 ml (2 c. à soupe) d'huile
2 boîtes de 227 ml (8 oz) de sauce tomate
80 ml (⅓ tasse) de vinaigre
120 ml (½ tasse) de mélasse de fantaisie
5 ml (1 c. à thé) de paprika
60 ml (¼ tasse) de sucre
5 ml (1 c. à thé) de sel de table

1. Couper le bœuf en morceaux de 2,5 cm (1 po). Peler et trancher les carottes en rondelles de 5 mm (¼ po) d'épaisseur. Peler les oignons. Enlever la tige et les graines du poivron vert et le couper en lanières de 5 mm (¼ po), dans le sens longitudinal. Couper les tomates en morceaux de 2,5 cm (1 po).

2. Dans une poêle, mettre l'huile et le bifteck. Saisir à feu moyen-vif, jusqu'à ce que la viande soit colorée, en remuant de temps à autre. Incorporer tous les autres ingrédients à la mijoteuse. Mélanger pour bien les répartir. Couvrir et cuire à faible intensité pendant 8 à 9 heures.

Servir avec du chou tranché et une vinaigrette.

CHAPITRE 9
Volaille

Cuisses de poulet aux pêches style Géorgie

Temps de cuisson : 5 heures
Temps de préparation : 30 minutes
Attention requise : minimum
Mijoteuse : 4-6 l (16-24 tasses)
4 portions

4 pêches mûres
8 pilons de poulet
45 ml (3 c. à soupe) d'eau
15 ml (1 c. à soupe) de sucre

Sel et poivre au goût
240 ml (1 tasse) de pruneaux
   déshydratés

Peler et couper les pêches en morceaux de 2,5 cm (1 po) en jetant les noyaux. Mettre les pilons de poulet dans la mijoteuse. Dans un petit bol, mélanger les pêches, les pruneaux, l'eau, le sucre, le sel et le poivre. Verser le mélange sur le poulet. Couvrir et cuire à intensité élevée pendant 5 heures.

Servir avec une salade verte fraîche.

Casserole de poulet barbecue et de haricots

Temps de cuisson : 8 à 10 heures
Temps de préparation : 10 minutes
Attention requise : minimum
Mijoteuse : 3-6 l (12-24 tasses)
4 portions

60 ml (¼ tasse) de ketchup
30 ml (2 c. à soupe) de marmelade
   de pêches
1 ml (¼ c. à thé) de sauce soja
60 ml (¼ tasse) de cassonade

480 ml (2 tasses) de fèves au lard en
   conserve
1 poulet de 1,5 kg (3 lb), coupé selon
   les portions à servir
10 ml (2 c. à thé) d'oignon déshydraté,
   émincé

Mettre les haricots dans la mijoteuse. Ajouter les morceaux de poulet, puis les déposer sur les haricots. Ne pas remuer. Dans un petit bol, mélanger le ketchup, la marmelade, l'oignon, la sauce soja et la cassonade. Verser la mixture sur le poulet. Couvrir et cuire à faible intensité pendant 8 à 10 heures.

Servir avec la Jardinière de légumes glacés à l'orange (page 288).

Foies de poulet sublimes

Temps de cuisson : 6 heures
Temps de préparation : 45 minutes
Attention requise : moyenne
Mijoteuse : 4-6 l (16-24 tasses)
4 portions

454 g (1 lb) de foie de poulet
125 g (¼ lb) de bacon maigre, en tranches épaisses
5 ml (1 c. à thé) de grains de poivre noir entiers
1 gros poireau
240 ml (1 tasse) de champignons, en tranches
120 ml (½ tasse) de farine
5 ml (1 c. à thé) de sel de table
240 ml (1 tasse) de bouillon de poulet
1 boîte de 305 ml (10 ¾ oz) de potage de champignons concentré
60 ml (¼ tasse) de vin blanc sec

1. Couper le foie de poulet en morceaux de 1,5 cm (½ po). Couper le bacon en morceaux de 2,5 cm (1 po). Envelopper les grains de poivre dans des essuie-tout, puis les écraser avec un marteau. Couper et jeter le vert et les racines du poireau et bien nettoyer. Hacher le poireau grossièrement. Laver les champignons en les essuyant individuellement avec un essuie-tout humide, puis les émincer.

2. Dans une grande poêle, faire frire le bacon sur feu moyen. Lorsqu'il est croustillant, enlever le bacon de la poêle. Réserver le bacon et conserver la graisse dans la poêle. Mélanger la farine, le sel et le poivre. Enrober les foies de poulet du mélange. Faire cuire le foie dans la graisse de bacon jusqu'à ce qu'il soit doré. Retirer les morceaux de foie avec une cuillère à égoutter, puis les mettre dans la mijoteuse. Déposer ensuite le bacon sur le foie de poulet. Verser le bouillon de poulet dans la poêle, en remuant, et l'incorporer à la graisse. Répandre le mélange sur le foie de poulet et le bacon. Ajouter le potage de champignons, le poireau, les champignons et le vin. Couvrir et cuire à faible intensité pendant 6 heures.

Ce plat au goût délicat sera délicieux servi sur des nouilles aux œufs épaisses.

Poitrine de dinde à l'aneth

Temps de cuisson : 7 à 9 heures
Temps de préparation : 30 minutes
Attention requise : minimum
Mijoteuse : 8 l (32 tasses)
8 portions

1 poitrine de dinde désossée
5 ml (1 c. à thé) de sel de table
2 ml (½ c. à thé) de poivre moulu
10 ml (2 c. à thé) d'aneth, avec un supplément pour la garniture
60 ml (¼ tasse) d'eau
15 ml (1 c. à soupe) de vinaigre de vin rouge
45 ml (3 c. à soupe) de farine
240 ml (1 tasse) de crème sure

1. Saupoudrer la poitrine de dinde de sel, de poivre et de la moitié de l'aneth. Mettre la poitrine dans la mijoteuse. Ajouter l'eau et le vinaigre. Couvrir et cuire à faible intensité pendant 7 à 9 heures, ou jusqu'à tendreté.

2. Retirer la poitrine de dinde. Régler la mijoteuse à intensité élevée. Mélanger la farine dans un peu d'eau, puis incorporer le mélange au jus de cuisson. Ajouter le reste de l'aneth. Cuire à intensité élevée jusqu'à ce que la sauce épaississe. Fermer l'appareil. Incorporer la crème sure.

Trancher la poitrine de dinde et la napper de sauce avant de servir. Ajouter de l'aneth.

Utilisation des restes

Lorsque vous faites cuire une dinde ou un rôti braisé, coupez les restes en bouchées et congelez-les pour une prochaine recette à la mijoteuse.

Poitrines de poulet avec champignons et petits pois

Temps de cuisson : 6 à 8 heures
Temps de préparation : 20 minutes
Attention requise : moyenne
Mijoteuse : 2-6 l (8-24 tasses)
2 portions

1 petit oignon blanc
360 ml (1 ½ tasse) de champignons frais, en tranches
30 ml (2 c. à soupe) d'oignons verts, en tranches
2 poitrines de poulet désossées et sans peau
45 ml (3 c. à soupe) de farine
1 ml (¼ c. à thé) d'estragon moulu
1 ml (¼ c. à thé) de sel
2 ml (½ c. à thé) de poivre
240 ml (1 tasse) de lait
120 ml (½ tasse) de petits pois frais ou congelés

1. Peler et couper l'oignon en tranches de 5 mm (¼ po) d'épaisseur. Laver les champignons en les essuyant avec un linge humide, puis les émincer. Enlever les racines et la première pelure des oignons verts et les hacher, incluant les tiges vertes. Mettre les poitrines de poulet au fond de la mijoteuse. Faire des couches avec l'oignon, les oignons verts et les champignons. Couvrir et cuire à faible intensité pendant 4 heures.
2. Après 4 heures de cuisson, mélanger, en remuant lentement, la farine, l'estragon, le sel, le poivre et le lait. Verser la mixture sur le poulet. Ajouter les pois.
3. Cuire à couvert à faible intensité pendant 2 à 4 heures, en remuant de temps en temps, jusqu'à épaississement.

Servir avec des tranches d'orange et de pomme fraîches.

Enlever la peau

Presque tout le gras du poulet provient de la peau. Vous pouvez acheter à l'épicerie des poitrines de poulet sans peau, mais il est très facile de l'enlever vous-même avant la cuisson. (C'est aussi plus économique !) Pour une viande plus maigre, privilégiez la viande blanche plutôt que la brune.

Temps de cuisson : 8 à 9 heures
Temps de préparation : 30 minutes
Attention requise : minimum
Mijoteuse : 4-6 l (16-24 tasses)
6 portions

Poulet à l'orange

1,5 kg (3 lb) de poitrine de poulet
2 gousses d'ail
3 oranges de grosseur moyenne
240 ml (1 tasse) de jus d'orange
80 ml (⅓ tasse) de sauce chili
30 ml (2 c. à soupe) de sauce soja

15 ml (1 c. à soupe) de mélasse
5 ml (1 c. à thé) de moutarde sèche
2 ml (½ c. à thé) de sel de table
30 ml (2 c. à soupe) de poivron vert en
   dés

1. Enlever la peau des poitrines de poulet. Peler et hacher finement l'ail avec un couteau de cuisine bien affûté. Enlever la tige et les graines du poivron vert et les couper en morceaux de 5 mm (¼ po). Peler les oranges, puis les couper en tranches.

2. Mettre les poitrines de poulet au fond de la mijoteuse. Dans un bol moyen, mélanger le jus d'orange, la sauce chili, la sauce soja, la mélasse, la moutarde sèche, l'ail et le sel. Bien remuer. Couvrir et cuire à faible intensité pendant 8 à 9 heures.

3. Trente minutes avant de servir, ajouter les oranges et le poivron vert à la mijoteuse et bien mélanger. Couvrir et poursuivre la cuisson à faible intensité pendant 30 minutes.

Pour un repas au goût léger, servir avec du riz.

Pour éviter les éclaboussures

Ajoutez toujours les ingrédients liquides en dernier pour éviter les éclaboussures. Vous aurez également une meilleure idée de la quantité de nourriture que vous obtiendrez en la voyant dans sa forme « sèche » avant la cuisson.

Poulet barbecue aux canneberges

Temps de cuisson : 6 à 8 heures
Temps de préparation : 10 minutes
Attention requise : minimum
Mijoteuse : 3-6 l (12-24 tasses)
4 portions

1,5 kg (3 lb) de poitrine de poulet
2 ml (½ c. à thé) de sel de table
2 branches de céleri, hachées
240 ml (1 tasse) de sauce barbecue

1 oignon jaune de grosseur moyenne
2 ml (½ c. à thé) de poivre noir moulu
480 ml (2 tasses) de purée de canneberges entières

Enlever la peau des poitrines de poulet, puis mettre la viande au fond de la mijoteuse. Couvrir avec le reste des ingrédients. Cuire à couvert à faible intensité pendant 6 à 8 heures.

Pour un heureux mélange de saveurs, servir avec le Chou-fleur fromagé (page 295).

Cuisses de poulet à l'italienne faciles à préparer

Temps de cuisson : 8 à 10 heures
Temps de préparation : 10 minutes
Attention requise : minimum
Mijoteuse : 3-6 l (12-24 tasses)
4 portions

1,5 kg (3 lb) de cuisse de poulet
1 sachet de préparation pour vinaigrette à l'italienne
341 ml (1 ½ tasse) de bière lager ou pilsen de préférence, bière pâle fortement houblonnée

Enlever la peau des cuisses de poulet, puis les mettre au fond de la mijoteuse. Dans un bol moyen, mélanger la bière et la préparation pour vinaigrette à l'italienne. Verser le mélange sur les cuisses de poulet. Cuire à couvert à faible intensité pendant 8 à 10 heures.

Séparer la viande des os et servir sur des petits pains durs.

Temps de cuisson : 6 à 8 heures
Temps de préparation : 20 minutes
Attention requise : minimum
Mijoteuse : 3-6 l (12-24 tasses)
4 portions

Poitrines de poulet aux mandarines

1,5 kg (3 lb) de poitrine de poulet
1 poivron rouge de grosseur moyenne
1 oignon jaune
120 ml (½ tasse) de bouillon de poulet
120 ml (½ tasse) de jus d'orange
120 ml (½ tasse) de ketchup
30 ml (2 c. à soupe) de sauce soja
15 ml (1 c. à soupe) de mélasse de fantaisie
15 ml (1 c. à soupe) de moutarde préparée
2 ml (½ c. à thé) de sel d'ail
240 ml (1 tasse) de petits pois frais ou congelés
1 boîte de 312 ml (1 ¼ tasse) de mandarines
10 ml (2 c. à thé) de farine

1. Enlever et jeter la peau du poulet. Retirer la tige et les graines du poivron rouge, puis le couper en lanières de 5 mm (¼ po). Peler et couper l'oignon en morceaux de 5 mm (¼ po).
2. Mettre le poulet dans la mijoteuse. Dans un bol moyen, mélanger le bouillon, le jus, le ketchup, la sauce soja, la mélasse, la moutarde et le sel d'ail. Remuer jusqu'à consistance homogène. Ajouter les oignons, les pois et le poivron. Couvrir et cuire à faible intensité pendant 6 à 8 heures.
3. Trente minutes avant de servir, retirer le poulet et les légumes de la mijoteuse. Prélever 240 ml (1 tasse) de jus de cuisson de la mijoteuse et jeter le reste du liquide. Verser le jus de cuisson dans une casserole, puis le porter à ébullition. Égoutter les mandarines en conservant 15 ml (1 c. à soupe) du jus. Mélanger ce jus avec la farine, puis l'incorporer au liquide en ébullition. Ajouter les mandarines.
4. Transférer le poulet et les légumes dans la mijoteuse. Verser la sauce aux mandarines sur le poulet. Cuire à couvert pendant 30 minutes.

Avant de servir, parsemer le poulet de graines de sésame ou de quatre oignons verts coupés en morceaux de 1,5 cm (½ po).

Poulet tropical

Temps de cuisson : 7 à 9 heures
Temps de préparation : 10 minutes
Attention requise : minimum
Mijoteuse : 3-6 l (12-24 tasses)
6 portions

1,5 kg (3 lb) de poitrine de poulet
60 ml (¼ tasse) de mélasse
30 ml (2 c. à soupe) de sauce Worcestershire
10 ml (2 c. à thé) de moutarde de Dijon
1 ml (¼ c. à thé) de sauce de piment fort
30 ml (2 c. à soupe) de jus d'ananas
60 ml (¼ tasse) de noix de coco séchée

1. Séparer et jeter la peau et les os des poitrines de poulet.
2. Dans un petit bol, mélanger la mélasse, la sauce Worcestershire, la moutarde, la sauce de piment fort et le jus d'ananas.
3. Badigeonner les poitrines de poulet de cette mixture. Couvrir et cuire à faible intensité pendant 7 à 9 heures.
4. Avant de servir, saupoudrer les poitrines de noix de coco.

Servir avec un mélange de fruits tropicaux frais : kiwi, papaye, banane et goyave, par exemple.

Pour faire des économies

Achetez un poulet à rôtir ou à bouillir pour épargner des sous. Ils sont habituellement plus gros et plus âgés, et leur viande est légèrement plus coriace que celle du poulet à griller et à frire. Cependant, le processus de cuisson à la mijoteuse rendra la viande tendre et savoureuse.

Temps de cuisson : 6 à 8 heures
Temps de préparation : 20 minutes
Attention requise : minimum
Mijoteuse : 3-6 l (12-24 tasses)
4 portions

Fajitas au poulet

454 g (1 lb) de poitrine de poulet
1 oignon jaune de grosseur moyenne
2 gousses d'ail
1 poivron vert
1 poivron rouge
30 ml (2 c. à soupe) de jus de lime
2 ml (½ c. à thé) d'origan
2 ml (½ c. à thé) de cumin moulu
2 ml (½ c. à thé) de poudre de chili
2 ml (½ c. à thé) de poivre noir moulu

1. Enlever les os et la peau des poitrines de poulet, puis les couper en lanières de 1,5 cm (½ po). Peler et couper l'oignon en rondelles de 5 mm (¼ po) d'épaisseur. Mettre l'oignon dans la mijoteuse. Peler et hacher finement l'ail avec un couteau de cuisine bien affûté. Enlever les tiges et les graines des poivrons vert et rouge, puis les couper en lanières de 5 mm (¼ po) d'épaisseur.
2. Dans un bol moyen, mélanger l'ail, le jus de lime, l'origan, le cumin, la poudre de chili et le poivre noir. Ajouter le poulet et bien remuer pour l'enrober du mélange. Verser le poulet et le jus sur les oignons. Couvrir et cuire à faible intensité pendant 6 à 8 heures. Environ 30 minutes avant de servir, incorporer les lanières de poivron vert et de poivron rouge au poulet. Continuer la cuisson à couvert à faible intensité pendant 30 minutes.

Verser des cuillères du mélange de poulet sur des tortillas de blé chaudes en les garnissant de tomates hachées, de crème sure, de fromage Colby râpé et de guacamole.

Poulet aux olives noires et aux artichauts

Temps de cuisson : 5 à 6 heures
Temps de préparation : 20 minutes
Attention requise : minimum
Mijoteuse : 3-6 l (12-24 tasses)
6 portions

6 poitrines de poulet

1 oignon blanc de grosseur moyenne

6 gousses d'ail

240 ml (1 tasse) de vin blanc sec

480 ml (2 tasses) de bouillon de poulet

480 ml (2 tasses) d'eau

240 ml (1 tasse) d'olives noires tranchées en conserve avec le jus

240 ml (1 tasse) de cœurs d'artichaut en conserve, avec le jus, hachés

240 ml (1 tasse) de pâtes en forme de coquille, crues

1 sachet de préparation pour soupe à l'oignon déshydratée

1. Enlever et jeter les os et la peau des poitrines de poulet. Peler et trancher l'oignon en rondelles de 5 mm (¼ po) d'épaisseur. Peler et hacher finement l'ail avec un couteau de cuisine bien affûté.

2. Mettre le poulet dans la mijoteuse, puis le recouvrir avec l'oignon. Dans un bol moyen, combiner le vin, le bouillon, l'eau, les olives noires, les cœurs d'artichaut, l'ail et les coquilles. Verser la mixture sur le poulet et l'oignon. Répandre la préparation pour soupe à l'oignon sur le dessus. Couvrir et cuire à faible intensité pendant 5 à 6 heures.

Servir avec le Pain au cheddar et à l'oignon (page 87).

Cuisiner avec du lapin

Le lapin est une excellente viande pour les plats cuisinés à la mijoteuse. Il est très maigre et a tendance à sécher rapidement lorsqu'on le cuit au four ou sur la cuisinière. Substituez-le au porc et au poulet dans pratiquement n'importe quelle recette.

Poulet cacciatore

Temps de cuisson : 8 à 10 heures
Temps de préparation : 25 minutes
Attention requise : minimum
Mijoteuse : 3-8 l (12-32 tasses)
4 portions

1 poulet de 1,5 kg (3 lb)
3 gousses d'ail
240 ml (1 tasse) de champignons frais, en quartiers
1 oignon jaune de grosseur moyenne
240 ml (1 tasse) d'olives noires, en tranches
60 ml (¼ tasse) de farine
30 ml (2 c. à soupe) d'huile d'olive
1,5 l (6 tasses) de jus de tomate
1 boîte de 341 ml (1 ½ tasse) de pâte de tomates
30 ml (2 c. à soupe) de persil séché
30 ml (2 c. à soupe) de sucre
10 ml (2 c. à thé) de sel de table
15 ml (1 c. à soupe) d'origan séché
2 ml (½ c. à thé) de thym séché
1 feuille de laurier

1. Couper le poulet selon les portions à servir. Peler et hacher finement l'ail avec un couteau de cuisine bien affûté. Laver les champignons en les essuyant avec un linge humide, puis les couper en quartiers. Peler et trancher l'oignon en rondelles de 5 mm (¼ po) d'épaisseur. Égoutter les olives noires.
2. Enfariner le poulet dans un sac de plastique. Dans une poêle moyenne, chauffer l'huile d'olive sur feu moyen-vif, puis dorer le poulet. Mettre le poulet dans la mijoteuse. Dans un bol moyen, combiner le reste des ingrédients et les verser sur le poulet. Couvrir et cuire à faible intensité pendant 8 à 10 heures.

Pour un véritable repas à l'italienne, servir sur des spaghettis chauds.

Poulet à la king

Temps de cuisson : 6 à 7 heures
Temps de préparation : 15 minutes
Attention requise : minimum
Mijoteuse : 3-6 l (12-24 tasses)
4 portions

4 poitrines de poulet
1 oignon blanc de grosseur moyenne
1 boîte de 305 ml (1 ¼ tasse) de crème de poulet concentrée
45 ml (3 c. à soupe) de farine
2 ml (½ c. à thé) de poivre noir moulu
240 ml (1 tasse) de petits pois frais ou en conserve
30 ml (2 c. à soupe) de piments type Jamaïque, hachés
2 ml (½ c. à thé) de paprika

1. Enlever et jeter les os et la peau des poitrines de poulet. Couper le poulet en cubes de 2,5 cm (1 po). Mettre le poulet dans la mijoteuse. Peler et hacher l'oignon en morceaux de 5 mm (¼ po).
2. Dans un bol moyen, mélanger la soupe, la farine et le poivre. Verser le mélange sur le poulet. Couvrir et cuire à faible intensité pendant 5 à 6 heures. Incorporer les pois, l'oignon, les piments type Jamaïque et le paprika. Couvrir et continuer la cuisson à faible intensité pendant 1 heure.

Couper des tranches épaisses de Pain brun copieux (page 91), puis verser le Poulet à la king.

L'intensité faible est-elle sécuritaire ?

Lorsqu'on règle la mijoteuse à faible intensité, on atteint environ 100 °C (200 °F). L'intensité élevée équivaut environ à 180 °C (350 °F). Une viande cuite à 71 °C (160 °F) est à l'abri des bactéries.

Crème de poulet style Nebraska

Temps de cuisson : 8 à 10 heures
Temps de préparation : 10 minutes
Attention requise : moyenne
Mijoteuse : 3-6 l (12-24 tasses)
4 portions

240 ml (1 tasse) de poulet, en cubes
2 branches de céleri
4 carottes de grosseur moyenne
1 oignon blanc de grosseur moyenne
1 petite courgette
120 ml (½ tasse) de piment type Jamaïque en conserve, en dés
240 ml (1 tasse) de pois frais
240 ml (1 tasse) de maïs sucré frais
120 ml (½ tasse) de riz non cuit
720 ml (3 tasses) de bouillon de poulet
480 ml (2 tasses) de sauce Alfredo préparée

1. Couper le poulet en cubes de 1,5 cm (½ po). Couper le céleri en morceaux de 5 mm (¼ po). Peler et couper les carottes en rondelles de 5 mm (¼ po). Peler et trancher l'oignon en morceaux de 5 mm (¼ po). Couper la courgette en morceaux de 1,5 cm (½ po). Couper les piments type Jamaïque en dés de 5 mm (¼ po).
2. Mettre tous les ingrédients dans la mijoteuse, sauf la sauce Alfredo. Remuer doucement. Couvrir et cuire à faible intensité pendant 8 à 10 heures. Une demi-heure avant de servir, ajouter la sauce Alfredo. Couvrir et continuer la cuisson à faible intensité.

Pour un repas équilibré, servir avec un fruit frais.

Boulghour

Le boulghour est un grain de blé croquant au goût de noix, qui peut remplacer le riz ou les pâtes dans la plupart des plats. Pour le préparer, recouvrez simplement le boulghour d'eau bouillante et laissez-le reposer jusqu'à ce que le liquide soit absorbé.

Porc

Porc salé aux feuilles de moutarde

Temps de cuisson : 6 à 8 heures
Temps de préparation : 20 minutes
Attention requise : minimum
Mijoteuse : 3-6 l (12-24 tasses)
4 portions

454 g (1 lb) de porc salé
2 gros oignons blancs
4 gousses d'ail
4 grosses bottes de feuilles de moutarde
1,5 l (6 tasses) d'eau
240 ml (1 tasse) de vin blanc sec
15 ml (1 c. à soupe) de sauce aux piments jalapenos
30 ml (2 c. à soupe) de sauce soja
5 ml (1 c. à thé) de sel de table

1. Couper le porc salé en morceaux de 2,5 cm (1 po). Peler et couper les oignons en tranches de 5 mm (¼ po) d'épaisseur. Peler et hacher finement l'ail avec un couteau d'office bien affûté. Laver les feuilles de moutarde, puis les déchiqueter en morceaux de 5 cm (2 po).
2. Dans un bol à part, mélanger l'eau et le vin. Dans une grande poêle, faire sauter sur feu moyen-vif la viande, les oignons et l'ail dans une mixture de 120 ml (½ tasse) d'eau et de vin, jusqu'à ce que les oignons soient tendres et translucides. Mettre ensuite tous les ingrédients dans la mijoteuse. Couvrir et cuire à faible intensité pendant 6 à 8 heures.

Pour un repas complet, servir avec la Casserole de patates douces et de pommes (page 284).

Cuisiner avec l'agneau

L'agneau est une viande sous-utilisée en Amérique du Nord, pourtant elle possède une saveur fabuleuse. Substituez-le au porc dans votre prochaine recette à la mijoteuse pour un régal insoupçonné.

Sauce pour pâtes au prosciutto, aux noix et aux olives

Temps de cuisson : 6 à 8 heures
Temps de préparation : 25 minutes
Attention requise : minimum
Mijoteuse : 3-6 l (12-24 tasses)
4 portions

227 g (½ lb) de prosciutto, en tranches fines
1 poivron rouge
3 gousses d'ail
60 ml (¼ tasse) d'huile d'olive, en deux portions
240 ml (1 tasse) de noix, hachées
120 ml (½ tasse) de persil frais, ciselé
60 ml (¼ tasse) de basilic frais, ciselé
120 ml (½ tasse) d'olives noires, hachées et égouttées

1. Couper le prosciutto en morceaux de 1,5 cm (½ po). Enlever la tige et les graines du poivron rouge, puis le couper en lanières de 5 mm (¼ po). Badigeonner les lanières de poivrons avec la moitié de l'huile d'olive, et cuire au four à 180 °C (350 °F) pendant 1 heure. Peler et hacher finement l'ail avec un couteau de cuisine bien affûté. Hacher les noix, le persil, le basilic et les olives en morceaux de 5 mm (¼ po).
2. Dans une poêle moyenne, verser le reste de l'huile d'olive, puis faire sauter l'ail sur feu moyen-vif, jusqu'à ce qu'il soit doré. Enlever et réserver afin de ne pas brûler l'ail. Ajouter le prosciutto, et le faire sauter jusqu'à ce qu'il soit croustillant. Ajouter les noix, puis faire les sauter jusqu'à ce qu'elles soient dorées. Ajouter l'ail cuit.
3. Mettre tous les ingrédients dans la mijoteuse, puis remuer jusqu'à ce qu'ils soient bien mélangés. Couvrir et cuire à faible intensité pendant 6 à 8 heures.

Servir sur des linguines aux épinards avec du pain grillé à l'ail.

Pain rassis

Vous cherchez un substitut différent pour le riz ou les pâtes ? Essayez de servir votre prochain plat sur du pain rassis. Le pain frais se ramollit quand il est mouillé, mais le pain rassis se tient assez bien pour servir de base à un plat.

Rouleaux de jambon et d'asperges

Temps de cuisson : 6 à 8 heures
Temps de préparation : 10 minutes
Attention requise : minimum
Mijoteuse : 2-6 l (8-24 tasses)
6 portions

12 tranches minces de jambon
24 pointes d'asperge fraîches
12 tranches de fromage suisse
5 ml (1 c. à thé) de sel d'ail
120 ml (½ tasse) de bouillon de poulet

1. Étendre les tranches de jambon sur une planche à découper, puis garnir de 2 pointes d'asperges. Saupoudrer le tout de sel d'ail et recouvrir d'une tranche de fromage suisse. Rouler de façon à ce que les pointes d'asperges sortent de chaque extrémité des rouleaux.
2. Mettre le bouillon de poulet dans la mijoteuse. Ajouter les rouleaux de jambon. Couvrir et cuire à faible intensité pendant 6 à 8 heures, ou jusqu'à ce que les asperges soient tendres, mais non ramollies.

Du pain à l'ail et des légumes marinés complètent parfaitement ce plat.

L'autre viande blanche

Même si le porc n'est pas vraiment l'« autre viande blanche », les porcs d'aujourd'hui ne sont plus aussi gras. En fait, le porc tend à être plus maigre que le bœuf. Substituez le porc au bœuf dans n'importe quelle recette, mais n'oubliez pas d'enlever le gras sur les côtés.

Sandwiches au jambon

Temps de cuisson : 8 à 10 heures
Temps de préparation : 10 minutes
Attention requise : minimum
Mijoteuse : 2-4 l (8-16 tasses)
8 portions

1 kg (2 lb) de jambon, en tranches
10 ml (2 c. à thé) de moutarde
    de Dijon

480 ml (2 tasses) de jus de pomme
240 ml (1 tasse) de cassonade

Mélanger le jus de pomme, la cassonade et la moutarde. Mettre le jambon au fond de la mijoteuse, puis verser le mélange liquide par-dessus. Couvrir et cuire à faible intensité pendant 8 à 10 heures. Enlever le jambon et jeter le jus de cuisson.

Faire les sandwiches avec du Pain brun copieux (page 91) et du fromage suisse.

Côtelettes de porc aux cerises

Temps de cuisson : 4 à 5 heures
Temps de préparation : 15 minutes
Attention requise : minimum
Mijoteuse : 4-6 l (16-24 tasses)
6 portions

6 côtelettes de porc
2 ml (½ c. à thé) de sel de table
10 ml (2 c. à thé) de jus de citron
1 cube de bouillon de poulet

2 ml (½ c. à thé) de poivre noir moulu
1 boîte de 597 ml (2 ½ tasses) de
    garniture pour tarte aux cerises

1. Dans une grande poêle, faire dorer les côtelettes de porc sur feu moyen-vif pendant 5 minutes. Saupoudrer le porc de sel et de poivre.
2. Dans la mijoteuse, mélanger la moitié de la boîte de garniture aux cerises, le cube de bouillon broyé et le jus de citron. Mettre les côtelettes de porc par-dessus. Couvrir et cuire à faible intensité pendant 4 à 5 heures.

Avant de servir, réchauffer l'autre moitié de la garniture aux cerises, puis verser sur les côtelettes de porc.

Rôti de porc avec farce au gingembre et aux noix de cajou

Temps de cuisson : 8 à 10 heures
Temps de préparation : 30 minutes
Attention requise : minimum
Mijoteuse : 3-6 l (12-24 tasses)
8 portions

180 ml (¾ tasse) d'oignon jaune, en dés
7 ml (1 ½ c. à thé) de gingembre frais, râpé
240 ml (1 tasse) de noix de cajou, hachées
5 ml (1 c. à thé) de zeste d'orange, râpé
45 ml (3 c. à soupe) de persil, ciselé
2 œufs
30 ml (2 c. à soupe) de beurre
1 l (4 tasses) de miettes de pain de maïs
5 ml (1 c. à thé) de sel de table
5 ml (1 c. à thé) de poivre noir moulu
2,7 kg (6 lb) de rôti de porc

1. Peler et couper l'oignon en dés de 5 mm (¼ po). Râper finement le gingembre. Hacher les noix de cajou en morceaux de 5 mm (¼ po). Râper le zeste d'orange sans peler cette dernière. Ciseler finement le persil. Battre légèrement les œufs avec une fourchette, jusqu'à ce que les jaunes et les blancs soient bien mélangés.

2. Dans une grande poêle à frire, faire fondre le beurre sur feu moyen. Ajouter les oignons, les noix de cajou et le gingembre, puis cuire pendant 5 minutes en remuant. Verser dans la mijoteuse. Ajouter le zeste d'orange, le persil, les miettes de pain, le sel, le poivre et les œufs. Remuer, jusqu'à ce que les ingrédients soient bien mélangés.

3. Tasser la farce sur les côtés de la mijoteuse, puis placer le rôti de porc au centre. Cuire à couvert à faible intensité pendant 8 à 10 heures.

Ce plat fait un merveilleux repas d'hiver accompagné du Gratin aux deux courges (page 289).

Temps de cuisson : 5 à 6 heures
Temps de préparation : 20 minutes
Attention requise : minimum
Mijoteuse : 3-6 l (12-24 tasses)
4 portions

Pisole au porc

1 kg (2 lb) de côtelettes de porc
1 gros oignon blanc
1 gousse d'ail
4 tomates fraîches et mûres
1 boîte de 426 ml (1 ¾ tasse) de maïs blanc lessivé
1 boîte de 426 ml (1 ¾ tasse) de maïs jaune lessivé
10 ml (2 c. à thé) de poudre de chili
5 ml (1 c. à thé) de sel de table
2 ml (½ c. à thé) de thym

1. Désosser les côtelettes de porc et couper la viande en cubes de 2,5 cm (1 po). Peler et hacher l'oignon en morceaux de 5 mm (¼ po). Peler et hacher finement l'ail avec un couteau d'office bien affûté. Dans une grande poêle, saisir le porc sur feu moyen-vif pendant environ 5 minutes. (Il faudra peut-être ajouter un peu d'huile si le porc est très maigre.) Ajouter l'oignon et l'ail, puis faire sauter 5 minutes sur feu moyen.
2. Couper les tomates en morceaux de 2,5 cm (1 po). Dans la mijoteuse, mélanger le porc, l'oignon, l'ail, les tomates, les maïs lessivés et les épices. Cuire à couvert à faible intensité pendant 5 à 6 heures.

Pour compléter les saveurs de ce plat, servir avec du mesclun arrosé d'une vinaigrette au vinaigre de vin rouge.

Gagner du temps

Si vous n'avez pas beaucoup de temps pour cuisiner, achetez des côtelettes de porc désossées. Plusieurs épiceries offrent désormais du porc taillé en lanières prêtes à faire sauter, ce qui constitue un bon produit de remplacement.

Rôti de porc automnal

Temps de cuisson : 8 à 10 heures
Temps de préparation : 15 minutes
Attention requise : minimum
Mijoteuse : 4-6 l (16-24 tasses)
8 portions

240 ml (1 tasse) de canneberges fraîches, en dés
5 ml (1 c. à thé) d'écorce d'orange, râpée
1,8 kg (4 lb) de rôti de porc
5 ml (1 c. à thé) de sel de table
5 ml (1 c. à thé) de poivre noir moulu
60 ml (¼ tasse) de miel
0,5 ml (⅛ c. à thé) de clous de girofle moulus
0,5 ml (⅛ c. à thé) de muscade moulue

1. Couper les canneberges en dés de 5 mm (¼ po). Râper l'écorce d'orange sans peler cette dernière.
2. Mettre le rôti de porc dans la mijoteuse. Saupoudrer la viande de sel et de poivre. Mélanger les canneberges, l'écorce d'orange, le miel, le clou de girofle et la muscade, puis bien remuer. Verser le mélange sur le rôti de porc. Couvrir et cuire à faible intensité pendant 8 à 10 heures.

Servir avec des haricots verts frais et la Purée de pommes de terre à l'aneth (page 294).

Côtelettes de porc bavaroises

Temps de cuisson : 7 à 8 heures
Temps de préparation : 15 minutes
Attention requise : minimum
Mijoteuse : 3-6 l (12-24 tasses)
6 portions

6 côtelettes de porc
480 ml (2 tasses) de choucroute
60 ml (¼ tasse) de cassonade
1 sachet de préparation pour soupe à l'oignon déshydratée
5 ml (1 c. à thé) de graines de carvi
120 ml (½ tasse) d'eau

Mettre les côtelettes de porc dans la mijoteuse. Égoutter la choucroute. Dans un bol moyen, mélanger la choucroute, la cassonade, la préparation pour soupe à l'oignon, les graines de carvi et l'eau. Verser la mixture sur les côtelettes de porc. Couvrir et cuire à faible intensité pendant 7 à 8 heures.

Servir avec la Jardinière de légumes glacés à l'orange (page 288).

Temps de cuisson : 4 à 6 heures
Temps de préparation : 15 minutes
Attention requise : minimum

Côtelettes de porc relevées aux pêches

Mijoteuse : 3-6 l (12-24 tasses)
6 portions

6 côtelettes de porc
5 ml (1 c. à thé) de sel de table
2 ml (½ c. à thé) de poivre noir moulu
1 boîte de 824 ml (3 ½ tasses) de pêches dans un sirop, coupées en deux
60 ml (¼ tasse) de sirop de ces pêches
60 ml (¼ tasse) de cassonade
1 ml (¼ c. à thé) de cannelle moulue
1 ml (¼ c. à thé) de clous de girofle moulus
1 boîte de 227 ml (1 tasse) de sauce tomate
60 ml (¼ tasse) de vinaigre

1. Dans une grande poêle, mettre les côtelettes de porc. Saupoudrer la viande de sel et de poivre, puis la dorer sur feu moyen-vif pendant 5 minutes. Éliminer la graisse et transférer les côtelettes de porc dans la mijoteuse. Mettre les moitiés de pêche égouttées sur les côtelettes.
2. Mélanger 60 ml (¼ tasse) de sirop des pêches, la cassonade, la cannelle, les clous de girofle, la sauce tomate et le vinaigre. Verser ce mélange sur les pêches et les côtelettes de porc. Couvrir et cuire à faible intensité pendant 4 à 6 heures.

Contrebalancer la saveur douce de ce plat en l'accompagnant de betteraves et de choux-fleurs marinés.

L'importance de la texture

Pour apporter de la variété dans les plats souvent cuisinés, utilisez différentes textures de sauce, par exemple, avec des tomates hachées grossièrement ou avec des tomates broyées. Les changements de texture garderont le plat neuf et intéressant.

Jarrets de porc style germanique

Temps de cuisson : 8 à 10 heures
Temps de préparation : 15 minutes
Attention requise : minimum
Mijoteuse : 3-6 l (12-24 tasses)
4 portions

4 jarrets de porc fumé
2 boîtes de 426 ml (1 ¾ tasse) de choucroute, non égouttée
4 grosses pommes de terre blanches pelées, en quartiers
2 ml (½ c. à thé) de poivre noir moulu

Mélanger tous les ingrédients dans la mijoteuse, y compris le liquide de la choucroute en conserve. Couvrir et cuire à faible intensité pendant 8 à 10 heures. Enlever les jarrets de porc et les désosser. Jeter les os, puis remettre la viande dans la mijoteuse.

Un repas typiquement germanique requiert des haricots cuits au four et de la bière brune.

Rôti de porc aux bleuets

Temps de cuisson : 7 à 8 heures
Temps de préparation : 20 minutes
Attention requise : minimum
Mijoteuse : 3-6 l (12-24 tasses)
6 portions

1,5 kg (3 lb) de longe de porc
120 ml (½ tasse) de jus de raisin blanc
120 ml (½ tasse) de sucre
5 ml (1 c. à thé) de sel de table

5 ml (1 c. à thé) d'écorce d'orange, râpée
480 ml (2 tasses) de bleuets frais (myrtilles)

Mettre la longe de porc dans la mijoteuse. Râper l'écorce d'orange avec une râpe à légumes. Laver les bleuets et éliminer les tiges. Mélanger le jus de raisin, le sucre, l'écorce d'orange, les bleuets et le sel. Verser ce mélange sur la longe de porc. Couvrir et cuire à faible intensité pendant 7 à 8 heures.

Compléter la saveur sucrée de ce plat en le servant avec des Épinards et bettes à carde à l'ail (page 286).

Porc à la teriyaki

Temps de cuisson : 7 à 8 heures
Temps de préparation : 15 minutes
Attention requise : minimum
Mijoteuse : 3-6 l (12-24 tasses)
6 portions

1,5 kg (3 lb) de rôti de longe de porc désossée
180 ml (¾ tasse) de jus de pomme non sucré
30 ml (2 c. à soupe) de sucre
30 ml (2 c. à soupe) de sauce soja
15 ml (1 c. à soupe) de vinaigre
5 ml (1 c. à thé) de gingembre moulu
2 ml (½ c. à thé) de poudre d'ail
2 ml (½ c. à thé) de poivre noir moulu
30 ml (2 c. à soupe) de farine
30 ml (2 c. à soupe) d'eau

1. Couper le rôti de porc en cubes de 2,5 cm (1 po), puis les mettre dans la mijoteuse. Dans un bol moyen, mélanger le jus de pomme, le sucre, la sauce soja, le vinaigre, le gingembre, la poudre d'ail et le poivre. Verser le mélange sur la viande et bien remuer. Couvrir et cuire à faible intensité pendant 7 à 8 heures.

2. Une demi-heure avant de servir, faire une pâte avec la farine et l'eau, puis l'incorporer au jus de cuisson, dans la mijoteuse. Bien remuer pour éviter la formation de grumeaux. Cuire à découvert à intensité élevée pendant 20 à 30 minutes, en remuant souvent.

Servir avec les Asperges et carottes au citron (page 285).

CHAPITRE 11
Gibiers

Faisan au chou

Temps de cuisson : 6 heures
Temps de préparation : 30 minutes
Attention requise : minimum
Mijoteuse : 6-8 l (24-32 tasses)
6 portions

1 faisan
2 tranches de bacon
5 ml (1 c. à thé) de poivre noir moulu
1 oignon jaune de grosseur moyenne
1 carotte
240 ml (1 tasse) d'eau chaude
1 chou rouge pommé de grosseur moyenne

1. Couper le faisan en quartiers, puis le dorer dans une casserole moyenne avec 2 tranches de bacon. Peler et hacher l'oignon en morceaux de 5 mm (¼ po). Peler et couper la carotte en rondelles de 5 mm (¼ po). Mettre le faisan dans la mijoteuse. Couvrir avec l'eau, les oignons et les carottes. Saupoudrer le tout de poivre. Cuire à faible intensité pendant 5 heures.
2. Couper le chou en lanières de 5 mm (¼ po), puis le déposer sur le faisan. Poursuivre la cuisson pendant 1 heure.

Pour un accompagnement parfait, servir avec le Riz sauvage à la manière du Minnesota (page 292).

Si l'on ne trouve pas de faisan

Vous ne pouvez trouver de faisan ou de perdrix à votre épicerie, et il n'y a aucun chasseur dans votre famille ? Remplacez-les par du poulet Cornish que l'on trouve facilement. Dégelez-le complètement avant de le farcir ou de le mettre dans la mijoteuse.

Lapin farci à la purée de pommes de terre à l'ail

Temps de cuisson : 8 à 9 heures
Temps de préparation : 1 heure
Attention requise : moyenne
Mijoteuse : 6-8 l (24-32 tasses)
6 portions

4 grosses pommes de terre
6 gousses d'ail
15 ml (1 c. à soupe) d'huile végétale
30 ml (2 c. à soupe) de beurre
2 ml (½ c. à thé) de poivre noir moulu
1 lapin entier, nettoyé

1. Laver, peler et couper les pommes de terre en huit, puis les faire bouillir dans une casserole moyenne jusqu'à tendreté.
2. Pendant que les pommes de terre cuisent, peler et hacher l'ail en morceaux de 5 mm (¼ po). Dans une petite poêle, sauter l'ail dans l'huile végétale sur feu doux, jusqu'à ce qu'il soit légèrement doré.
3. Égoutter les pommes de terre, puis ajouter l'ail sauté. Réduire les pommes de terre en purée avec le beurre, le sel et le poivre.
4. Remplir la cavité du lapin avec la farce aux pommes de terre. Mettre le lapin dans la mijoteuse en repliant les pattes sous le corps. Cuire à faible intensité pendant 8 à 9 heures.

Servir avec les Asperges et carottes au citron (page 285).

Viande cuite comme au four dans la mijoteuse

Dans la mijoteuse, utilisez un panier de cuisson à vapeur pour légumes pour « cuire » la viande. Celui-ci gardera la viande hors du liquide se trouvant au fond de la mijoteuse, sans nuire à la circulation de la vapeur.

Temps de cuisson : 9 à 11 heures
Temps de préparation : 1 heure
Attention requise : moyenne
Mijoteuse : 6-8 l (24-32 tasses)
6 portions

Gombo de canard sauvage

2 canards sauvages, nettoyés
30 ml (2 c. à soupe) de farine
5 ml (1 c. à thé) de sel de table
1 gousse d'ail, finement hachée
480 ml (2 tasses) d'eau
60 ml (¼ tasse) de poivron rouge
15 ml (1 c. à soupe) d'huile végétale
227 g (½ lb) de saucisse de Pologne

10 ml (2 c. à thé) de sauce
    Worcestershire
5 ml (1 c. à thé) de sauce épicée
30 ml (⅛ tasse) de piments jalapenos
2 oignons jaunes de
    grosseur moyenne
2 branches de céleri

1. Dans une grande marmite, porter 2 l (8 tasses) d'eau à ébullition, puis fermer le feu. Mettre les canards dans l'eau. Couvrir et laisser reposer pendant 10 minutes. Enlever les canards de la marmite, puis les déposer sur des essuie-tout. Ce procédé se nomme « blanchir » ; il permet d'éliminer l'excès de graisse de la volaille sauvage et d'autres viandes grasses.

2. Dans une casserole moyenne, faire chauffer l'huile sur feu doux. Ajouter la farine, le sel et l'ail. Sauter, jusqu'à coloration brune. Ajouter les 480 ml (2 tasses) d'eau, la sauce Worcestershire et la sauce de piment fort. Laisser frémir, en remuant continuellement, jusqu'à ce que la sauce épaississe.

3. Enlever la tige et les graines du poivron et du piment, puis les couper en lanières de 5 mm (¼ po) dans le sens longitudinal. Peler et hacher les oignons en morceaux de 5 mm (¼ po). Hacher le céleri en morceaux de 5 mm (¼ po). Placer les légumes au fond de la mijoteuse et déposer les canards par-dessus. Verser la sauce préparée sur les canards. Couvrir et cuire à faible intensité pendant 8 à 10 heures. Retirer les canards, puis les désosser. Jeter la peau et couper la viande en gros morceaux. Couper la saucisse en morceaux de 5 mm (¼ po). Remettre le canard dans la mijoteuse, ajouter la saucisse, puis poursuivre la cuisson pendant 1 heure, ou jusqu'à ce que la saucisse soit chaude à cœur.

Servir sur du riz blanc avec la Casserole de patates douces et de pommes (page 284) comme plat d'accompagnement.

Bifteck de venaison style suisse

Temps de cuisson : 4 à 6 heures
Temps de préparation : 20 minutes
Attention requise : minimum
Mijoteuse : 4-6 l (16-24 tasses)
6 à 8 portions

1 kg (2 lb) de bifteck de venaison, d'environ 5 cm (2 po) d'épaisseur
480 ml (2 tasses) de farine
2 gros oignons Vidalia
6 tomates fraîches, mûres
2 ml (½ c. à thé) d'ail, finement haché
60 ml (¼ tasse) de vinaigre blanc
2 ml (½ c. à thé) de poivre
5 ml (1 c. à thé) de sel
120 ml (½ tasse) d'eau

1. Saupoudrer les biftecks de farine, puis frapper la viande à l'aide d'un attendrisseur. Continuer à saupoudrer la viande de farine et à l'attendrir avec le maillet, jusqu'à ce qu'elle soit couverte d'autant de farine que possible.
2. Placer les biftecks au fond de la mijoteuse. Couper les oignons en rondelles de 5 mm (¼ po) d'épaisseur. Couper chacune des tomates en 8 gros morceaux. Hacher finement l'ail avec un couteau de cuisine bien affûté. Dans un bol, mélanger les oignons, les tomates, l'ail, le vinaigre, le poivre, le sel et l'eau. Verser ce mélange dans la mijoteuse. Cuire à couvert à faible intensité pendant 4 à 6 heures.

Les Haricots verts glacés au miel et au citron (page 270) et des pommes de terre en purée accompagneront à merveille cette recette composée de viande de grand gibier et de tomates.

Venaison à la sauce barbecue à la bière

Temps de cuisson : 8 heures

Temps de préparation : 10 minutes, plus un peu de préparation la veille

Attention requise : minimum

Mijoteuse : 4-6 l (16-24 tasses)

4 portions

3 gousses d'ail

341 ml (1 ½ tasse) de bière brune

5 ml (1 c. à thé) de sel de table

480 ml (2 tasses) de sauce tomate

60 ml (¼ tasse) de cassonade

5 ml (1 c. à thé) de poivre noir moulu

5 ml (1 c. à thé) de sauce Worcestershire

2 oignons jaunes de grosseur moyenne

1,5 kg (3 lb) de rôti de cerf, de wapiti ou d'orignal

1. Couper la viande en cubes de 2,5 cm (1 po). Peler et trancher les oignons en rondelles de 5 mm (¼ po) d'épaisseur. Peler et écraser l'ail en plaçant le côté plat d'un large couteau par-dessus chaque gousse, puis en pressant jusqu'à ce qu'elle éclate.
2. Dans un grand bol, mélanger les oignons, l'ail, la bière, le sel et le poivre. Faire mariner la viande dans ce mélange, à couvert, pendant 12 à 24 heures au réfrigérateur. Retourner la viande de temps à autre.
3. Enlever la viande de la marinade, puis la mettre dans la mijoteuse.
4. Dans un bol, mélanger la sauce tomate, la sauce Worcestershire et la cassonade. Verser le mélange sur la viande. Cuire à couvert à faible intensité pendant 8 heures.

Pour un repas équilibré, servir avec une salade verte et un choix de fromages.

Viande marinée

Ne faites jamais mariner la viande pendant plus de 24 heures. La viande commence alors à se défaire et sa texture se ramollit. Les saveurs devraient commencer à s'infiltrer après environ 2 heures.

Venaison à la sauce aigre-douce

Temps de cuisson : 8 heures
Temps de préparation : 30 minutes
Attention requise : grande
Mijoteuse : 4-6 l (16-24 tasses)
4 portions

1 kg (2 lb) de bifteck de venaison
60 ml (¼ tasse) de farine
60 ml (¼ tasse) d'huile
120 ml (½ tasse) d'eau chaude
5 ml (1 c. à thé) de sel
1 poivron vert
1 poivron rouge
120 ml (½ tasse) d'ananas frais,
    congelés **ou** en conserve, en gros morceaux

Sauce :
37 ml (2 ½ c. à soupe) de fécule de maïs
120 ml (½ tasse) de jus d'ananas
60 ml (¼ tasse) de vinaigre blanc
60 ml (¼ tasse) de sucre blanc
30 ml (2 c. à soupe) de sauce soja

1. Couper la venaison en cubes de 2,5 cm (1 po), puis les enfariner. Dans une poêle, faire chauffer l'huile sur feu moyen, puis dorer la viande sur toutes les faces. Retirer la viande et la laisser reposer sur un essuie-tout pendant quelques minutes pour qu'il absorbe la graisse. Placer ensuite la viande dans la mijoteuse en ajoutant l'eau et le sel. Cuire à couvert à faible intensité pendant 6 heures.
2. Enlever les tiges et les graines des poivrons, puis les couper en morceaux de 2,5 cm (1 po). Couper l'ananas en morceaux de 2,5 cm (1 po). Mettre les poivrons et l'ananas dans la mijoteuse. Poursuivre la cuisson à couvert à faible intensité pendant 1 heure.
3. Pour faire la sauce, mélanger dans une casserole la fécule de maïs, le jus d'ananas, le vinaigre blanc, le sucre blanc et la sauce soja. Faire chauffer sur la cuisinière sur feu moyen jusqu'à épaississement. Verser dans la mijoteuse, puis continuer la cuisson à couvert à faible intensité pendant 1 heure.

Pour conserver le goût « sauvage » de ce plat, servez-le sur du riz brun.

Qu'est-ce que la venaison ?

La venaison ne désigne pas obligatoirement la viande de cerf. Le terme est utilisé aussi pour la viande de wapiti ou de caribou. Ces viandes possèdent des goûts très différents selon l'alimentation de l'animal. En conséquence, elles sont meilleures dans des ragoûts qui mélangent plusieurs saveurs.

Rôti de canard de l'oncle Mike

Temps de cuisson : 8 à 10 heures
Temps de préparation : 10 minutes
Attention requise : minimum
Mijoteuse : 5-6 l (20-24 tasses)
4 portions

1 oignon jaune
2 gousses d'ail
2 branches de céleri
1,5 kg (3 lb) de canard, nettoyé
5 ml (1 c. à thé) d'huile végétale
2 ml (½ c. à thé) de sel
2 ml (½ c. à thé) de poivre noir moulu
2 ml (½ c. à thé) d'assaisonnement à volaille

1. Peler et hacher l'oignon en morceaux de 5 mm (¼ po). Peler et écraser l'ail en plaçant le côté plat d'un large couteau par-dessus chaque gousse et en pressant jusqu'à ce qu'elle éclate. Hacher le céleri en morceaux de 5 mm (¼ po). Mettre les légumes dans la mijoteuse.
2. Rincer l'intérieur du canard à l'eau froide, puis le tamponner à l'aide d'un essuie-tout imbibé d'huile végétale. Saupoudrer l'intérieur de sel, de poivre noir et d'assaisonnement pour volaille. Déposer le canard sur les légumes dans la mijoteuse, puis le parsemer de persil séché. Cuire à couvert à faible intensité pendant 8 à 10 heures.

Pour un repas copieux, servir avec le Chou à la manière allemande avec oignons et poivrons (page 287).

Huiles

Pour un goût différent, essayez de cuisiner avec une huile végétale aromatisée. Vous en trouverez de nombreuses variétés dans les boutiques gastronomiques.

Gibier à plumes avec patates douces

Temps de cuisson : 8 à 10 heures
Temps de préparation : 15 minutes
Attention requise : minimum
Mijoteuse : 5-6 l (20-24 tasses)
4 portions

3 patates douces de grosseur moyenne
240 ml (1 tasse) de champignons frais, en tranches
8 poitrines de petit gibier à plumes (faisan, perdrix, lagopède, etc.)
160 ml (⅔ tasse) de farine, plus 45 ml (3 c. à soupe)
5 ml (1 c. à thé) de sel
5 ml (1 c. à thé) de muscade
5 ml (1 c. à thé) de cannelle
2 ml (½ c. à thé) de poivre noir moulu
2 ml (½ c. à thé) de poudre d'ail
120 ml (½ tasse) de lait entier
120 ml (½ tasse) de jus d'orange
10 ml (2 c. à thé) de cassonade

1. Peler et trancher les patates douces en rondelles de 5 mm (¼ po) d'épaisseur, puis les mettre au fond de la mijoteuse. Laver les champignons en les essuyant avec un linge humide et les trancher ensuite en lamelles de 3 mm (⅛ po) d'épaisseur.
2. Rincer et éponger les poitrines. Mélanger les 160 ml (⅔ tasse) de farine, le sel, la muscade, la cannelle, le poivre et la poudre d'ail. Enrober parfaitement les poitrines de ce mélange. Dans la mijoteuse, déposer les poitrines par-dessus les patates douces.
3. Dans un bol, mélanger le lait, les champignons, le jus d'orange, la cassonade et 45 ml (3 c. à soupe) de farine, puis remuer avec une fourchette jusqu'à ce que la cassonade et la farine soient bien incorporées au liquide. Verser le mélange sur les poitrines. Cuire à couvert à faible intensité pendant 8 à 10 heures.

Pour un repas automnal, servir les poitrines avec le Riz sauvage à la manière du Minnesota (page 292).

Petit gibier aux oignons

Temps de cuisson : 10 à 12 heures
Temps de préparation : 15 minutes
Attention requise : minimum
Mijoteuse : 4-6 l (16-24 tasses)
4 portions

1,8 à 2,25 kg (4 à 5 lb) de petit gibier (lapin, écureuil, etc.)
2 oignons Vidalia
1 gousse d'ail
2 ml (½ c. à thé) de sel de table
2 ml (½ c. à thé) de poivre noir moulu
240 ml (1 tasse) d'eau
30 ml (2 c. à soupe) de sauce soja
2 feuilles de laurier
1 clou de girofle entier
30 ml (2 c. à soupe) de farine tout usage
120 ml (½ tasse) d'eau froide

1. Couper la viande selon les portions à servir. Peler et trancher les oignons en rondelles de 5 mm (¼ po) d'épaisseur. Peler et émincer l'ail. Mettre l'oignon et l'ail au fond de la mijoteuse.

2. Saupoudrer la viande de sel et de poivre, puis la déposer dans la mijoteuse. Ajouter 240 ml (1 tasse) d'eau, la sauce soja, les feuilles de laurier et le clou de girofle. Cuire à couvert à faible intensité pendant 10 à 12 heures.

3. Retirer le gibier, puis le réserver. Enlever les feuilles de laurier et les jeter. Incorporer la farine à 120 ml (½ tasse) d'eau, en remuant, jusqu'à consistance homogène. Verser ce mélange dans la mijoteuse, en remuant, jusqu'à ce qu'il épaississe.

Couper la viande en la séparant des os et servir sur une purée de pommes de terre. N'oubliez pas de la napper avec la succulente sauce aux oignons !

Gibier à plumes à la bière et aux champignons

Temps de cuisson : 6 à 8 heures

**Temps de préparation : 20 minutes, plus
2 à 4 heures pour mariner la viande**

Attention requise : moyenne

Mijoteuse : 4-6 l (16-24 tasses)

4 portions

1,5 kg (3 lb) de poitrine de gibier à plumes (faisan, lagopède, perdrix, etc.)
180 ml (¾ tasse) de sauce teriyaki
120 ml (½ tasse) de farine
10 ml (2 c. à thé) de sel d'ail
5 ml (1 c. à thé) de poivre noir moulu
80 ml (⅓ tasse) d'huile d'olive
1 gros oignon jaune, en tranches
180 ml (¾ tasse) de champignons frais, en tranches
341 ml (1 ½ tasse) de bière brune

1. Désosser l'oiseau, puis couper la viande en cubes de 2,5 cm (1 po). Faire mariner la viande dans la sauce teriyaki pendant 2 à 4 heures au réfrigérateur.
2. Mélanger la farine, le sel d'ail et le poivre, puis enrober la viande de ce mélange. Dans une poêle moyenne, faire chauffer l'huile et dorer légèrement la viande enfarinée sur feu moyen, en remuant constamment. Ajouter les oignons et sauter pendant 3 minutes, en remuant constamment. Mettre la viande et les oignons dans la mijoteuse. Laver les champignons en les essuyant avec un linge humide, puis les émincer. Ajouter la bière et les champignons dans la mijoteuse. Cuire à couvert à faible intensité pendant 6 à 8 heures.

Pour un mets plus délicat, remplacer la bière par du vin blanc.

Quelle quantité de marinade faut-il ?

Comptez environ 120 ml (½ tasse) de marinade pour chaque kilo (2 lb) de viande, de poisson ou de légumes. Faites toujours mariner les ingrédients au réfrigérateur, pour éviter la prolifération bactérienne. Jetez la marinade, ou faites-la bouillir avant de l'utiliser dans une recette.

Oie aux canneberges du temps des Fêtes

Temps de cuisson : 8 à 10 heures
Temps de préparation : 10 minutes
Attention requise : minimum
Mijoteuse : 6 l (24 tasses), ovale
4 portions

1 oie sauvage, vidée et écorchée (notez que l'oie domestique est beaucoup plus grasse et ne doit pas être utilisée dans cette recette)
2 ml (½ c. à thé) de sel de table
2 ml (½ c. à thé) de poivre noir moulu
1 boîte de 426 ml (1 ¾ tasse) de sauce aux canneberges, fruits entiers
1 sachet de préparation pour soupe à l'oignon déshydratée
120 ml (½ tasse) de jus d'orange

Nettoyer l'intérieur de l'oie à l'eau froide, puis la saupoudrer de sel et de poivre. Mettre l'oie dans la mijoteuse. Mélanger la sauces aux canneberges, la préparation pour soupe à l'oignon déshydratée et le jus d'orange. Verser ce mélange sur l'oie. Cuire à couvert à faible intensité pendant 8 à 10 heures.

Pour un repas coloré, garnir l'oie de tranches d'orange fraîche, de patates douces cuites au four et de persil.

Arriver en retard à la maison

Puisque la mijoteuse cuit les aliments à la vapeur à faible température, la plupart des plats resteront moelleux et savoureux plusieurs heures après le temps de cuisson recommandé.

Poissons d'eau douce et fruits de mer

Temps de cuisson : 5 ½ à 7 ½ heures
Temps de préparation : 30 minutes
Attention requise : moyenne
Mijoteuse : 4-6 l (16-24 tasses)

Bisque de crevettes

8 portions

454 g (1 lb) de pommes de terre

1 oignon blanc

1 branche de céleri

2 carottes

480 ml (2 tasses) d'eau

120 ml (½ tasse) de bouillon de légumes

30 ml (2 c. à soupe) de vin blanc

1 ml (¼ c. à thé) de thym séché

227 g (½ lb) de crevettes miniatures, **ou** de grosses crevettes précuites coupées en
  tronçons de 1,5 cm (½ po)

480 ml (2 tasses) de fromage suisse, râpé

240 ml (1 tasse) de lait entier

2 ml (½ c. à thé) de poivre noir moulu

1. Peler et couper les pommes de terre en cubes de 1,5 cm (½ po). Peler et hacher les oignons en morceaux de 5 mm (¼ po). Hacher le céleri en morceaux de 5 mm (¼ po). Peler et déchiqueter les carottes avec une râpe à légumes. Dans la mijoteuse, mettre les pommes de terre, l'oignon, le céleri, les carottes, l'eau, le bouillon de légumes, le vin blanc et le thym. Cuire à couvert à intensité élevée pendant 4 à 6 heures.

2. Dans la mijoteuse, utiliser un batteur portatif pour réduire les légumes en purée. Le résultat devrait ressembler à la nourriture pour bébé. Ajouter les crevettes et cuire à faible intensité pendant 30 minutes. Râper le fromage. Ajouter à la bisque le fromage, le lait et le poivre. Continuer la cuisson à couvert à faible intensité pendant environ 1 heure, en remuant toutes les 15 minutes, jusqu'à ce que le fromage soit fondu.

Garnir de brins de coriandre fraîche.

Saumon au vin blanc avec pêches séchées

Temps de cuisson : 2 à 3 heures
Temps de préparation : 20 minutes
Attention requise : moyenne à grande
Mijoteuse : 4-6 l (16-24 tasses)
4 portions

750 g (1 ½ lb) de filet de saumon
60 ml (¼ tasse) de farine tout usage
30 ml (2 c. à soupe) d'huile d'olive extra vierge
240 ml (1 tasse) de vin blanc sec
120 ml (½ tasse) de bouillon de légumes
240 ml (1 tasse) de pêches séchées, en quartiers
2 ml (½ c. à thé) de poivre noir, fraîchement moulu

1. Éponger le saumon avec des essuie-tout, puis enfariner légèrement la surface. Dans une poêle à frire, faire chauffer l'huile sur feu moyen et dorer le saumon sur tous les côtés. Jeter l'huile et déposer le saumon sur des essuie-tout pour qu'ils absorbent l'excédent de gras.

2. Dans la mijoteuse, verser le vin et le bouillon de légumes, puis chauffer le liquide à intensité élevée jusqu'à ce qu'il bouillonne. Régler ensuite la mijoteuse à faible intensité et placer les filets de saumon au fond de la mijoteuse. Mettre les quartiers de pêches séchées par-dessus. Saupoudrer le tout de poivre et cuire à couvert à faible intensité pendant 2 à 3 heures.

Servir avec du brocoli frais cuit à la vapeur, arrosé de jus de lime fraîchement pressé.

Simili-homard à la manière du Minnesota

Temps de cuisson : 2 à 4 heures
Temps de préparation : 15 minutes
Attention requise : minimum
Mijoteuse : 4-6 l (16-24 tasses)
6 portions

3 branches de céleri
1 oignon de grosseur moyenne
120 ml (½ tasse) d'eau
120 ml (½ tasse) de jus de citron
30 ml (2 c. à soupe) de beurre ou de margarine
1,5 kg (3 lb) de filets de brosme congelés
5 ml (1 c. à thé) de sel
5 ml (1 c. à thé) de paprika
6 quartiers de citron
120 ml (½ tasse) de beurre, fondu

1. Couper le céleri en tronçons de 2,5 cm (1 po). Peler et couper l'oignon en quartiers.
2. Mettre le céleri, l'oignon, l'eau, le jus de citron et le beurre dans la mijoteuse. Cuire à découvert à intensité élevée jusqu'à ce que le beurre soit fondu. Remuer le mélange, puis régler la mijoteuse à faible intensité. Déposer les filets de brosme au fond de la mijoteuse. Parsemer les filets de sel et de paprika. Cuire à couvert à faible intensité pendant 2 à 4 heures. Servir avec du beurre fondu et des quartiers de citron.

Ajouter de la couleur à ce plat en l'accompagnant avec les Asperges et carottes au citron (page 285).

Trop salé ?

Si le plat a un goût trop salé, ajoutez 5 ml (1 c. à thé) de vinaigre de cidre et 5 ml (1 c. à thé) de sucre à la recette. Ils neutraliseront le sel sans ajouter de saveurs particulières.

Cari de riz brun avec pétoncles et légumes

Temps de cuisson : 7 à 9 heures
Temps de préparation : 30 minutes
Attention requise : moyenne
Mijoteuse : 4-6 l (16-24 tasses)
6 portions

1 gros oignon jaune

3 gousses d'ail

15 ml (1 c. à soupe) d'huile d'olive

454 g (1 lb) de petits pétoncles

360 ml (1 ½ tasse) d'eau

15 ml (1 c. à soupe) de poudre de cari

2 ml (½ c. à thé) de cannelle

2 ml (½ c. à thé) de sel de table

2 grosses pommes de terre

1 grosse courgette

2 grosses carottes

1 boîte de 455 ml (2 tasses) de tomates, avec le jus

1. Peler et hacher l'oignon en morceaux de 5 mm (¼ po). Peler et émincer l'ail avec un couteau de cuisine bien affûté. Dans une poêle moyenne, faire chauffer l'huile d'olive, puis sauter les pétoncles, l'oignon et l'ail sur feu moyen, jusqu'à ce que l'oignon soit translucide et tendre. Les pétoncles doivent être légèrement dorés. Éliminer l'huile et transférer les pétoncles, l'oignon et l'ail dans la mijoteuse.

2. Dans la mijoteuse, ajouter l'eau, la poudre de cari, la cannelle et le sel. Bien remuer. Cuire à couvert à intensité élevée pendant 1 heure.

3. Peler et couper les pommes de terre en cubes de 2,5 cm (1 po). Trancher la courgette en rondelles de 5 mm (¼ po) d'épaisseur. Couper les tomates en morceaux de 2,5 cm (1 po), en conservant le jus. Ajouter les pommes de terre, la courgette et les tomates dans la mijoteuse. Cuire à couvert à faible intensité pendant 6 à 8 heures.

Servir avec un vin blanc sec et les Betteraves à l'italienne (page 297).

Temps de cuisson : 6 à 9 heures
Temps de préparation : 20 minutes
Attention requise : minimum
Mijoteuse : 3-6 l (12-24 tasses)

Crevettes marinara **4 portions**

4 grosses tomates rouges
1 gousse d'ail
30 ml (2 c. à soupe) de persil frais, ciselé
2 ml (½ c. à thé) de basilic séché
5 ml (1 c. à thé) de sel de table
1 ml (¼ c. à thé) de poivre noir moulu
5 ml (1 c. à thé) d'origan séché
1 boîte de 170 ml (¾ tasse) de pâte de tomates
227 g (½ lb) de crevettes fraîches, de grosseur petite à moyenne

1. Couper les tomates en morceaux de 2,5 cm (1 po). Peler et hacher finement l'ail avec un couteau d'office bien affûté. Couper le persil en menus morceaux. Dans la mijoteuse, mettre les tomates, l'ail, le persil, le basilic, le sel, le poivre, l'origan et la pâte de tomates. Cuire à couvert à faible intensité pendant 6 à 8 heures.

2. Dans une marmite, faire bouillir les crevettes pendant 10 minutes, puis les rincer à l'eau froide. Enlever les carapaces et les queues. Déveiner en passant la dent d'une fourchette au dos de chaque crevette. Incorporer les crevettes dans la mijoteuse et bien remuer. Régler la mijoteuse à intensité élevée et cuire à couvert pendant 15 minutes.

Servir sur des linguines et garnir de parmesan et de flocons de persil.

Préparer des crevettes fraîches

Lorsque vous utilisez des crevettes fraîches, faites-les bouillir pendant 3 minutes. Passez-les ensuite sous l'eau froide. Enlevez toute la carapace, bien que vous puissiez laisser la queue, si désiré. Pour retirer la veine noire, passez la dent d'une fourchette sur le dos de la crevette.

Ragoût de poisson d'eau douce

Temps de cuisson : 4 à 6 heures
Temps de préparation : 20 minutes
Attention requise : minimum
Mijoteuse : 3-6 l (12-24 tasses)
4 portions

750 g (1 ½ lb) de poisson d'eau douce (doré jaune, brochet, truite, achigan, etc.), nettoyé, sans peau et sans arêtes

180 ml (¾ tasse) de champignons frais, en tranches

1 gousse d'ail

1 gros oignon blanc

1 poivron vert

2 petites courgettes

4 grosses tomates mûres

30 ml (2 c. à soupe) d'huile d'olive

2 ml (½ c. à thé) de basilic séché

2 ml (½ c. à thé) d'origan séché

5 ml (1 c. à thé) de sel de table

1 ml (¼ c. à thé) de poivre noir moulu

60 ml (¼ tasse) de vin blanc sec

1. Couper le poisson en cubes de 2,5 cm (1 po). Laver les champignons en les essuyant avec un linge humide. Enlever les pieds et émincer les chapeaux. Peler et hacher finement l'ail. Peler et trancher l'oignon en rondelles de 5 mm (¼ po) d'épaisseur. Enlever les graines et la tige du poivron vert, puis le couper en morceaux de 2,5 cm (1 po). Couper les tomates en morceaux de 2,5 cm (1 po).

2. Mélanger tous les ingrédients dans la mijoteuse. Remuer doucement afin de ne pas briser les morceaux de poisson. Couvrir et cuire à faible intensité pendant 4 à 6 heures.

Pour une saveur plus délicate, utilisez du requin, du bar commun ou un autre poisson de mer au goût léger.

Homard dans une sauce crémeuse au cognac et au havarti

Temps de cuisson : 1 à 2 heures
Temps de préparation : 30 minutes
Attention requise : grande
Mijoteuse : 3-6 l (12-24 tasses)
4 portions

454 g (1 lb) de chair de homard frais (environ 3 homards entiers)
4 gousses d'ail
5 ml (1 c. à thé) d'estragon frais, ciselé
480 ml (2 tasses) de fromage Havarti, râpé
240 ml (1 tasse) de crème légère
60 ml (¼ tasse) de cognac
5 ml (1 c. à thé) de poivre noir moulu
2 ml (½ c. à thé) de sel de table
1 œuf

1. Cuire les homards en plongeant leur tête en premier dans l'eau bouillante. Couvrir et faire bouillir pendant environ 20 minutes.
2. Retirer la chair des queues et des pinces de homard, puis les couper en cubes de 2,5 cm (1 po). Peler et émincer les gousses d'ail. Ciseler l'estragon en tronçons de 5 mm (¼ po).
3. Dans la mijoteuse, mélanger le fromage, la crème, le cognac, l'ail, le poivre, le sel et l'estragon, puis faire chauffer à faible intensité. Remuer constamment avec une cuillère de bois, jusqu'à ce que le fromage soit fondu.
4. Verser la sauce dans un mélangeur et ajouter l'œuf. Réduire en purée en utilisant la vitesse moyenne pendant 2 minutes. Transférer la sauce dans la mijoteuse, puis ajouter la chair de homard. Cuire à couvert à faible intensité pendant 30 à 60 minutes.

Verser sur des linguines aux épinards.

Filets de poisson aux agrumes

Temps de cuisson : 1 ½ heure
Temps de préparation : 15 minutes
Attention requise : minimum
Mijoteuse : 3-6 l (12-24 tasses)
6 portions

1 orange fraîche
1 citron frais
1 oignon blanc
75 ml (5 c. à soupe) de persil frais, ciselé
60 ml (¼ tasse) de beurre
1 kg (2 lb) de filet de poisson frais, sans peau et sans arêtes
2 ml (½ c. à thé) de sel de table
1 ml (¼ c. à thé) de poivre noir moulu
20 ml (4 c. à thé) d'huile végétale

1. Avant de peler les agrumes, prélever 10 ml (2 c. à thé) de zeste d'orange et 10 ml (2 c. à thé) de zeste de citron en utilisant les petits trous d'une râpe. Retirer et jeter le reste de l'écorce de l'orange et du citron, puis couper les fruits en rondelles de 5 mm (¼ po). Peler et hacher l'oignon en morceaux de 5 mm (¼ po). Laver le persil sous l'eau froide et le couper en morceaux de 5 mm (¼ po).

2. Enduire le fond de la mijoteuse de beurre, puis mettre les filets de poisson. Saupoudrer le poisson de sel et de poivre. Verser les oignons, le persil et les zestes râpés sur le poisson, puis les arroser d'huile végétale. Couvrir et faire cuire à faible intensité pendant 1 ½ heure. Dix minutes avant de servir, recouvrir de tranches d'orange et de citron.

Servir avec une macédoine de légumes faite de morceaux de brocoli et de chou-fleur et de rondelles de carotte d'environ 5 mm (¼ po) d'épaisseur, cuits à la vapeur et aspergés de jus de citron.

Crevettes à la créole

Temps de cuisson : 7 à 9 heures
Temps de préparation : 20 minutes
Attention requise : minimum
Mijoteuse : 2-6 l (8-24 tasses)
4 portions

454 g (1 lb) de crevettes fraîches
300 ml (1 ¼ tasse) d'oignon jaune, haché
1 poivron vert de grosseur moyenne
360 ml (1 ½ tasse) de céleri, haché
6 grosses tomates mûres
1 boîte de 227 ml (1 tasse) de sauce tomate
5 ml (1 c. à thé) de sel d'ail
1 ml (¼ c. à thé) de poivre noir moulu
2 ml (½ c. à thé) de tabasco ou d'une autre sauce épicée

1. Cuire les crevettes dans l'eau bouillante pendant 20 minutes. Plonger dans l'eau froide pour refroidir. Décortiquer et équeuter. Retirer la membrane noire en passant la dent d'une fourchette au dos de chaque crevette.

2. Peler et hacher l'oignon en morceaux de 5 mm (¼ po). Enlever la tige et les graines du poivron vert, puis le couper en morceaux de 5 mm (¼ po). Couper le céleri en tronçons de 5 mm (¼ po). Couper les tomates en cubes de 2,5 cm (1 po). Dans la mijoteuse, mettre le céleri, l'oignon, le poivron vert, les tomates fraîches, la sauce tomate, le sel d'ail, le poivre noir et la sauce épicée. Couvrir et cuire à faible intensité pendant 6 à 8 heures. Ajouter les crevettes, en remuant, puis poursuivre la cuisson pendant 1 heure.

Servir sur du riz brun à grains longs. Garnir de ciboulette fraîche ciselée.

Cuisiner les crustacés à la mijoteuse

Pour éviter que les crustacés ne durcissent dans un plat cuisiné à la mijoteuse, ajoutez-les durant les deux dernières heures de cuisson. Utilisez toujours des crustacés frais, autant que possible, car la congélation peut faire durcir leur chair.

Chaudrée de fruits de mer aux légumes

Temps de cuisson : 8 à 10 heures
Temps de préparation : 20 minutes
Attention requise : minimum
Mijoteuse : 2-6 l (8-24 tasses)
4 portions

3 grosses pommes de terre
1 oignon blanc de grosseur moyenne
240 ml (1 tasse) de carotte fraîche, hachée
120 ml (½ tasse) de céleri, haché
240 ml (1 tasse) de brocoli frais, haché
240 ml (1 tasse) de petits pois frais ou congelés
240 ml (1 tasse) d'aiglefin frais, en cubes
480 ml (2 tasses) de bouillon de légumes
5 ml (1 c. à thé) de sel de table
2 ml (½ c. à thé) de poivre noir moulu

1. Peler et couper les pommes de terre en cubes de 2,5 cm (1 po). Peler et hacher l'oignon en morceaux de 5 mm (¼ po). Couper les carottes, le céleri et le brocoli en morceaux de 5 mm (¼ po).
2. Dans la mijoteuse, mélanger tous les ingrédients, sauf les petits pois et le poisson frais. Couvrir et cuire à faible intensité pendant 7 à 8 heures. Ajouter les pois et le poisson, puis poursuivre la cuisson pendant 1 à 2 heures.

Pour un délice différent et surprenant, ajouter 240 ml (1 tasse) de bouillon de légumes et 240 ml (1 tasse) de fruits de mer frais, par exemple des pétoncles, des huîtres, des crevettes et de la chair de requin.

Chaudrée de palourdes style Manhattan

Temps de cuisson : 8 à 10 heures
Temps de préparation : 20 minutes
Attention requise : minimum
Mijoteuse : 2-6 l (8-24 tasses)
4 portions

125 g (¼ lb) de bacon
1 gros oignon Vidalia
2 carottes de grosseur moyenne
1 branche de céleri
8 tomates mûres de grosseur moyenne
3 pommes de terre de grosseur moyenne
15 ml (1 c. à soupe) de persil séché
720 ml (3 tasses) de palourdes fraîches ou en conserve
2 ml (½ c. à thé) de sel de table
2 ml (½ c. à thé) de poivre noir moulu
5 ml (1 c. à thé) de thym séché
1 l (4 tasses) d'eau

1. Dans une poêle moyenne, faire cuire le bacon sur feu moyen, jusqu'à ce qu'il soit croustillant. Éliminer la graisse. Laisser tiédir le bacon sur des essuie-tout. Émietter le bacon, puis le verser dans la mijoteuse. Peler et hacher l'oignon en morceaux de 5 mm (¼ po). Peler et trancher les carottes en rondelles de 5 mm (¼ po). Couper le céleri en tronçons de 5 mm (¼ po). Couper les tomates en cubes de 1,5 cm (½ po). Peler et couper les pommes de terre en cubes de 1,5 cm (½ po).

2. Dans la mijoteuse, mélanger tous les ingrédients. Couvrir et cuire à faible intensité pendant 8 à 10 heures.

Pour un mariage heureux de saveurs, servir le Pouding au maïs sucré (page 296) comme accompagnement.

Temps de cuisson : 7 à 8 heures
Temps de préparation : 20 minutes
Attention requise : minimum
Mijoteuse : 4-6 l (16-24 tasses)

Cioppino

8 portions

12 moules
12 palourdes
12 grosses crevettes
454 g (1 lb) de morue
1 gros oignon jaune
2 gousses d'ail
1 feuille de laurier
5 ml (1 c. à thé) de sel de table
1 poivron vert de grosseur moyenne

2 tomates mûres de grosseur moyenne
30 ml (2 c. à soupe) de persil frais, ciselé
45 ml (3 c. à soupe) d'huile d'olive
480 ml (2 tasses) de jus de palourde
120 ml (½ tasse) de vin blanc sec
5 ml (1 c. à thé) de poivre noir moulu
4 crabes à carapace molle

1. Laisser les moules et les palourdes dans leur coquille. Décortiquer les crevettes, puis les déveiner en passant la dent d'une fourchette au dos de chaque crevette. Couper la morue en cubes de 2,5 cm (1 po). Peler et hacher l'oignon en morceaux de 5 mm (¼ po). Enlever la tige et les graines du poivron vert, puis le couper en morceaux de 5 mm (¼ po). Couper les tomates en morceaux de 1,5 cm (½ po). Peler et hacher finement l'ail avec un couteau de cuisine bien affûté. Ciseler le persil avec un couteau de cuisine bien affûté.
2. Dans une grande poêle, faire chauffer l'huile d'olive sur feu moyen. Sauter les oignons, le poivron vert et l'ail pendant environ 5 minutes, ou jusqu'à ce que les oignons soient transparents. Verser dans la mijoteuse. Ajouter les tomates, le persil, le jus de palourde, le vin et la feuille de laurier. Couvrir et cuire à faible intensité pendant 6 à 7 heures.
3. Jeter la feuille de laurier. Ajouter le sel, le poivre, les moules, les palourdes, les crevettes, le poisson et les crabes. Remuer délicatement. Couvrir et cuire à faible intensité pendant 1 heure. Jeter toutes les moules ou toutes les palourdes dont la coquille ne s'est pas ouverte.

Pour savourer le délicieux jus de cuisson, servir avec le Pain blanc parsemé de graines (page 90).

Thon aux tomates

Temps de cuisson : 8 à 10 heures
Temps de préparation : 20 minutes
Attention requise : minimum
Mijoteuse : 2-6 l (8-24 tasses)
4 portions

1 poivron vert de grosseur moyenne
1 petit oignon jaune
1 branche de céleri
480 ml (2 tasses) de thon conservé dans l'eau, égoutté
480 ml (2 tasses) de jus de tomate
30 ml (2 c. à soupe) de sauce Worcestershire
45 ml (3 c. à soupe) de vinaigre
30 ml (2 c. à soupe) de sucre
15 ml (1 c. à soupe) de moutarde de Dijon
1 ml (¼ c. à thé) de poudre de chili
2 ml (½ c. à thé) de cannelle
1 ml (¼ c. à thé) de sauce épicée

1. Enlever les graines et la tige du poivron vert, puis le couper en morceaux de 5 mm (¼ po). Peler et hacher l'oignon en morceaux de 5 mm (¼ po). Couper le céleri en tronçons de 5 mm (¼ po).
2. Dans la mijoteuse, mélanger délicatement tous les ingrédients. Couvrir et cuire à faible intensité pendant 8 à 10 heures.

Servir comme tartinade avec le Pain brun copieux (page 91).

Cuire le poisson à la mijoteuse

Pour cuire le poisson dans une mijoteuse, utilisez un panier de cuisson à vapeur ou un autre support pour le garder hors du jus de cuisson. Aspergez-le de jus de citron ou de lime, puis faites-le cuire à faible intensité pendant quelques heures seulement. Le poisson est prêt quand sa chair se détache en flocons sous la fourchette.

Casserole de saumon

Temps de cuisson : 3 à 4 heures
Temps de préparation : 15 minutes
Attention requise : minimum
Mijoteuse : 3-6 l (12-24 tasses)
4 portions

240 ml (1 tasse) de champignons frais, en quartiers
1 petit oignon jaune
240 ml (1 tasse) de cheddar, râpé
2 œufs
480 ml (2 tasses) de saumon en conserve, avec le liquide
360 ml (1 ½ tasse) de chapelure
15 ml (1 c. à soupe) de jus de citron

1. Laver les champignons en les essuyant avec un linge humide, puis les couper en quatre. Peler et hacher les oignons en morceaux de 5 mm (¼ po). Râper le cheddar. Battre les œufs en les remuant rapidement avec une fourchette.
2. Dans un bol moyen, mettre le poisson et l'émietter avec une fourchette en enlevant les arêtes. Mélanger tous les ingrédients, puis verser le tout dans la mijoteuse. Couvrir et cuire à faible intensité pendant 3 à 4 heures.

Pour un heureux mélange de saveurs, servir avec le Chou-fleur fromagé (page 295).

Chaudrée de saumon au poivre

Temps de cuisson : 6 à 7 heures
Temps de préparation : 20 minutes
Attention requise : minimum
Mijoteuse : 4-6 l (16-24 tasses)
6 portions

454 g (1 lb) de saumon frais
1 poivron rouge de grosseur moyenne
1 poivron vert de grosseur moyenne
1 poivron jaune de grosseur moyenne
4 pommes de terre de grosseur moyenne
3 carottes de grosseur moyenne
1 branche de céleri
2 oignons blancs de grosseur moyenne
480 ml (2 tasses) de maïs sucré
720 ml (3 tasses) de bouillon de légumes
5 ml (1 c. à thé) de grain de poivre noir entier

1. Enlever la peau et les arêtes du saumon, puis couper la chair en cubes de 2,5 cm (1 po). Enlever les tiges et les graines des poivrons et les couper en dés de 1,5 cm (½ po). Laisser la pelure des pommes de terre, puis les couper en cubes de 1,5 cm (½ po). Peler et hacher les carottes et le céleri en morceaux de 5 mm (¼ po). Peler et hacher les oignons en morceaux de 5 mm (¼ po).
2. Mélanger tous les ingrédients dans la mijoteuse. Couvrir et cuire à faible intensité pendant 6 à 7 heures.

Pour relancer les légumes épicés de cette chaudrée, servir avec un Pain à la courgette (page 85).

Recettes favorites des enfants

Temps de cuisson : 2 à 3 heures
Temps de préparation : 20 minutes
Attention requise : minimum
Mijoteuse : 4-6 l (16-24 tasses)
12 portions

Sloppy joe

1 oignon jaune de grosseur moyenne
2 branches de céleri
1 kg (2 lb) de bœuf haché très maigre
480 ml (2 tasses) de sauce tomate
120 ml (½ tasse) de pâte de tomates
60 ml (¼ tasse) de vinaigre blanc
15 ml (3 c. à thé) de sauce Worcestershire
30 ml (2 c. à soupe) de cassonade
5 ml (1 c. à thé) de sel d'ail
2 ml (½ c. à thé) de poivre

1. Peler et hacher l'oignon en morceaux de 5 mm (¼ po). Hacher le céleri en morceaux de 5 mm (¼ po). Dans une poêle moyenne, mettre l'oignon, le céleri et la viande hachée sur feu moyen-vif. Cuire jusqu'à ce que la viande hachée soit brune et sans coloration rosée. Éliminer la graisse
2. Mélanger tous les ingrédients dans la mijoteuse. Couvrir et cuire à faible intensité pendant 2 à 3 heures.

Ajouter des croustilles et des bâtonnets de carotte dans l'assiette et vous aurez un repas typiquement américain qui convient parfaitement aux excursions par temps frais ou aux petites réunions d'adolescents.

Mini-boulangerie

Utilisez la mijoteuse comme mini-boulangerie pour les enfants. Laissez-les préparer une recette de biscuits aux pépites de chocolat et regarder à travers le couvercle en verre les biscuits cuire sous leurs yeux.

Boulettes de viande à saveur de pizza

Temps de cuisson : 2 heures
Temps de préparation : 30 minutes
Attention requise : minimum
Mijoteuse : 5-6 l (20-24 tasses)
6 à 8 portions

Boulettes de viande :

1 oignon jaune de grosseur moyenne
½ poivron vert de grosseur moyenne
1 kg (2 lb) de bœuf haché très maigre
660 ml (2 ¾ tasses) de chapelure
5 ml (1 c. à thé) de sel
1 ml (¼ c. à thé) de basilic
1 ml (¼ c. à thé) de poivre
240 ml (1 tasse) de fromage suisse, râpé
60 ml (¼ tasse) de lait écrémé
240 ml (1 tasse) de crème de légumes
    concentrée, en conserve

Sauce :

1 gousse d'ail
1 oignon jaune de grosseur moyenne
6 grosses tomates mûres
240 ml (1 tasse) de bouillon de bœuf
120 ml (½ tasse) de pâte de tomates
5 ml (1 c. à thé) de sel
5 ml (1 c. à thé) d'origan

1. Pour faire les boulettes, couper le fromage en cubes de 5 mm (¼ po). Peler et hacher l'oignon en morceaux de 5 mm (¼ po). Enlever la tige et les graines du poivron vert, puis le couper en dés de 5 mm (¼ po). Bien mélanger tous les ingrédients pour les boulettes de viande, puis former des boulettes fermes qui ne dépassent pas 5 cm (2 po) de diamètre. Déposer les boulettes au fond de la mijoteuse.

2. Pour faire la sauce, peler et émincer l'ail avec un couteau d'office bien affûté. Peler et hacher l'oignon en morceaux de 1,5 cm (½ po). Peler les tomates avec un couteau d'office bien affûté, en soulevant doucement la peau. Couper ensuite les tomates en quartiers, puis les réduire en purée en utilisant le mélangeur à basse vitesse pendant 2 minutes. Mélanger tous les ingrédients de la sauce et les verser sur les boulettes de viande.

3. Cuire à couvert à faible intensité pendant 2 heures.

Faire la recette à l'avance et la congeler. Les boulettes de viande peuvent être dégelées au four à micro-ondes pour des repas de dernière minute ou des collations après l'école.

Mélange festif

Temps de cuisson : 1 ½ heure
Temps de préparation : 15 minutes
Attention requise : soutenue
Mijoteuse : 6 l (24 tasses)
12 portions

2 ml (½ c. à thé) d'huile végétale
60 ml (4 c. à soupe) de beurre ou de margarine
5 ml (1 c. à thé) de sel d'ail
2 ml (½ c. à thé) de sel d'oignon
20 ml (4 c. à thé) de sauce Worcestershire
720 ml (3 tasses) de céréales Corn Chex*(ou un produit équivalent)
720 ml (3 tasses) de céréales Wheat Chex*(ou un produit équivalent)
720 ml (3 tasses) de céréales Rice Chex*(ou un produit équivalent)
240 ml (1 tasse) d'arachides écalées, mondées
480 ml (2 tasses) de petits bretzels en bâtonnets
120 ml (½ tasse) de parmesan, râpé

1. À l'aide d'un essuie-tout enduit d'une petite quantité d'huile végétale, graisser le fond et les côtés de la mijoteuse. Dans la mijoteuse, mélanger le beurre (ou la margarine), le sel d'ail, le sel d'oignon et la sauce Worcestershire. Chauffer à intensité élevée, jusqu'à ce que le beurre soit fondu. Bien remuer, puis ajouter les Corn Chex, les Wheat Chex, les Rice Chex, les arachides et les bretzels en bâtonnets. Cuire à découvert à intensité élevée pendant 1 heure, en remuant toutes les 15 minutes. Réduire ensuite à faible intensité et cuire à découvert pendant 30 minutes, en remuant toutes les 15 minutes.
2. Verser le mélange sur des essuie-tout, puis le saupoudrer légèrement de parmesan. Laisser tiédir avant de servir.

Cette gâterie nutritive et faible en gras se conserve pendant des semaines dans des contenants hermétiques, ce qui en fait une collation idéale après l'école.

* Ces produits ne sont pas disponibles au Canada.

Maïs et arachides au caramel

Temps de cuisson : 1 ½ heure
Temps de préparation : 15 minutes
Attention requise : soutenue
Mijoteuse : 6 l (24 tasses)
12 portions

60 ml (¼ tasse) de sirop à saveur d'érable
60 ml (¼ tasse) de cassonade bien tassée
5 ml (1 c. à thé) de vanille
45 ml (3 c. à soupe) de beurre ou de margarine
2,5 l (10 tasses) de maïs éclaté non salé
480 ml (2 tasses) d'arachides espagnoles, avec la peau

1. Dans la mijoteuse, mélanger le sirop à saveur d'érable, la cassonade, la vanille et le beurre (ou la margarine). Cuire à découvert à intensité élevée, en remuant, jusqu'à ce que le beurre soit fondu et la cassonade dissoute. Ajouter le maïs éclaté et les arachides. Cuire à couvert à intensité élevée pendant 1 heure, en remuant toutes les 15 minutes. Cuire ensuite à découvert à faible intensité pendant 30 minutes, en remuant toutes les 15 minutes.

2. Étendre le mélange sur des plaques à biscuit légèrement graissées pour laisser tiédir avant de servir.

Utiliser des amandes ou de la noix de coco au lieu des arachides.

Une gâterie plus sucrée

Pour une collation encore plus gourmande, ajoutez des pépites de chocolat ou de petits morceaux de bonbon au mélange de maïs et de caramel.

Haricots et saucisses fumées

Temps de cuisson : 7 à 9 heures
Temps de préparation : 15 minutes
Attention requise : minimum
Mijoteuse : 5-6 l (20-24 tasses)
6 portions

1,5 l (6 tasses) d'eau
1 grosse tomate
120 ml (½ tasse) de cassonade
240 ml (1 tasse) de ketchup
10 ml (2 c. à thé) de vinaigre
240 ml (1 tasse) d'eau
10 ml (2 c. à thé) de moutarde sèche
1 oignon jaune de grosseur moyenne

120 ml (½ tasse) de sirop à saveur d'érable
720 ml (3 tasses) de petits haricots blancs
12 saucisses fumées au bœuf, en rondelles de 1,5 cm (½ po)

1. Avant la cuisson, laver puis faire tremper les haricots dans 1,5 l (6 tasses) d'eau pendant 12 heures. Égoutter et laver les haricots de nouveau.

2. Peler et couper l'oignon en morceaux de 3 mm (1/8 po). Hacher la tomate. Dans la mijoteuse, mélanger la cassonade, le sirop à saveur d'érable, le ketchup, la moutarde, le vinaigre, la tomate et l'oignon. Cuire à découvert à intensité élevée, en remuant, jusqu'à ce que la cassonade soit dissoute. Ajouter 240 ml (1 tasse) d'eau, les haricots et les saucisses fumées. Remuer de sorte à enrober les haricots et les saucisses fumées de sauce. Cuire à couvert à faible intensité pendant 7 à 9 heures. Une heure avant de servir, enlever le couvercle et poursuivre la cuisson à faible intensité.

Pour rendre ce plat plus appétissant, servir avec des tranches de pommes saupoudrées de cannelle.

Récipient en grès craquelé

Les mijoteuses sont des appareils simples et indulgents. Cependant, le récipient en grès peut craquer si on l'échappe. Il est aussi lourd et il peut facilement casser un orteil. Si vous laissez tomber par inadvertance la mijoteuse, vérifiez s'il y a des fissures et assurez-vous qu'elle chauffe correctement avant de l'utiliser de nouveau.

Chili de la mi-temps

Temps de cuisson : 8 heures
Temps de préparation : 20 minutes
Attention requise : minimum
Mijoteuse : 3-6 l (12-24 tasses)
8 portions

1 kg (2 lb) de bœuf haché maigre

1 oignon jaune de grosseur moyenne

3 tomates de grosseur moyenne

480 ml (2 tasses) de maïs en conserve ou congelé

1 l (4 tasses) de haricots rouges, cuits ou en conserve

240 ml (1 tasse) d'eau

30 ml (2 c. à soupe) de poudre de chili

10 ml (2 c. à thé) de sel de table

5 ml (1 c. à thé) de poivre noir moulu

1 ml (¼ c. à thé) de flocons de piment rouge séché

1. Dans une grande poêle, cuire la viande sur la cuisinière. Faire dorer sur feu moyen jusqu'à ce que la viande n'ait plus aucune coloration rosée. Éliminer la graisse, puis étaler la viande sur des essuie-tout pour qu'ils absorbent la graisse résiduelle.

2. Peler et couper l'oignon en morceaux de 5 mm (¼ po). Couper les tomates en morceaux de 5 mm (¼ po). Égoutter et rincer les haricots rouges. Mélanger l'oignon, les tomates, le maïs, les haricots rouges, l'eau, la poudre de chili, le sel, le poivre noir et les flocons de piment rouge séché. Cuire à couvert à faible intensité pendant 8 heures.

Disposer sur la table de petits bols de cheddar râpé, de jalapenos en dés, de crème sure et de tiges d'oignon vert coupées en dés. Laisser les enfants garnir leur propre chili.

Macaronis au fromage avec bœuf haché

Temps de cuisson : 3 heures
Temps de préparation : 20 minutes
Attention requise : minimum
Mijoteuse : 4-6 l (16-24 tasses)
8 portions

454 g (1 lb) de bœuf haché maigre
1,5 l (6 tasses) de macaronis, en coudes
480 ml (2 tasses) de lait entier
480 ml (2 tasses) de cheddar, râpé
10 ml (2 c. à thé) de moutarde sèche
1 ml (¼ c. à thé) de sel d'ail
1 ml (¼ c. à thé) de poivre noir moulu

1. Dans une poêle, faire dorer le bœuf haché sur feu moyen. Éliminer la graisse, puis étaler le bœuf haché sur des essuie-tout pour qu'ils absorbent la graisse résiduelle. Cuire les macaronis dans l'eau bouillante jusqu'à ce qu'ils soient tendres.

2. Dans la mijoteuse, mélanger le lait, le cheddar, la moutarde sèche, le sel d'ail et le poivre noir. Cuire à découvert à intensité élevée jusqu'à ce que le fromage soit complètement fondu. Ajouter les macaronis cuits et le bœuf haché, en remuant, puis cuire à découvert à faible intensité pendant 3 heures.

Essayer différents types de pâtes, comme des rotinis ou des pâtes en forme de lettres. Substituer des saucisses fumées ou des tranches de saucisson à la viande hachée.

Utiliser du lait écrémé

Si une recette demande du lait entier, de la crème à 11,5 % ou à 35 %, vous pouvez facilement utiliser du lait écrémé. Vous obtiendrez tous les nutriments et presque tout le côté velouté, mais avec beaucoup moins de gras.

Soupe poulet et nouilles facile à préparer : le remède de maman pour un rhume d'hiver

Temps de cuisson : 8 à 10 heures
Temps de préparation : 30 minutes
Attention requise : moyenne
Mijoteuse : 4-6 l (16-24 tasses)
10 portions

1 poulet, nettoyé, avec la peau et les os
1 oignon jaune de grosseur moyenne
8 carottes
4 branches de céleri
1,5 l (6 tasses) d'eau
2 cubes de bouillon de poulet
5 ml (1 c. à thé) de sel de table
2 ml (½ c. à thé) de poivre noir moulu
227 g (8 oz) de nouilles aux œufs séchées

1. Couper le poulet en portions — hauts de cuisse, ailes, pilons, poitrines. Peler et couper l'oignon en dés d'environ 5 mm (¼ po). Couper le céleri en tronçons de 5 mm (¼ po).

2. Dans la mijoteuse, mélanger l'eau, les cubes de bouillon, le sel, le poivre et les morceaux de poulet. Cuire à couvert à intensité élevée pendant 4 à 5 heures. Retirer le poulet, puis jeter la peau et les os. Remettre la viande dans la mijoteuse, puis ajouter les nouilles, les carottes, le céleri et l'oignon. Poursuivre la cuisson à couvert à intensité élevée pendant 4 à 5 heures.

Des cornichons à l'aneth épicés, du cheddar et des craquelins salés accompagnent parfaitement la soupe poulet et nouilles.

Chocolat chaud à la menthe...

Temps de cuisson : 30 minutes
Temps de préparation : 5 minutes
Attention requise : soutenue
Mijoteuse : 2-6 l (8-24 tasses)
12 portions

240 ml (1 tasse) de sirop au chocolat
5 ml (1 c. à thé) d'extrait de menthe

3 l (12 tasses) de lait entier

Dans la mijoteuse, mélanger le lait, le sirop et l'extrait de menthe. Cuire à découvert à intensité élevée pendant 30 minutes, en remuant toutes les 5 minutes, jusqu'à ce que le sirop au chocolat soit dissous.

Utiliser une louche et laisser les enfants se servir eux-mêmes, directement dans la mijoteuse.

... Et tartines de chocolat et guimauve

Temps de cuisson : 10 minutes
Temps de préparation : 5 minutes
Attention requise : minimum
Mijoteuse : 2-6 l (8-24 tasses)
4 portions

8 carrés de biscuits Graham
4 grosses guimauves

2 tablettes de chocolat Hershey's, sans amandes

Préchauffer la mijoteuse à intensité élevée pendant 10 minutes. Au fond de la mijoteuse, mettre 4 carrés de biscuits Graham. Garnir chacun d'une demi-tablette de chocolat, puis déposer une guimauve sur le dessus de chaque tartine. Cuire à couvert à intensité élevée pendant 10 minutes. Ajouter 4 carrés de biscuits Graham par-dessus pour faire 4 sandwiches. Presser les sandwiches jusqu'à ce que le chocolat et la guimauve commencent à déborder.

Pour une gâterie différente, mais tout aussi délicieuse, utiliser une demi-tablette de chocolat aux amandes ou une demi-tablette de Mounds au lieu de la demi-tablette entièrement au chocolat.

Pilons d'aile de poulet barbecue

Temps de cuisson : 5 heures
Temps de préparation : 15 minutes
Attention requise : minimum
Mijoteuse : 3-6 l (12-24 tasses)
12 portions

5 ml (1 c. à thé) d'oignon jaune, râpé

2 gousses d'ail

240 ml (1 tasse) d'eau

60 ml (¼ tasse) de miel

10 ml (2 c. à thé) de sauce soja

30 ml (2 c. à soupe) de vinaigre

240 ml (1 tasse) de sauce barbecue en bouteille

30 ml (2 c. à soupe) de sauce au piment fort (facultatif)

2 ml (½ c. à thé) de sel de table

2 ml (½ c. à thé) de poivre noir moulu

5 ml (1 c. à thé) de piment de Cayenne (facultatif)

36 pilons d'aile de poulet (la partie charnue de l'aile qui se rattache à la poitrine)

Peler et râper l'oignon avec une râpe à légumes. Peler et émincer les gousses d'ail. Dans la mijoteuse, mélanger l'oignon, l'ail, l'eau, le miel, la sauce soja, le vinaigre, la sauce barbecue, la sauce au piment fort (si utilisée), le sel, le poivre noir et le piment de Cayenne (si utilisé). Cuire à intensité élevée pendant environ 15 minutes, jusqu'à ce que tous les ingrédients soient bien mélangés. Bien remuer, puis incorporer les pilons d'aile de poulet. Cuire à couvert à faible intensité pendant 5 heures.

C'est l'amuse-gueule idéal pour les soirées entre copines ou les réunions d'ados. Ajouter les ingrédients facultatifs pour les adolescents plus âgés pour obtenir la saveur des ailes Buffalo. Souvenez-vous de les servir avec des bâtonnets de céleri et une sauce pour salade au fromage bleu !

Temps de cuisson : 4 à 5 heures
Temps de préparation : 20 minutes
Attention requise : moyenne
Mijoteuse : 4-6 l (16-24 tasses)
4 portions

Pommes de terre siciliennes

1 petit oignon jaune
4 gousses d'ail
4 tomates mûres
1 ml (¼ c. à thé) d'origan
10 ml (2 c. à thé) de sel
45 ml (3 c. à soupe) d'huile d'olive
14 petites pommes de terre nouvelles
6 saucisses italiennes en chapelet

1. Peler et hacher l'oignon et l'ail en morceaux de 5 mm (¼ po). Couper les tomates en dés de 1,5 cm (½ po). Régler la mijoteuse à intensité élevée. Ajouter l'huile d'olive, l'ail et l'oignon et cuire pendant 10 minutes. Régler ensuite la mijoteuse à faible intensité. Ajouter les tomates, l'origan et le sel, puis couvrir et cuire pendant 15 minutes.
2. Peler et laver les pommes de terre. Couper chaque saucisse italienne en 4 morceaux égaux. Mettre les pommes de terre et la saucisse dans la mijoteuse. Cuire à faible intensité pendant 4 heures, ou jusqu'à ce que les pommes de terre soient tendres.

Substituts faibles en gras

Si vous souhaitez que cette recette de pommes de terre soit plus saine et plus faible en gras, utilisez des saucisses italiennes à la dinde ou au poulet à la place.

Soupe au jambon et aux légumes simple comme bonjour

Temps de cuisson : 2 à 3 heures
Temps de préparation : 10 minutes
Attention requise : minimum
Mijoteuse : 2-6 l (8-24 tasses)
8 portions

4 tasses d'eau
1 boîte de carottes tranchées
1 boîte de maïs
1 boîte de pois
1 boîte de pommes de terre tranchées
1 boîte de haricots verts
1 os de jambon à soupe
1 pincée de poivre noir moulu

1. Verser l'eau dans la mijoteuse, puis la régler à faible intensité
2. Dans la mijoteuse, verser tous les ingrédients, y compris le jus des légumes en conserve. Bien remuer et cuire à couvert à faible intensité pendant 2 à 3 heures.
3. Enlever l'os à soupe et séparer la viande qui ne se serait pas déjà détachée. Déchiqueter la viande en bouchées, si nécessaire, puis la remettre dans la mijoteuse. Jeter l'os.

Même un enfant d'âge préscolaire sera fier d'avoir préparé cette soupe savoureuse — tout ce que maman ou papa auront fait, c'est d'ouvrir les boîtes de conserve ! Pour un repas complet facile à préparer, servir avec des sandwiches au fromage et aux olives.

Soupe végétarienne au caillou

Temps de cuisson : 8 à 10 heures
Temps de préparation : 30 minutes
Attention requise : minimum
Mijoteuse : 3-6 l (12-24 tasses)
8 portions

1 gros oignon blanc
240 ml (1 tasse) de rutabaga, en dés
1 navet
2 grosses pommes de terre
2 branches de céleri
1 tasse de brocoli, haché
2 ml (½ c. à thé) de poivre noir moulu

1 caillou, de la taille d'un œuf environ
1 l (4 tasses) d'eau
240 ml (1 tasse) de carottes miniatures
240 ml (1 tasse) de haricots verts, frais
    ou congelés
1 petite courgette
5 ml (1 c. à thé) de sel de table

1. Peler et couper l'oignon, le rutabaga, le navet et les pommes de terre en morceaux de 2,5 cm (1 po). Couper les carottes en deux et le céleri en tronçons de 5 mm (¼ po). Couper le brocoli et la courgette en morceaux de 1,5 cm (½ po). Bien laver le caillou — il est préférable de le passer au lave-vaisselle !

2. Mettre le caillou et l'eau dans la mijoteuse, puis ajouter les ingrédients un à un en remuant après chaque addition. Cuire à couvert à faible intensité pendant 8 à 10 heures. Enlever le caillou avant de servir.

C'est une recette de fête amusante pour les enfants d'âge préscolaire ou de la maternelle. Demandez aux enfants d'apporter un ou deux ingrédients chacun, et laissez-leur le soin de les incorporer eux-mêmes à la soupe ! Pour un repas sain, servir avec des craquelins et du fromage blanc.

Remplacer le brocoli

Si vous n'avez pas de brocoli frais sous la main, remplacez-les par des haricots verts. Ils supportent une longue cuisson lente et offrent une valeur nutritive comparable à celle du brocoli.

Cerises trempées dans le chocolat

Temps de cuisson : 1 à 2 heures
Temps de préparation : 10 minutes
Attention requise : soutenue
Mijoteuse : 2-6 l (8-24 tasses)
50 portions en amuse-gueule

2,25 kg (5 lb) de sucre glace
240 ml (1 tasse) de beurre
1 ml (¼ c. à thé) de vanille
1 boîte de 341 ml (1 ½ tasse) de lait concentré sucré
350 g (¾ lb) de paraffine comestible
3 paquets de 340 g (12 oz) de pépites de chocolat mi-sucré
1 gros pot de cerises au marasquin (environ 200)
Cure-dents ronds

1. Avec les mains, mélanger le sucre glace, le beurre, la vanille et le lait concentré. Couvrir et réserver. Faire des copeaux de paraffine avec un économe. Mettre les pépites de chocolat et la paraffine dans la mijoteuse. Chauffer à découvert à intensité élevée, en remuant de temps en temps, jusqu'à ce que les ingrédients soient fondus.
2. Pendant ce temps, égoutter les cerises et jeter le jus. Enrober les cerises avec le mélange de sucre et les piquer avec un cure-dent. Lorsque le chocolat est fondu, tremper chacune des cerises dans le chocolat, puis les placer sur du papier ciré pour qu'elles durcissent.

Vous pouvez remplacer la vanille par l'extrait de menthe poivrée.

Confiseries à la mijoteuse

Utilisez la mijoteuse au lieu d'une casserole pour faire des confiseries simples, telles que des pommes ou des bretzels au caramel. Elle permet de faire fondre les ingrédients sans qu'ils collent au fond. Elle est aussi plus sécuritaire qu'une cuisinière chaude.

Fondue au beurre d'arachide

Temps de cuisson : 1 heure
Temps de préparation : 15 minutes
Attention requise : minimum
Mijoteuse : 1-3 l (4-12 tasses)
8 portions

120 ml (½ tasse) de caramel anglais enrobé de chocolat
1 pot de 455 ml (2 tasses) de beurre d'arachide croquant
120 ml (½ tasse) de pépites de chocolat mi-sucré miniatures

Briser le caramel anglais enrobé de chocolat avec un maillet de bois ou un couperet. Dans la mijoteuse, mettre le caramel écossais, le beurre d'arachide et les pépites de chocolat miniatures, puis bien remuer. Cuire à couvert à faible intensité pendant 1 heure.

Utiliser cette fondue comme trempette, avec des biscuits Graham ou des gaufrettes à la vanille.

Doubler une recette

Lorsque vous doublez ou triplez une recette cuisinée à la mijoteuse, assurez-vous de posséder un modèle assez grand. Ajoutez suffisamment d'eau pour la recette simple et davantage pendant la cuisson, si nécessaire.

CHAPITRE 14

Chaud et épicé

Poulet en casserole à la mexicaine

Temps de cuisson : 4 à 5 heures
Temps de préparation : 15 minutes
Attention requise : minimum
Mijoteuse : 3-6 l (12-24 tasses)
4 portions

4 poitrines de poulet, sans peau et sans os
1 petit oignon jaune
360 ml (1 ½ tasse) de cheddar râpé
12 tortillas à la farine blanche
1 boîte de 305 ml (1 ¼ tasse) de crème de champignons concentrée
1 boîte de 305 ml (1 ¼ tasse) de crème de poulet concentrée
240 ml (1 tasse) de crème sure
120 ml (½ tasse) de piments jalapenos en conserve, hachés
240 ml (1 tasse) de salsa

1. Couper le poulet en cubes de 2,5 cm (1 po). Peler l'oignon et le râper en utilisant le côté fin d'une râpe à légumes. Râper le fromage en utilisant les gros trous d'une râpe à légumes. Avec chaque tortilla, tailler 8 lanières.

2. Dans un bol moyen, mélanger l'oignon, le fromage, les soupes, la crème sure et les jalapenos. Faire des couches dans la mijoteuse avec un tiers des lanières de tortillas, du mélange de soupes, du poulet, puis de la salsa. Répéter deux fois. Cuire à couvert à faible intensité pendant 4 à 5 heures. Remuer doucement avant de servir.

Servir sur un nid de laitue avec des croustilles à la mexicaine.

Variétés d'oignon

Les oignons varient en douceur. Les oignons Vidalia sont les plus sucrés, suivis des oignons rouges, puis des jaunes. Les oignons blancs sont les moins sucrés et se prêtent mieux aux plats de viande qu'aux soupes.

Bœuf mexicain

Temps de cuisson : 6 à 8 heures
Temps de préparation : 15 minutes
Attention requise : minimum
Mijoteuse : 3-6 l (12-24 tasses)
6 portions

1 kg (2 lb) de bifteck de ronde
1 oignon jaune
4 tomates fraîches
1 cube de bouillon de bœuf
1 boîte de 455 ml (2 tasses) de haricots rouges
1 ml (¼ c. à thé) de poivre noir moulu
2 ml (½ c. à thé) de sel d'ail
15 ml (1 c. à soupe) de poudre de chili
15 ml (1 c. à soupe) de moutarde préparée
120 ml (½ tasse) de piments jalapenos en conserve, hachés

1. Couper le bœuf en cubes de 2,5 cm (1 po). Peler et hacher l'oignon en dés de 5 mm (¼ po). Couper les tomates en quartiers. Écraser le cube de bouillon. Égoutter les haricots rouges.
2. Dans la mijoteuse, mélanger la viande, le poivre, le sel d'ail, la poudre de chili et la moutarde. Recouvrir avec l'oignon, le cube de bouillon émietté, les tomates, les jalapenos et les haricots. Bien remuer. Couvrir et cuire à faible intensité pendant 6 à 8 heures.

Servir sur du riz blanc avec des tranches d'orange fraîche.

Variétés de tomates

Toutes les tomates ne sont pas semblables. Utilisez des tomates italiennes pour un goût plus robuste. Prenez des tomates jaunes pour une saveur plus douce. Réservez les tomates de serre, plus chères, pour des recettes où la tomate tient la vedette.

Chaudrée de poulet à la mexicaine

Temps de cuisson : 7 à 8 heures
Temps de préparation : 20 minutes
Attention requise : moyenne
Mijoteuse : 3-6 l (12-24 tasses)
4 portions

750 g (1 ½ lb) de poitrine de poulet, sans peau et sans os
2 oignons blancs de grosseur moyenne
2 gousses d'ail
2 branches de céleri
120 ml (½ tasse) de chiles verts en conserve ou frais, hachés
240 ml (1 tasse) de fromage Velveeta, en cubes
15 ml (1 c. à soupe) d'huile d'olive
1 l (4 tasses) de bouillon de poulet
1 sachet de préparation pour sauce au poulet déshydratée
480 ml (2 tasses) de lait
480 ml (2 tasses) de salsa
1 sac de 1 kg (32 oz) de pommes de terre, rissolées

1. Couper le poulet en cubes de 1,5 cm (½ po). Peler et couper les oignons en dés de 5 mm (¼ po). Peler et hacher finement l'ail avec un couteau de cuisine bien affûté. Couper le céleri en morceaux de 5 mm (¼ po). Couper les chiles en morceaux de 3 mm (⅛ po). Couper le fromage en cubes de 1,5 cm (½ po).

2. Dans la mijoteuse, mélanger le poulet, les oignons, l'ail, le céleri, l'huile et le bouillon. Couvrir et cuire à faible intensité pendant 3 à 4 heures.

3. Dans un bol moyen, dissoudre la préparation pour sauce au poulet dans le lait, puis l'incorporer à la mixture au poulet. Ajouter la salsa, les pommes de terre, les chiles et le fromage. Bien mélanger. Couvrir et cuire à faible intensité pendant 4 heures.

Pour un authentique repas mexicain, servir avec le Pain de maïs cylindrique (page 82).

Poulet créole

Temps de cuisson : 6 ½ à 8 ½ heures
Temps de préparation : 30 minutes, plus
1 heure de trempage
Attention requise : moyenne
Mijoteuse : 4-6 l (16-24 tasses)
8 portions

4 grosses poitrines de poulet, environ 1 l (4 tasses) de viande
60 ml (4 c. à soupe) d'oignon déshydraté
15 ml (1 c. à soupe) d'oignon vert déshydraté
15 ml (1 c. à soupe) de flocons de persil séchés
5 ml (1 c. à thé) de poudre d'ail
480 ml (2 tasses) d'eau chaude
480 ml (2 tasses) de bouillon de poulet ou de légumes (ou d'eau)
240 ml (1 tasse) de vin blanc sec
45 ml (3 c. à soupe) de sauce à bifteck
10 ml (2 c. à thé) de sauce épicée
1 l (4 tasses) de tomates pelées en conserve
120 ml (½ tasse) de piments jalapenos en conserve, hachés

1. Dans une grande casserole sur la cuisinière, faire bouillir le poulet dans l'eau pendant 20 minutes. Séparer la viande des os.
2. Dans un bol, verser 480 ml (2 tasses) d'eau, puis mélanger l'oignon, l'oignon vert et le persil déshydratés ainsi que la poudre d'ail. Réserver et laisser tremper pendant environ 1 heure. Dans la mijoteuse, combiner le bouillon (ou l'eau), le vin, la sauce à bifteck, la sauce épicée, les tomates et les jalapenos. Cuire à découvert à intensité élevée pendant 30 minutes. Ajouter les ingrédients déshydratés qui trempaient dans l'eau dans la mijoteuse. Bien remuer. Ajouter le poulet dans le liquide, puis remuer. Couvrir et cuire à faible intensité pendant 6 à 8 heures.

Servir sur du riz blanc.

Rôti de bœuf du Sud-Ouest avec poivrons

Temps de cuisson : 8 à 10 heures
Temps de préparation : 20 minutes
Attention requise : minimum
Mijoteuse : 3-6 l (12-24 tasses)
6 portions

4 gousses d'ail
1 poivron vert
1 poivron rouge
1 poivron jaune
5 grosses tomates mûres
15 ml (1 c. à soupe) d'huile d'olive

1,5 kg (3 lb) de rôti de palette
480 ml (2 tasses) de salsa forte
3 oignons jaunes de
   grosseur moyenne
30 ml (2 c. à soupe) de piments
   jalapenos, finement hachés

1. Peler et hacher finement l'ail avec un couteau de cuisine bien affûté. Peler et trancher les oignons en rondelles de 5 mm (¼ po) d'épaisseur. Enlever les tiges et les graines de poivrons, puis les couper dans le sens longitudinal en lanières de 5 mm (¼ po) de largeur. Émincer les jalapenos avec un couteau d'office bien affûté. Couper les tomates en dés de 1,5 cm (½ po).

2. Dans une grande poêle sur la cuisinière, mettre l'huile d'olive, l'ail, les oignons, les poivrons, les jalapenos et le rôti. Cuire sur feu moyen-vif, jusqu'à ce que la viande soit dorée. Tourner pour dorer l'autre côté. Verser le mélange dans la mijoteuse, y compris l'huile. Incorporer la salsa aux ingrédients dans la mijoteuse. Mettre les tomates sur le dessus. Couvrir et cuire à faible intensité pendant 8 à 10 heures.

Pour un merveilleux mélange de saveurs, servir avec les Asperges et carottes au citron (page 285).

Pas le temps de saisir la viande

Si vous ne voulez pas saisir la viande dans une poêle avant de la mettre dans la mijoteuse, planifiez de faire une sauce épaisse pour le service. Elle camouflera la couleur grisâtre de la viande.

Porc et pommes de terre tex-mex

Temps de cuisson : 4 à 5 heures
Temps de préparation : 20 minutes
Attention requise : moyenne
Mijoteuse : 3-8 l (12-32 tasses)
6 portions

3 gros oignons blancs
4 gousses d'ail
10 chiles entiers variés
10 clous de girofle
1 bâtonnet de cannelle
10 grains de poivre noir

5 pommes de terre nouvelles de grosseur moyenne
5 ml (1 c. à thé) de graines de cumin entières
30 ml (2 c. à soupe) de vinaigre blanc
1,5 kg (3 lb) de rôti de porc

1. Retirer le gras du rôti de porc. Peler et couper les oignons en quartiers. Peler et hacher finement l'ail avec un couteau de cuisine bien affûté. Enlever les tiges des chiles, puis les couper en deux dans le sens longitudinal. Peler et couper les pommes de terre en deux.
2. Mettre le porc dans la mijoteuse. Verser ensuite les oignons, l'ail, les chiles, les clous de girofle, le bâtonnet de cannelle, les grains de poivre et le cumin. Ajouter juste ce qu'il faut d'eau pour mouiller les ingrédients, puis couvrir et cuire à faible intensité pendant 3 heures.
3. Remuer la mixture. Ajouter les pommes de terre. Couvrir et cuire pendant 1 à 2 heures, ou jusqu'à ce que les pommes de terre soient tendres. Dix minutes avant de servir, enlever les épices et ajouter le vinaigre.

Servir avec le Pain au cheddar et à l'oignon (page 87).

Pommes de terre molles

Vos pommes de terre crues sont devenues molles ? Elles sont encore bonnes si vous les préparez maintenant. Pelez et coupez les pommes de terre en tranches épaisses. Mettez-les dans une soupe ou un ragoût et personne ne se doutera qu'elles n'étaient plus de la première fraîcheur.

Carnitas de porc à la mexicaine

Temps de cuisson : 4 à 6 heures
Temps de préparation : 15 minutes
Attention requise : minimum
Mijoteuse : 3-6 l (12-24 tasses)
4 portions

4 gousses d'ail
1 à 1,8 kg (2 à 4 lb) de rôti de croupe de porc
1 botte de coriandre fraîche
1 piment jalapeno frais, épépiné et haché
341 ml (1 ½ tasse) de bière lager, bière pâle fortement houblonnée

1. Peler et couper l'ail en tranches d'environ 3 mm (⅛ po) d'épaisseur. Avec un couteau d'office bien affûté, faire des fentes dans le rôti de croupe et y piquer une tranche d'ail dans chacune d'entre elles. Mettre le rôti de croupe dans la mijoteuse.

2. Couper la coriandre en tronçons de 5 mm (¼ po). Répandre la coriandre et le jalapeno sur le rôti. Verser la bière, puis cuire à intensité élevée pendant 4 à 6 heures. Retirer la viande et l'effilocher. Jeter le jalapeno et la coriandre.

Cuire à la vapeur des tortillas de maïs en les plaçant dans un four à micro-ondes avec une tasse d'eau pendant 20 secondes à intensité élevée. Remplir les tortillas de viande, puis les garnir de tomates et d'oignons hachés.

Marinade rapide

Une marinade simple pour toute viande consiste à mélanger des parts égales de sauce Heinz 57 et de vinaigrette italienne. Coupez la viande en bouchées et mettez-la dans un contenant au réfrigérateur pendant quelques heures avant de l'utiliser.

Chili épicé au poulet

Temps de cuisson : 1 à 3 heures
Temps de préparation : 20 minutes
Attention requise : minimum
Mijoteuse : 4-6 l (16-24 tasses)
4 portions

4 poitrines de poulet
1 gros oignon blanc
2 branches de céleri
30 ml (2 c. à soupe) de cumin
4 feuilles de laurier
2 l (8 tasses) de riz cuit
90 ml (6 c. à soupe) de poudre de chili
15 ml (3 c. à thé) de piment fort rouge séché

60 ml (4 c. à soupe) de sauce de piment fort rouge
2 boîtes de 114ml (½ tasse) de pâte de tomates
2 boîtes de 341 ml (1 ½ tasse) de sauce tomate
2 boîtes de 426 ml (1 ¾ tasse) de haricots rouges, avec le liquide

1. Enlever la peau du poulet, puis le faire bouillir dans l'eau sur la cuisinière pendant environ 15 minutes. Retirer les os et effilocher la viande avec deux fourchettes.
2. Peler et hacher l'oignon en morceaux de 3 mm (⅛ po). Hacher le céleri en morceaux de 3 mm (⅛ po). Mettre tous les ingrédients dans la mijoteuse et bien mélanger. Cuire à faible intensité pendant 1 à 3 heures. Jeter les feuilles de laurier.
3. Préparer le riz selon les instructions inscrites sur l'emballage pour obtenir 2 l (8 tasses) de riz cuit. Ajouter le riz dans la mijoteuse et bien mélanger tous les ingrédients.

Au lieu d'ajouter du riz, il est possible de faire un merveilleux chili en mélangeant 30 ml (2 c. à soupe) de farine à 480 ml (2 tasses) d'eau jusqu'à consistance homogène, et en l'incorporant aux ingrédients dans la mijoteuse environ 20 minutes avant de servir.

Riz cuit et congélation

Le riz cuit peut être congelé jusqu'à 6 mois. La prochaine fois que vous faites un repas, préparez le double de la quantité requise et congelez les restes dans un contenant hermétique. Le riz n'a pratiquement pas besoin d'être dégelé avant d'être incorporé à une recette cuisinée à la mijoteuse.

Chili vert volcanique

Temps de cuisson : 4 à 6 heures
Temps de préparation : 20 minutes
Attention requise : minimum
Mijoteuse : 4-6 l (16-24 tasses)
6 portions

1 gros oignon jaune

4 gousses d'ail

4 grosses pommes de terre

240 ml (1 tasse) de chiles verts frais ou en conserve, en dés

454 g (1 lb) de bœuf haché maigre

227 g (½ lb) de porc haché

360 ml (1 ½ tasse) de maïs à grains entiers

720 ml (3 tasses) de bouillon de poulet

5 ml (1 c. à thé) de poivre noir moulu

5 ml (1 c. à thé) d'origan séché émietté

2 ml (½ c. à thé) de cumin moulu

5 ml (1 c. à thé) de sel de table

10 ml (2 c. à thé) de sauce au piment rouge

1. Peler et couper l'oignon en morceaux de 5 mm (¼ po). Peler et hacher finement l'ail avec un couteau d'office bien affûté. Peler et couper les pommes de terre en cubes de 1,5 cm (½ po). Couper les chiles verts en dés avec un couteau d'office bien affûté.

2. Dans une grande poêle, mettre les viandes, l'oignon et l'ail, puis faire cuire sur feu moyen-vif jusqu'à ce la viande soit bien dorée. Éliminer la graisse. Verser tous les ingrédients dans la mijoteuse et bien mélanger. Couvrir et cuire à faible intensité pendant 4 à 6 heures.

Laissez les convives préparer leurs propres tacos au chili en les servant avec des tortillas à la farine blanche chaudes, de la laitue fraîche coupée en lanières, du colby râpé et de la crème sure.

Super garniture à tacos

Temps de cuisson : 10 heures
Temps de préparation : 10 minutes
Attention requise : minimum
Mijoteuse : 3-6 l (12-24 tasses)
8 portions

1 oignon jaune de grosseur moyenne
360 ml (1 ½ tasse) de chiles verts frais ou en conserve, finement hachés
1,8 kg (4 lb) de rôti de palette de bœuf
1 sachet d'assaisonnement à taco déshydraté
15 ml (1 c. à soupe) de vinaigre blanc
10 ml (2 c. à thé) de sauce au piment rouge
2 ml (½ c. à thé) de sel d'ail

1. Peler et hacher l'oignon en morceaux de 5 mm (¼ po). Émincer les chiles verts avec un couteau d'office bien affûté. Dans la mijoteuse, mélanger tous les ingrédients, puis couvrir et cuire à faible intensité pendant 9 heures.
2. Enlever la viande et l'effilocher avec une fourchette. Remettre la viande dans la mijoteuse, puis l'incorporer aux autres ingrédients en remuant. Couvrir et poursuivre la cuisson à faible intensité pendant 1 heure.

Laisser les gens préparer leurs propres tacos en les servant avec des tortillas à la farine blanche chaudes, du fromage râpé, des haricots frits, de la laitue hachée, de petits dés de tomates et de la crème sure.

Produits de base tex-mex

Ayez toujours sous la main de bonnes quantités de guacamole, de salsa, de limes, de fromage râpé et de sauce épicée lorsque vous servez un repas d'inspiration tex-mex.

Temps de cuisson : 7 à 8 heures
Temps de préparation : 20 minutes
Attention requise : minimum
Mijoteuse : 4-6 l (16-24 tasses)
4 portions

Poulet à la sichuanaise

4 poitrines de poulet
3 oignons verts
2 gousses d'ail
15 ml (1 c. à soupe) d'huile d'arachide
60 ml (¼ tasse) de pâte de sésame
45 ml (3 c. à soupe) de thé vert bien infusé
30 ml (2 c. à soupe) de vinaigre de vin
40 ml (2 ½ c. à soupe) de sauce soja
25 ml (1 ½ c. à soupe) de saké
10 ml (2 c. à thé) de piment rouge broyé
5 ml (1 c. à thé) de gingembre séché
2 ml (½ c. à thé) de piment de Cayenne

1. Enlever la peau et les os du poulet et couper la viande en lanières de 5 mm (¼ po). Enlever les racines et la première pelure des oignons verts, puis les couper en morceaux de 5 mm (¼ po), y compris le vert. Peler et hacher les gousses d'ail en huit.

2. Dans une poêle moyenne, faire chauffer l'huile d'arachide sur feu moyen, puis saisir le poulet jusqu'à ce qu'il soit doré. Réserver au froid. Sauter l'ail et les oignons verts jusqu'à ce qu'ils soient tendres et translucides, puis les verser dans la mijoteuse. Ajouter le reste des ingrédients et bien remuer. Couvrir et cuire à faible intensité pendant 6 à 7 heures. Ajouter le poulet et poursuivre la cuisson pendant 1 heure.

Servir sur du riz blanc et parsemer le tout d'arachides hachées.

Poulet barbecue sans barbecue

Temps de cuisson : 8 heures
Temps de préparation : 30 minutes
Attention requise : minimum
Mijoteuse : 6-8 l (24-32 tasses)
4 portions

1 poulet entier
120 ml (½ tasse) d'oignon, haché
4 gousses d'ail
1 boîte de sauce tomate
60 ml (¼ tasse) de vinaigre
60 ml (¼ tasse) de cassonade brune
30 ml (2 c. à soupe) de bourbon
15 ml (1 c. à soupe) de sauce Worcestershire
2 ml (½ c. à thé) de sel de table
30 ml (2 c. à soupe) de sauce épicée

1. Couper le poulet en portions à servir (pilons, hauts de cuisse, ailes, poitrines).
2. Peler et hacher l'oignon en morceaux de 5 mm (¼ po). Peler les gousses d'ail et les écraser en utilisant le côté plat d'un grand couteau. Dans un petit bol, mélanger l'oignon, l'ail, la sauce tomate, le vinaigre, la cassonade brune, le bourbon, la sauce Worcestershire, le sel et la sauce épicée.
3. Mettre le poulet dans la mijoteuse. Verser ensuite la sauce barbecue préparée sur le poulet. Couvrir et cuire à faible intensité pendant 8 heures.

Servir avec le Pain de maïs cylindrique (page 82).

Cuisson des viandes

Plus la coupe de viande est petite, moins il faut de temps pour la cuire. Si vous faites trop cuire de petites bouchées de bœuf par exemple, elles se déferont et se mêleront aux autres ingrédients dans la mijoteuse. En cas de doute, ajoutez la viande à mi-cuisson.

Cuisine du monde

Temps de cuisson : 7 à 9 heures
Temps de préparation : 20 minutes
Attention requise : minimum
Mijoteuse : 3-8 l (12-32 tasses)
8 portions

Ragoût congolais

1 kg (2 lb) de rôti de porc
1 gros oignon blanc
1 poivron vert
2 gousses d'ail
2 tomates italiennes
1 ml (¼ c. à thé) de cannelle
1 feuille de laurier
2 ml (½ c. à thé) de poudre de cari
2 ml (½ c. à thé) de coriandre moulue
2 ml (½ c. à thé) de cumin moulu
2 ml (½ c. à thé) de poivre noir moulu
120 ml (½ tasse) de beurre d'arachide croquant

5 ml (1 c. à thé) de flocons de
    piment rouge broyé
2 ml (½ c. à thé) de gingembre moulu
5 ml (1 c. à thé) de sel de table
480 ml (2 tasses) de
    bouillon de poulet
15 ml (1 c. à soupe) de
    pâte de tomates

1. Couper le porc en cubes de 2,5 cm (1 po). Peler et hacher l'oignon en morceaux de 5 mm (¼ po). Enlever la tige et les graines du poivron vert, puis le couper en dés de 5 mm (¼ po). Peler et hacher finement l'ail avec un couteau de cuisine bien affûté. Couper les tomates en dés de 5 mm (¼ po).

2. Dans une grande poêle, faire dorer le porc sur feu moyen-vif. Ajouter l'oignon, l'ail, la poudre de cari, la coriandre, le cumin, le poivre noir et le piment broyé. Bien remuer, et cuire pendant 1 minute. Verser le mélange dans la mijoteuse. Ajouter le gingembre, la cannelle, le sel, la feuille de laurier, le bouillon de poulet et la pâte de tomates. Couvrir et cuire à faible intensité pendant 6 à 8 heures.

3. Mettre le beurre d'arachide, puis remuer pour bien mélanger. Ajouter, toujours en remuant, les tomates en dés et le poivron. Poursuivre la cuisson à couvert à faible intensité pendant 1 heure.

Avant de servir, garnir les bols d'arachides mondées non salées.

Burros mexicain aux chiles verts

Temps de cuisson : 8 à 10 heures
Temps de préparation : 15 minutes
Attention requise : minimum
Mijoteuse : 3-6 l (12-24 tasses)
4 portions

1 kg (2 lb) de rôti de croupe de bœuf
240 ml (1 tasse) d'oignon jaune, haché
1 boîte de 284 ml (1 ¼ tasse) de chiles verts, en dés
1 boîte de 455 ml (2 tasses) de sauce tomate
1 sachet d'assaisonnement à taco
15 ml (1 c. à soupe) d'origan
5 ml (1 c. à thé) de poudre d'ail
8 tortillas à la farine blanche
120 ml (½ tasse) de crème sure
1 gros oignon vert, en dés
60 ml (¼ tasse) d'olives noires, hachées

Mettre la viande dans la mijoteuse. Peler et hacher l'oignon en morceaux de 5 mm (¼ po). Ajouter tous les ingrédients sur la viande. Cuire à faible intensité pendant 7 heures. Enlever la viande et l'effilocher avec deux fourchettes. Remettre la viande dans la mijoteuse et remuer. Poursuivre la cuisson à faible intensité pendant 1 à 3 heures.

Servir sur des tortillas à la farine blanche qui auront été réchauffées au four à 120 °C (250 °F) pendant 10 minutes. Garnir avec la crème sure, les dés l'oignon vert coupé en dés et les olives.

Avocat

L'avocat est l'un des seuls légumes riches en matière grasse. Pour une saveur fraîche sans aucun gramme de gras, substituez le concombre à l'avocat. Choisissez un concombre sans pépins, enlevez la peau et coupez-le en dés.

Temps de cuisson : 5 à 6 heures
Temps de préparation : 20 minutes
Attention requise : minimum
Mijoteuse : 3-6 l (12-24 tasses)
6 portions

Poulet égyptien

12 cuisses de poulet
2 oignons jaunes de grosseur moyenne
1 poivron rouge
1 poivron vert
2 branches de céleri
480 ml (2 tasses) de bouillon de poulet
120 ml (½ tasse) de beurre d'arachide croquant
5 ml (1 c. à thé) de chile rouge broyé

1. Enlever la peau des cuisses de poulet. Peler et trancher l'oignon en rondelles de 5 mm (¼ po) d'épaisseur. Enlever les tiges et les graines des poivrons, puis le trancher en rondelles de 5 mm (¼ po) d'épaisseur. Couper le céleri en tronçons de 5 mm (¼ po) d'épaisseur.
2. Dans la mijoteuse, mélanger les oignons, les poivrons, le céleri et le bouillon de poulet. Étaler le beurre d'arachide sur les cuisses de poulet, puis saupoudrer la viande de chile rouge. Mettre la viande sur les oignons et les poivrons, sans remuer. Couvrir et cuire à faible intensité pendant 5 à 6 heures.

Servir avec de l'Ail rôti (page 14) et le Pain blanc parsemé de graines (page 90).

Cubes de bouillon

Les cubes de bouillon peuvent remplacer le bouillon, si nécessaire. Lorsque vous les utilisez à la place des bouillons maison, ajoutez davantage de légumes aromatiques, comme les oignons, le céleri et les carottes.

Poulet champêtre français

Temps de cuisson : 7 à 9 heures
Temps de préparation : 45 minutes
Attention requise : minimum
Mijoteuse : 6 l (24 tasses)
4 portions

1 poulet entier
10 ml (2 c. à thé) de sel de table
4 carottes
1 gros oignon Bermuda
8 gousses d'ail
2 feuilles de laurier
6 tomates mûres
120 ml (½ tasse) d'eau

1 ml (¼ c. à thé) de poivre noir grossièrement moulu
480 ml (2 tasses) de haricots verts frais
120 ml (½ tasse) de champignons frais, en tranches
80 ml (⅓ tasse) de riz brun

1. Couper le poulet en portions à servir (pilons, hauts de cuisse, ailes, poitrines). Rincer les morceaux et essuyer. Peler et couper en dés les carottes et les oignons. Laver les haricots verts, puis les couper en tronçons de 5 cm (2 po). Laver les champignons en les essuyant individuellement avec un linge humide et les trancher ensuite. Peler et couper l'ail en dés. Laver, étrogner et hacher les tomates en morceaux de 5 mm (¼ po).
2. Dans la mijoteuse, mettre le poulet, puis ajouter les carottes, les oignons, les haricots verts, les champignons, l'ail, les tomates, le sel, le poivre et les feuilles de laurier. Couvrir et cuire à faible intensité pendant 4 à 5 heures.
3. Ajouter le riz et l'eau. Couvrir et continuer la cuisson à faible intensité pendant 3 à 4 heures.

Servir dans un plateau avec un vin blanc sec.

Remplacer les tomates fraîches

Vous pouvez utiliser une boîte de 796 ml (3 ½ tasses) de tomates entières pelées pour remplacer 3 tomates fraîches, dans n'importe quelle recette cuisinée à la mijoteuse. Ne manquez pas d'inclure le jus de la conserve au moment d'incorporer les tomates.

Bœuf épicé
à la chinoise

Temps de cuisson : 6 à 7 heures
Temps de préparation : 30 minutes
Attention requise : minimum
Mijoteuse : 3-6 l (12-24 tasses)
6 portions

750 g (1 ½ lb) de pointe de surlonge
1 botte (environ 8) d'oignons verts **ou**
    1 gros poireau
240 ml (1 tasse) de germes de haricot
240 ml (1 tasse) de pois mange-tout
30 ml (2 c. à soupe) de fécule de maïs
30 ml (2 c. à soupe) d'eau tiède
1 ml (¼ c. à thé) de gingembre moulu,
    ou 2 ml (½ c. à thé) de gingembre
frais, finement haché

2 ml (½ c. à thé) de sauce épicée
    (facultatif)
1 petite boîte de châtaignes d'eau,
    égouttées
1 petite boîte de pousses de bambou,
    égouttées
240 ml (1 tasse) de bouillon de bœuf
    faible en gras
1 ml (¼ c. à thé) de sauce soja faible
    en sodium

1. Trancher finement la pointe de surlonge (ce sera plus facile sur une viande congelée partiellement dégelée). Laver tous les légumes frais. Retirer les racines des oignons verts (ou du poireau), puis les hacher finement.
2. Dans la mijoteuse, mettre les tranches de surlonge avec le bouillon de bœuf, la sauce soja, le gingembre et les oignons verts (ou le poireau). Couvrir et cuire à faible intensité pendant 6 à 7 heures.
3. Découvrir, puis régler à intensité élevée. Mélanger la fécule de maïs à l'eau. Incorporer le mélange de fécule et la sauce épicée à la mijoteuse. Cuire à intensité élevée pendant 15 minutes, ou jusqu'à épaississement, en remuant souvent. Durant les 5 dernières minutes de cuisson, ajouter le reste des légumes frais et en conserve.

Avec une tablée aventureuse, servir dans des bols individuels sur des nouilles chinoises avec des baguettes en guise d'ustensiles.

Pouding d'Amérique

Temps de cuisson : 4 à 5 heures
Temps de préparation : 45 minutes
Attention requise : moyenne
Mijoteuse : 3-6 l (12-24 tasses)
4 portions

30 ml (2 c. à soupe) de beurre, plus 4 ml (¼ c. à soupe) pour graisser
720 ml (3 tasses) de lait 1 %
120 ml (½ tasse) de semoule de maïs
2 ml (½ c. à thé) de sel
3 gros œufs, battus
1 ml (¼ c. à thé) de cassonade blonde tassée
80 ml (⅓ tasse) de mélasse
2 ml (½ c. à thé) de cannelle
1 ml (¼ c. à thé) de piment de la Jamaïque
2 ml (½ c. à thé) de gingembre

À l'aide d'un essuie-tout enduit de 4 ml (¼ c. à soupe) de beurre, graisser légèrement l'intérieur de la mijoteuse. Préchauffer la mijoteuse à intensité élevée pendant 15 minutes. Dans une casserole moyenne, porter à ébullition le lait, la semoule de maïs et le sel. Faire bouillir pendant 5 minutes, en remuant constamment. Couvrir et laisser frémir sur feu doux pendant 10 minutes. Dans un grand bol, combiner le reste des ingrédients, puis ajouter graduellement le mélange de semoule de maïs en fouettant jusqu'à l'obtention d'une consistance lisse et homogène. Verser dans la mijoteuse. Cuire à couvert à faible intensité pendant 4 à 5 heures.

Servir dans des petits bols avec une cuillerée de crème fouettée faible en gras.

Compotes de fruits

Presque toutes les combinaisons de fruits frais donnent de merveilleuses compotes lorsque cuisinées à la mijoteuse. Ajouter 240 ml (1 tasse) de sucre pour chaque portion de 2 l (8 tasses) de fruits, puis faites cuire à faible intensité jusqu'à ce que la compote épaississe.

Temps de cuisson : 8 à 9 heures
Temps de préparation : 45 minutes
Attention requise : minimum
Mijoteuse : 4-6 l (16-24 tasses)
8 portions

Paella brésilienne

227 g (½ lb) de saucisse de porc moyennement épicée
1 à 1,5 kg (2 à 3 lb) de poulet
2 gros oignons jaunes
455 ml (2 tasses) de tomates en conserve
2 ml (½ c. à thé) de sel de table
2 ml (½ c. à thé) de poivre noir moulu
360 ml (1 ½ tasse) de riz brun à grains longs non cuit
3 cubes de bouillon de poulet
480 ml (2 tasses) d'eau chaude

1. Façonner la chair à saucisse en boulettes de la taille d'une grosse bille. Laver et couper le poulet en portions à servir. Peler et hacher les oignons en dés de 5 mm (¼ po). Égoutter les tomates, en réservant le jus, puis les couper en dés de 2,5 cm (1 po).

2. Dans une grande poêle sur feu moyen-vif, faire frire les boulettes de saucisse, jusqu'à ce qu'elles soient bien dorées et croustillantes. Mettre les boulettes sur des essuie-tout pour qu'ils absorbent la graisse. Saupoudrer le poulet de sel et de poivre. Sans enlever la graisse de la poêle, faire frire les morceaux de poulet pendant environ 10 minutes, puis le déposer sur des essuie-tout pour qu'ils absorbent la graisse.

3. Enlever toute la graisse de la poêle, sauf 45 ml (3 c. à soupe). Sauter les oignons sur feu moyen jusqu'à ce qu'ils soient translucides. Dans la poêle, ajouter le riz et continuer de sauter, en remuant constamment, pendant 10 minutes.

4. Dans la mijoteuse, verser les boulettes de saucisse, le poulet, le mélange d'oignon et de riz, le jus de tomate et les tomates. Mélanger les cubes de bouillon dans 480 ml (2 tasses) d'eau chaude, puis verser le bouillon dans la mijoteuse. Couvrir et cuire à faible intensité pendant 8 à 9 heures.

Pour obtenir une véritable saveur brésilienne, servir avec des tranches d'orange et de banane saupoudrées de noix de coco.

Ragoût de viandes mélangées de Mongolie

Temps de cuisson : 8 à 9 heures
Temps de préparation : 20 minutes
Attention requise : minimum
Mijoteuse : 3-6 l (12-24 tasses)
8 portions

2 cubes de bouillon de poulet
5 ml (1 c. à thé) de sel de table
5 ml (1 c. à thé) de sucre
120 ml (½ tasse) d'eau chaude
1,5 kg (3 lb) de cuisses de poulet
454 g (1 lb) de bœuf à braiser maigre
1 oignon jaune de grosseur moyenne
2 ml (½ c. à thé) de poivre noir moulu

60 ml (¼ tasse) de sauce à bifteck A-1
1 boîte de 455 ml (2 tasses) de tomates
   à l'étuvée, avec le jus
240 ml (1 tasse) de carottes miniatures
2 pommes de terre de grosseur
   moyenne
60 ml (¼ tasse) de farine

1. Dans la mijoteuse, mélanger la sauce à bifteck, les cubes de bouillon, le sel, le poivre, le sucre et l'eau chaude. Bien remuer. Enlever et jeter la peau des cuisses de poulet, puis les couper en cubes de 2,5 cm (1 po). Couper le bœuf à braiser en cubes de 2,5 cm (1 po). Peler et couper l'oignon en dés de 5 mm (¼ po). Peler et couper les pommes de terre en cubes de 1,5 cm (½ po).

2. Dans la mijoteuse, ajouter le poulet, le bœuf, l'oignon, les pommes de terre, les carottes et les tomates avec leur jus. Couvrir et cuire à faible intensité pendant 8 à 9 heures. Avant de servir, mélanger 60 ml (¼ tasse) de farine avec suffisamment d'eau pour faire une pâte, puis l'incorporer au ragoût. Cuire à découvert à intensité élevée pendant environ 15 à 30 minutes, jusqu'à épaississement.

Le Pain au cheddar et à l'oignon (page 87) accompagne bien ce plat.

Poivre noir fraîchement moulu

Si possible, utilisez du poivre noir fraîchement moulu lorsqu'il est demandé dans une recette. Il conserve davantage sa saveur en comparaison du poivre noir déjà moulu, et il en faut moins pour obtenir le même goût.

Pain sucré à la portugaise

Temps de cuisson : 2 à 3 heures
Temps de préparation : 10 minutes
Attention requise : minimum
Mijoteuse : 3-6 l (12-24 tasses)
8 portions

Pain :
120 ml (½ tasse) de lait
1 sachet de levure sèche active
180 ml (¾ tasse) de sucre
120 ml (½ tasse) de sel
3 œufs
60 ml (¼ tasse) de beurre, ramolli
720 ml (3 tasses) de farine
30 ml (⅛ tasse) d'eau chaude

Glace :
1 œuf
5 ml (1 c. à thé) de sucre

1. Pour faire le pain, mettre le lait dans une petite casserole sur feu vif sur la cuisinière, jusqu'à ce que le lait jaunisse un peu. Laisser tiédir à la température ambiante. Dans un grand bol, dissoudre la levure dans l'eau chaude. Incorporer le lait, le sucre, le sel, les œufs et le beurre. Fouetter avec un batteur électrique, jusqu'à l'obtention d'une consistance lisse et crémeuse. Ajouter la farine en remuant. Mettre la pâte sur un plan de travail légèrement enfariné et la pétrir pendant environ 5 minutes, jusqu'à ce qu'elle obtienne une consistance lisse et élastique. Mettre la pâte dans un bol graissé. Couvrir et laisser gonfler dans un endroit chaud pendant environ 2 heures. Façonner un pain rond, légèrement plat.

2. À l'aide d'un essuie-tout enduit d'une petite quantité de shortening, graisser l'intérieur de la mijoteuse. Déposer le pain dans la mijoteuse. Pour faire la glace, battre l'œuf jusqu'à ce que le jaune et le blanc soient bien mélangés. Badigeonner ensuite le pain, puis le saupoudrer de sucre.

3. Couvrir et cuire à intensité élevée pendant 2 à 3 heures. Le pain devrait être doré.

Ce pain est excellent servi comme accompagnement avec le Poulet égyptien (page 212).

Bortsch russe au bœuf et aux légumes

Temps de cuisson : 8 à 10 heures
Temps de préparation : 20 minutes
Attention requise : minimum
Mijoteuse : 3-6 l (12-24 tasses)
8 portions

454 g (1 lb) de restes de rôti de bœuf
½ chou pommé
3 pommes de terre de grosseur moyenne
4 carottes
1 gros oignon blanc
240 ml (1 tasse) de tomates fraîches, hachées
240 ml (1 tasse) de haricots verts
240 ml (1 tasse) de betteraves, en dés
240 ml (1 tasse) de maïs sucré frais
480 ml (2 tasses) de bouillon de bœuf
480 ml (2 tasses) de jus de tomate
1 ml (¼ c. à thé) de poudre d'ail
1 ml (¼ c. à thé) d'aneth
10 ml (2 c. à thé) de sel
2 ml (½ c. à thé) de poivre

1. Couper le rôti de bœuf en cubes de 2,5 cm (1 po). Trancher le chou en lanières de 5 mm (¼ po). Peler et couper les pommes de terre en cubes de 1,5 cm (½ po). Peler et trancher les carottes en morceaux de 5 mm (¼ po). Peler et hacher l'oignon en morceaux de 5 mm (¼ po). Couper la tomate en morceaux de 1,5 cm (½ po). Enlever les tiges des haricots verts. Couper les fanes et les racines de betteraves. Faire bouillir les betteraves pendant ½ heure, puis les rafraîchir dans l'eau. Enlever ensuite la peau avec un couteau d'office bien affûté. Couper les betteraves en morceaux de 1,5 cm (½ po).
2. Mélanger tous les ingrédients dans la mijoteuse en prenant soin d'ajouter suffisamment d'eau pour la remplir aux trois quarts. Cuire à couvert à faible intensité pendant 8 à 10 heures.

Au moment de servir, garnir chaque bol d'une cuillerée de crème sure.

Soupe polonaise à la choucroute

Temps de cuisson : 8 à 10 heures
Temps de préparation : 10 minutes
Attention requise : minimum
Mijoteuse : 4-6 l (16-24 tasses)
8 portions

454 g (1 lb) de saucisse de Pologne fumée
5 pommes de terre de grosseur moyenne
2 gros oignons jaunes
3 carottes de grosseur moyenne
1,5 l (6 tasses) de bouillon de poulet
1 l (4 tasses) de choucroute en conserve ou ensachée
1 boîte de 170 ml (¾ tasse) de pâte de tomates

1. Couper la saucisse de Pologne en tranches de 1,5 cm (½ po) d'épaisseur. Couper les pommes de terre en cubes de 1,5 cm (½ po), sans les peler. Peler et hacher les oignons en morceaux de 5 mm (¼ po). Peler et trancher les carottes en rondelles de 5 mm (¼ po) d'épaisseur.
2. Mélanger tous les ingrédients dans la mijoteuse. Couvrir et cuire à faible intensité pendant 8 à 10 heures

Servir avec le Pain brun copieux (page 91).

Rigatonis au pepperoni

Temps de cuisson : 4 à 5 heures
Temps de préparation : 15 minutes
Attention requise : minimum
Mijoteuse : 4-8 l (16-32 tasses)
8 portions

340 g (12 oz) de rigatoni
240 ml (1 tasse) de champignons frais, en tranches
1 gros oignon jaune
4 gousses d'ail
1 poivron vert de grosseur moyenne
1 kg (2 lb) de tranches de pepperoni
796 ml (3 ½ tasses) de sauce à spaghetti
720 ml (3 tasses) de mozzarella, râpée

1. Cuire les rigatonis dans l'eau bouillante jusqu'à ce qu'ils soient tendres, mais pas trop ramollis. Laver les champignons en les essuyant avec un linge humide et les couper en lamelles de 3 mm (⅛ po) d'épaisseur. Peler et couper l'oignon en morceaux de 5 mm (¼ po). Peler et hacher finement l'ail avec un couteau d'office bien affûté. Enlever la tige et les graines du poivron vert, puis le couper en morceaux de 5 mm (¼ po).
2. Mélanger tous les ingrédients dans la mijoteuse et bien remuer. Couvrir et cuire à faible intensité pendant 4 à 5 heures.

Servir avec une salade verte fraîche arrosée d'une vinaigrette italienne.

Variétés de champignons

Selon la variété de champignons, les goûts diffèrent. N'hésitez pas à utiliser des champignons exotiques séchés, tels que des oreilles-de-Judas, des collybies à pied velouté, appelées « enokitake », et des cèpes, même si la recette demande des champignons frais.

Poulet au cari vert des Indes orientales

Temps de cuisson : 6 ½ à 7 ½ heures
Temps de préparation : 20 minutes
Attention requise : moyenne
Mijoteuse : 4-6 l (16-24 tasses)
6 portions

6 poitrines de poulet
2 chiles verts frais
60 ml (¼ tasse) de feuilles de menthe fraîche, ciselées
360 ml (1 ½ tasse) de lait de coco non sucré, divisé
25 ml (1 ½ c. à soupe) de pâte de cari vert
240 ml (1 tasse) de pousses de bambou en conserve, en tranches
60 ml (¼ tasse) de sauce de poisson
15 ml (1 c. à soupe) de sucre

1. Enlever la peau et les os des poitrines de poulet. Enlever les tiges et les graines des chiles, puis les hacher en morceaux de 3 mm (⅛ po). Ciseler les feuilles de menthe en morceaux de 5 mm (¼ po).

2. Dans une poêle moyenne, chauffer sur feu moyen 120 ml (½ tasse) de lait de coco avec le cari vert, en remuant, jusqu'à consistance homogène. Ajouter le poulet, puis faire sauter pendant 10 minutes. Mettre les poitrines de poulet dans la mijoteuse. Incorporer, en remuant, le reste du lait de coco, les pousses de bambou, la sauce de poisson et le sucre. Couvrir et cuire à faible intensité pendant 6 à 7 heures. Ajouter la menthe et les chiles. Couvrir et poursuivre la cuisson pendant 30 minutes.

Servir avec du riz brun à grains longs.

Trouver les produits exotiques

Si votre épicerie locale ne garde pas en stock certaines épices ou certains ingrédients exotiques, il est possible de les trouver sur Internet ou dans des boutiques spécialisées. Assurez-vous de vous approvisionner en produits de base pour être en mesure de cuisiner ces plats quand il vous plaira.

Couscous méditerranéen aux légumes

Temps de cuisson : 6 ½ à 7 ½ heures
Temps de préparation : 30 minutes
Attention requise : moyenne
Mijoteuse : 3-8 l (12-32 tasses)
8 portions

2 courgettes de grosseur moyenne
4 gousses d'ail
2 branches de céleri
1 gros poivron rouge
2 carottes de grosseur moyenne
30 ml (2 c. à soupe) d'huile d'olive
5 ml (1 c. à thé) de sel
1 ml (¼ c. à thé) de cannelle
45 ml (3 c. à soupe) de vinaigre balsamique
360 ml (1 ½ tasse) de couscous de blé entier

240 ml (1 tasse) de champignons frais
120 ml (½ tasse) d'olives noires dénoyautées, en dés
60 ml (¼ tasse) de basilic frais, finement haché
2 ml (½ c. à thé) de feuilles d'origan séché
2 oignons blancs de grosseur moyenne
1 ml (¼ c. à thé) de poivre noir moulu
6 tomates italiennes

1. Couper les courgettes en morceaux de 2,5 cm (1 po). Hacher les tomates en morceaux de 5 mm (¼ po). Laver les champignons en les essuyant avec un linge humide, puis les couper en deux. Peler et hacher finement l'ail avec un couteau de cuisine bien affûté. Peler et hacher les oignons en morceaux de 5 mm (¼ po). Hacher le céleri en morceaux de 5 mm (¼ po). Enlever la tige et les graines du poivron, puis le trancher en lanières de 5 mm (¼ po). Peler et trancher les carottes en rondelles de 5 mm (¼ po). Couper les olives noires en morceaux de 5 mm (¼ po). Hacher le basilic en morceaux de 5 mm (¼ po).

2. Dans une grande poêle, chauffer l'huile d'olive sur feu moyen-vif. Sauter l'ail, l'oignon et le poivron rouge, jusqu'à ce que l'oignon soit tendre et translucide. Ajouter le céleri, les carottes, les champignons, les courgettes, les tomates, les olives et la moitié du basilic. Faire sauter pendant 5 minutes, puis verser dans la mijoteuse. Mettre le reste du basilic, l'origan, le sel, la cannelle et le poivre noir. Couvrir et cuire à faible intensité pendant 6 à 7 heures.

3. Incorporer, en remuant, le vinaigre et le couscous. Couvrir et continuer la cuisson à faible intensité pendant 30 minutes.

Pour un repas authentique, servir avec des pitas et du houmous.

Soupe thaïe aux crevettes et aux pétoncles

Temps de cuisson : 8 à 9 heures
Temps de préparation : 20 minutes
Attention requise : minimum
Mijoteuse : 3-8 l (12-32 tasses)
8 portions

1 petit oignon blanc
240 ml (1 tasse) de champignons frais, en tranches
2 gousses d'ail
6 oignons verts
80 ml (1/3 tasse) de persil frais, ciselé
227 g (½ lb) de crevettes miniatures précuites
227 g (½ lb) de petits pétoncles
1,5 l (6 tasses) d'eau
2 ml (½ c. à thé) de thym
5 ml (1 c. à thé) de sel de table
1 ml (¼ c. à thé) de poivre noir moulu
10 ml (2 c. à thé) de coriandre moulue
7 ml (1 ½ c. à thé) de poudre de chili
5 ml (1 c. à thé) de sauce de piment rouge
15 ml (1 c. à soupe) de sauce soja
480 ml (2 tasses) de riz blanc non cuit

1. Peler et hacher l'oignon en morceaux de 5 mm (¼ po). Laver les champignons en les essuyant avec un linge humide, puis les émincer avec un couteau de cuisine bien affûté. Peler et hacher finement l'ail avec un couteau de cuisine bien affûté. Enlever les racines et la première pelure des oignons verts, puis les hacher en morceaux de 5 mm (¼ po). Ciseler le persil en morceaux de 1,5 cm (½ po).

2. Dans la mijoteuse, mélanger tous les ingrédients, sauf le persil, les oignons verts, les crevettes précuites et les petits pétoncles. Couvrir et cuire à faible intensité pendant 7 à 8 heures. Ajouter les crevettes et les pétoncles, puis faire cuire pendant 1 à 2 heures. Juste avant de servir, incorporer le persil et les oignons verts.

Servir avec le Pain blanc parsemé de graines (page 90).

Côtelettes de porc à la turque

Temps de cuisson : 8 à 9 heures
Temps de préparation : 30 minutes
Attention requise : minimum
Mijoteuse : 3-6 l (12-24 tasses)
6 portions

2 ml (½ c. à thé) de sel
2 ml (½ c. à thé) de poivre
30 ml (2 c. à soupe) de paprika
120 ml (½ tasse) de farine
6 côtelettes de porc maigres
4 oignons de grosseur moyenne
2 gousses d'ail
60 ml (4 c. à soupe) de beurre
240 ml (1 tasse) de bouillon de poulet

1. Mélanger le sel, le poivre, le paprika et la farine. Enrober les côtelettes de porc de ce mélange. Peler et hacher les oignons en morceaux de 5 mm (¼ po). Peler et couper l'ail en 8 morceaux.

2. Dans une grande poêle, chauffer le beurre sur feu moyen-vif. Faire dorer les côtelettes de porc et les retirer pour les mettre dans la mijoteuse. Dans la poêle, ajouter l'oignon et l'ail, puis faire sauter jusqu'à ce que les oignons soient tendres et translucides. Éliminer la graisse. Verser ensuite les oignons et l'ail sur les côtelettes de porc. Ajouter le bouillon de poulet. Couvrir et cuire à faible intensité pendant 8 à 9 heures.

Faire une sauce en mélangeant 240 ml (1 tasse) de crème sure avec 15 ml (1 c. à soupe) d'aneth. Garnir chaque côtelette de bonnes cuillerées de sauce.

Côtelettes d'agneau à la grecque avec lentilles

Temps de cuisson : 7 à 9 heures
Temps de préparation : 30 minutes
Attention requise : minimum
Mijoteuse : 3-6 l (12-24 tasses)
6 portions

4 gousses d'ail
3 carottes de grosseur moyenne
240 ml (1 tasse) de lentilles
720 ml (3 tasses) d'eau
120 ml (½ tasse) de vodka
30 ml (2 c. à soupe) d'huile d'olive
5 ml (1 c. à thé) de sel de table

2 tomates mûres de grosseur moyenne
240 ml (1 tasse) d'olives noires, hachées
2 ml (½ c. à thé) de poivre noir moulu
6 côtelettes d'agneau de grosseur moyenne
1 oignon jaune de grosseur moyenne

1. Retirer le gras des côtelettes d'agneau. Peler et hacher l'oignon en morceaux de 5 mm (¼ po). Peler et hacher finement l'ail avec un couteau de cuisine bien affûté. Peler et trancher les carottes en rondelles de 5 mm (¼ po). Couper les tomates en dés de 5 mm (¼ po). Hacher les olives en morceaux de 5 mm (¼ po).

2. Dans la mijoteuse, mettre les lentilles avec l'eau et la vodka. Ajouter les carottes, l'oignon et les tomates. Commencer la cuisson à faible intensité. Pendant ce temps, dans une grande poêle, faire chauffer l'huile d'olive sur feu moyen. Saupoudrer les côtelettes d'agneau de sel et de poivre, puis les mettre dans la poêle. Ajouter l'ail. Cuire jusqu'à ce que les côtelettes d'agneau soient dorées des deux côtés. Verser ensuite dans la mijoteuse et répandre les olives noires sur le dessus. Couvrir et cuire à faible intensité pendant 7 à 9 heures.

Servir avec une salade verte arrosée de vinaigrette grecque.

Si vous utilisez de l'agneau ou du veau...

Puisque l'agneau et le veau sont des viandes intrinsèquement tendres, elles cuisent plus rapidement que celles de leurs congénères plus âgés. Réduisez alors le temps de moitié, et ajoutez la viande plus tard durant le cycle de cuisson.

CHAPITRE 16

Cuisine californienne

Poitrines de poulet aux agrumes

Temps de cuisson : 6 à 7 heures
Temps de préparation : 30 minutes
Attention requise : minimum
Mijoteuse : 4-6 l (16-24 tasses)
4 portions

1,8 kg (4 lb) de poitrine de poulet
1 ml (¼ c. à thé) de muscade moulue
5 ml (1 c. à thé) de basilic séché
30 ml (2 c. à soupe) de cassonade
240 ml (1 tasse) de jus d'orange
4 pêches fraîches

2 oranges fraîches
4 pommes de terre de grosseur moyenne
30 ml (2 c. à soupe) de vinaigre de cidre
Fraises fraîches, pour la garniture

1. Enlever et jeter la peau et les os des poitrines de poulet. Peler et trancher les pommes de terre en morceaux de 5 mm (¼ po) d'épaisseur. Mettre les pommes de terre au fond de la mijoteuse, puis les poitrines de poulet par-dessus.
2. Dans un petit bol, mélanger le vinaigre, la muscade, le basilic, la cassonade et le jus d'orange. Verser le mélange sur le poulet. Couvrir et cuire à faible intensité pendant 6 à 7 heures.
3. À l'aide d'une cuillère à égoutter, enlever le poulet et les pommes de terre de la mijoteuse, puis les enfourner à 120 °C (250 °F) pour en conserver la chaleur. Peler et couper les pêches en tranches de 1,5 cm (½ po) d'épaisseur. Peler les oranges et les couper en rondelles. Mettre les pêches et les oranges dans la mijoteuse. Cuire à découvert à intensité élevée pendant 20 minutes. Verser sur le poulet et les pommes de terre avant de servir.

Juste avant de servir, garnir de fraises tranchées.

Ajout des fruits

Coupez les fruits au moment de les ajouter dans la mijoteuse. L'oxydation peut décolorer les fruits, tandis que le contact avec du sucre ou d'autres fruits peut en extraire le jus.

Poulet aux épinards et au féta

Temps de cuisson : 5 à 6 heures
Temps de préparation : 30 minutes
Attention requise : moyenne
Mijoteuse : 4-6 l (16-24 tasses)
6 portions

1 botte d'épinards frais
4 gousses d'ail
15 ml (1 c. à soupe) d'huile d'olive extra vierge
4 poitrines de poulet, sans peau et sans os
2 ml (½ c. à thé) de sel de table
1 ml (¼ c. à thé) de poivre noir grossièrement moulu
60 ml (¼ tasse) de vin blanc sec
80 ml (⅓ tasse) de féta

1. Bien nettoyer et assécher les épinards, puis couper les tiges. Peler et hacher finement l'ail.

2. Dans une grande poêle, faire chauffer l'huile d'olive sur feu moyen-vif. Ajouter le poulet et le saupoudrer légèrement de sel et de poivre. Saisir la viande jusqu'à ce qu'elle soit dorée. Enlever le poulet avec une cuillère à égoutter ou des pinces, puis le déposer dans la mijoteuse. Dans la poêle, ajouter ensuite le vin pour déglacer, puis verser le mélange sur le poulet. Couvrir et cuire à faible intensité pendant 5 à 6 heures, ou jusqu'à ce que le poulet soit tendre et perde sa coloration rosée au centre.

3. Ajouter les épinards, couvrir et cuire à faible intensité pendant 1 heure. Transférer le contenu de la mijoteuse dans un plat de service. Émietter le féta sur le dessus.

Servir avec un accompagnement de pennes au beurre à l'ail.

Dinde au lieu du poulet

Pour une solution de rechange maigre dans votre prochaine recette de poulet, remplacez ce dernier par de la dinde. Elle contient beaucoup moins de gras et beaucoup plus de protéines que le poulet, tout en offrant souvent un meilleur prix à la livre à l'épicerie.

Filet de porc aux portobellos

Temps de cuisson : 6 à 7 heures
Temps de préparation : 45 minutes
Attention requise : minimum
Mijoteuse : 6 l (24 tasses)
6 portions

480 ml (2 tasses) de portobellos, en tranches
1 kg (2 lb) de filet de porc
120 ml (½ tasse) de vin rouge
5 ml (1 c. à thé) de sel de table
1 ml (¼ c. à thé) de poivre

1. Laver et éponger les portobellos, puis les couper en tranches.
2. Dorer le filet de porc à intensité élevée sous le grilloir du four. Mettre le filet dans la mijoteuse. Ajouter le vin, le sel, le poivre et les champignons. Couvrir et cuire à faible intensité pendant 6 à 7 heures.
3. Mettre le filet sur un plat de service. Découper les filets en morceaux de 2,5 cm (1 po). Verser la sauce au vin et aux champignons sur le porc.

Servir avec des pommes de terre nouvelles enrobées de beurre et de ciboulette ciselée.

Rôtis à la mijoteuse

Avant la cuisson, enduire la surface des rôtis de sel pour rehausser leur saveur sans faire sécher la viande. Comme variante, vous pouvez également utiliser du sel d'ail ou d'oignon.

Flétan aux amandes

Temps de cuisson : 3 heures
Temps de préparation : 30 minutes
Attention requise : moyenne
Mijoteuse : 3-6 l (12-24 tasses)
4 portions

4 filets de flétan
30 ml (2 c. à soupe) de persil, ciselé
120 ml (½ tasse) de beurre, divisé en deux
1 ml (¼ c. à thé) d'amandes effilées
1 citron
1 ml (¼ c. à thé) de sauce Worcestershire

1. Rincer et éponger les filets de flétan. Laver et sécher le persil, puis le ciseler grossièrement.
2. Régler la mijoteuse à intensité élevée. Dans la mijoteuse, faire fondre la moitié du beurre, puis incorporer la sauce Worcestershire. Déposer les filets de flétan et mettre une noix de beurre sur chaque flétan. Parsemer chaque filet d'amandes. Couvrir et cuire à faible intensité pendant 2 heures. Parsemer les filets de persil, puis poursuivre la cuisson à couvert à faible intensité pendant 1 heure. Juste avant de servir, couper le citron en quartiers et presser un quartier sur chaque filet.

Servir avec des Choux de Bruxelles à l'orange (page 269).

Huiles riches en matières grasse

Toutes les huiles sont constituées de gras à 100 %, y compris le beurre et la margarine. Pour une alimentation saine, utilisez-les avec modération, en choisissant des huiles végétales non saturées ou de l'huile d'olive extra vierge aussi souvent que possible.

Saumon aux asperges

Temps de cuisson : 4 heures
Temps de préparation : 30 minutes
Attention requise : moyenne
Mijoteuse : 3-6 l (12-24 tasses)
4 portions

750 g (1 ½ lb) d'asperges
60 ml (¼ tasse) de beurre, divisé
4 darnes de saumon
5 ml (1 c. à thé) de marjolaine séchée
5 ml (1 c. à thé) de sel de table
2 ml (½ c. à thé) de poivre noir moulu

1. Laver et éponger les asperges. À la base de chaque asperge, couper 2,5 cm (1 po), soit la partie pâle, vert rosâtre.
2. Régler la mijoteuse à intensité élevée. Faire fondre la moitié du beurre dans la mijoteuse et y mettre les darnes de saumon. Saupoudrer le saumon d'épices. Mettre une noix de beurre sur chaque darne, puis couvrir et cuire à faible intensité pendant 3 heures. Ajouter ensuite les asperges. Couvrir et continuer la cuisson à faible intensité pendant 1 heure, ou jusqu'à ce que la chair du saumon se détache en flocons.

Pour dessert, servir avec le Mélange de fruits chauds (page 314) sur du yogourt à la vanille.

Un petit zeste

Les agrumes accompagnent bien les fruits de mer de toutes sortes. Constatez-le par vous-même, en pressant un quartier de citron ou de lime sur n'importe laquelle de vos recettes de poisson favorites.

Crevettes aux kiwis

Temps de cuisson : 2 heures
Temps de préparation : 20 minutes, plus
un peu de préparation la veille
Attention requise : moyenne
Mijoteuse : 3-6 l (12-24 tasses)
4 portions

750 g (1 ½ lb) de crevette tigrée crue, décortiquée et déveinée
60 ml (¼ tasse) de persil, ciselé
60 ml (¼ tasse) de jus de citron
2 kiwis
3 gousses d'ail
30 ml (2 c. à soupe) de beurre

1. Ciseler grossièrement le persil. Mélanger le jus de citron et le persil. Combiner ce mélange aux crevettes en les enrobant bien. Réfrigérer toute la nuit.

2. Peler et couper les kiwis en tranches de 5 mm (¼ po) d'épaisseur. Peler et hacher finement l'ail. Régler la mijoteuse à intensité élevée. Faire fondre le beurre, puis ajouter l'ail. Couvrir et cuire pendant 15 minutes. Lorsque l'ail est tendre, ajouter les crevettes. Couvrir et cuire à faible intensité pendant 1 ½ heure, ou jusqu'à ce que les crevettes commencent à rosir. Ajouter les kiwis. Couvrir et poursuivre la cuisson pendant 15 minutes. Mettre les crevettes et les kiwis dans un plat de service.

Servir avec les Haricots verts glacés au miel et au citron (page 270).

Courgettes et tomates champêtres

Temps de cuisson : 1 heure
Temps de préparation : 30 minutes
Attention requise : minimum
Mijoteuse : 3-6 l (12-24 tasses)
4 portions

2 petites courgettes
12 tomates cerises
2 gousses d'ail
30 ml (2 c. à soupe) d'huile d'olive
2 ml (½ c. à thé) de thym séché
2 ml (½ c. à thé) de sel de table
1 ml (¼ c. à thé) de poivre moulu

1. Nettoyer les courgettes et les tomates. Enlever les bouts des courgettes, puis couper dans le sens longitudinal des tranches de 1,5 cm (½ po) d'épaisseur. Peler et couper l'ail en dés.
2. Régler la mijoteuse à intensité élevée. Ajouter l'huile d'olive et l'ail. Couvrir et cuire pendant 15 minutes. Lorsque l'ail est tendre, ajouter les courgettes. Régler à faible intensité, couvrir et cuire pendant 1 heure. Ajouter les tomates et cuire jusqu'à ce qu'elles soient chaudes en leur cœur. Au moment de servir, ajouter le thym, le sel et le poivre.

Ce plat accompagne parfaitement les Poitrines de poulet aux agrumes (page 228).

Courges de saison

Ajoutez des courges d'été jaunes dans toute recette avec courgettes. Ces deux légumes se marient très bien.

Chou rouge aux pommes

Temps de cuisson : 1 heure
Temps de préparation : 30 minutes
Attention requise : minimum
Mijoteuse : 3-6 l (12-24 tasses)
4 portions

1 petit chou pommé rouge
1 poireau de grosseur moyenne
1 pomme acidulée
30 ml (2 c. à soupe) d'huile végétale légère
60 ml (¼ tasse) de vinaigre de cidre
30 ml (2 c. à soupe) de cassonade
2 ml (½ c. à thé) de sel de table
1 ml (¼ c. à thé) de poivre noir moulu

1. Étrogner le chou, puis le râper en lanières de 5 mm (¼ po) d'épaisseur. Couper l'extrémité du poireau et le couper en tranches de 5 mm (¼ po) d'épaisseur. Étrogner, peler et couper la pomme en tranches de 5 mm (¼ po).
2. Régler la mijoteuse à intensité élevée. Ajouter l'huile et le poireau. Couvrir et cuire pendant 15 minutes, ou jusqu'à ce que le poireau soit tendre. Ajouter le vinaigre, le sucre, le sel et le poivre, puis mélanger avec soin. Ajouter le chou et la pomme et régler à faible intensité. Couvrir et cuire pendant 45 minutes, ou jusqu'à ce que le chou soit légèrement tendre.

Ce plat accompagne à merveille le Filet de porc aux portobellos (page 230).

Pois verts à la menthe et laitue

Temps de cuisson : 1 heure
Temps de préparation : 20 minutes
Attention requise : moyenne
Mijoteuse : 2-4 l (8-16 tasses)
4 portions

480 ml (2 tasses) de pois frais, ou 1 sac de pois congelés
480 ml (2 tasses) de laitue frisée rouge, déchiquetée
5 ml (1 c. à thé) de feuilles de menthe fraîche, ciselées
30 ml (2 c. à soupe) de beurre
2 ml (½ c. à thé) de sel de table
2 ml (½ c. à thé) de sucre
Brins de menthe pour la garniture

1. Écosser et laver les pois. Laver et déchiqueter la laitue en menus morceaux de la grosseur d'une pièce de 25 cents. Ciseler finement les feuilles de menthe.
2. Régler la mijoteuse à intensité élevée. Faire fondre le beurre, puis ajouter les pois. Couvrir et cuire à faible intensité pendant environ 45 minutes, ou jusqu'à ce que les pois soient tendres. Ajouter ensuite la laitue et la menthe ciselée. Cuire à découvert jusqu'à ce que la laitue tombe. Ajouter le sel et le sucre. Présenter dans un plat de service de grandeur moyenne avec des brins de menthe en guise de garniture.

Servir avec le Flétan aux amandes (page 231).

Herbes fraîches ou séchées

Si vous n'avez pas de fines herbes fraîches, vous pouvez toujours utiliser les mêmes herbes, mais séchées. Il s'agit simplement d'ajuster la quantité, ce qui vient avec l'expérience, car certaines herbes séchées ont un goût plus concentré, tandis que d'autres sont plus fades.

Haricots verts à l'asiatique avec graines de sésame

Temps de cuisson : 1 heure
Temps de préparation : 30 minutes
Attention requise : moyenne
Mijoteuse : 2-4 l (8-16 tasses)
4 portions

1 l (4 tasses) de haricots verts frais
15 ml (1 c. à soupe) de sauce soja
10 ml (2 c. à thé) de gingembre frais, finement haché
15 ml (1 c. à soupe) de vinaigre
15 ml (1 c. à soupe) de beurre
30 ml (2 c. à soupe) d'eau
30 ml (2 c. à soupe) de graines de sésame

1. Laver les haricots verts, puis couper les tiges. Dans un petit bol, mélanger la sauce soja, le gingembre et le vinaigre.
2. Régler la mijoteuse à intensité élevée. Faire fondre le beurre dans la mijoteuse. Ajouter l'eau et les haricots verts et régler la mijoteuse à faible intensité. Couvrir et cuire pendant 45 minutes, ou jusqu'à ce que les haricots soient tendres. Ajouter le mélange de sauce soja, de gingembre et de vinaigre. Bien enrober les haricots du mélange. Saupoudrer de graines de sésame.

Ce plat est le complément parfait du Rôti braisé épicé (page 114).

Poitrines de poulet et pois mange-tout à la coréenne

Temps de cuisson : 6 heures
Temps de préparation : 30 minutes
Attention requise : moyenne
Mijoteuse : 4-6 l (16-24 tasses)
4 portions

4 poitrines de poulet
6 gousses d'ail
480 ml (2 tasses) de pois mange-tout
240 ml (1 tasse) de sauce soja
60 ml (¼ tasse) de vinaigre de vin rouge
10 ml (2 c. à thé) de flocons de piment rouge broyé
60 ml (¼ tasse) de sucre
30 ml (2 c. à soupe) d'huile végétale

1. Enlever les os et la peau des poitrines de poulet. Peler et hacher finement l'ail. Laver les pois mange-tout et enlever les tiges. Dans un petit bol, mélanger la sauce soja, le vinaigre, les flocons de piment rouge et le sucre.
2. Régler la mijoteuse à intensité élevée. Ajouter l'huile et l'ail. Couvrir et cuire pendant 15 minutes. Lorsque l'ail est tendre, ajouter le poulet et le mélange de sauce soja. Régler la mijoteuse à faible intensité. Couvrir et cuire pendant 5 heures. Ajouter les pois mange-tout. Couvrir et poursuivre la cuisson à faible intensité pendant 1 heure.

Servir sur un nid de Riz sauvage à la manière du Minnesota (page 292).

Cuisses de poulet au cari

Temps de cuisson : 6 heures
Temps de préparation : 20 minutes
Attention requise : moyenne
Mijoteuse : 4-6 l (16-24 tasses)
4 portions

454 g (1 lb) de cuisse de poulet
2 gousses d'ail
30 ml (2 c. à soupe) d'huile d'olive vierge
15 ml (1 c. à soupe) de moutarde sèche
45 ml (3 c. à soupe) de poudre de cari
15 ml (1 c. à soupe) de gingembre moulu
240 ml (1 tasse) de pois frais

Enlever la peau et les os du poulet. Peler et hacher finement l'ail. Régler la mijoteuse à intensité élevée. Ajouter l'huile, l'ail, la moutarde, la poudre de cari et le gingembre. Cuire pendant 5 minutes. Régler la mijoteuse à faible intensité. Ajouter le poulet. Couvrir et cuire pendant 5 heures. Ajouter les pois et mélanger avec soin au poulet. Cuire à couvert à faible intensité pendant 1 heure.

Pour un heureux mélange de saveurs, servir avec les Pois verts à la menthe et laitue (page 236).

Sole aux raisins rouges

Temps de cuisson : 4 heures
Temps de préparation : 20 minutes
Attention requise : minimum
Mijoteuse : 4-6 l (16-24 tasses)
4 portions

60 ml (¼ tasse) de beurre
60 ml (¼ tasse) de jus de citron
60 ml (¼ tasse) de persil, ciselé
625 g (1 ¼ lb) de filet de sole
240 ml (1 tasse) de raisins rouges sans pépins

Régler la mijoteuse à intensité élevée. Dans la mijoteuse, faire fondre le beurre, puis incorporer le jus de citron et le persil. Ajouter les filets de sole. Couvrir et cuire à faible intensité pendant 3 heures. Ajouter les raisins. Couvrir et poursuivre la cuisson à faible intensité pendant 1 heure.

Préserver le goût léger de ce plat en l'accompagnant du Chou rouge aux pommes (page 235).

CHAPITRE 17

Plats populaires
pour les repas-partage

Succotash moelleux

Temps de cuisson : 8 à 10 heures
Temps de préparation : 30 minutes
Attention requise : minimum
Mijoteuse : 3-6 l (12-24 tasses)
6 portions

750 g (1 ½ lb) de courge poivrée
2 piments jalapenos
1 poivron jaune de grosseur moyenne
15 ml (1 c. à soupe) d'huile d'olive
5 ml (1 c. à thé) de graines de cumin
5 ml (1 c. à thé) de sel de table
240 ml (1 tasse) d'eau
30 ml (2 c. à soupe) de pâte de tomates
480 ml (2 tasses) de haricots de Lima précuits

5 ml (1 c. à thé) de flocons de piment rouge
2 oignons jaunes de grosseur moyenne
480 ml (2 tasses) de maïs en grains frais
60 ml (¼ tasse) de coriandre fraîche, finement hachée
4 gousses d'ail

1. Peler et couper la courge poivrée en cubes de 2,5 cm (1 po). Peler et hacher finement l'ail avec un couteau de cuisine bien affûté. Peler et hacher les oignons en morceaux de 5 mm (¼ po). Enlever les tiges et les graines des jalapenos et du poivron jaune, puis les couper en morceaux de 5 mm (¼ po). Hacher finement la coriandre fraîche avec un couteau de cuisine bien affûté.

2. Dans la mijoteuse, mélanger tous les ingrédients, sauf les haricots de Lima et la coriandre. Couvrir et cuire à faible intensité pendant 7 à 9 heures. Ajouter la coriandre fraîche et les haricots de Lima, puis remuer doucement. Poursuivre la cuisson à découvert à faible intensité pendant 1 heure.

Servir avec un choix de légumes marinés.

Surveillez les détériorations

Avant d'utiliser la mijoteuse, inspectez le récipient en grès et le couvercle pour détecter les craquelures et les éraflures profondes. Puisque le grès est poreux, les craquelures et les éraflures peuvent abriter des bactéries nocives.

Rif pilaf aux amandes

Temps de cuisson : 6 à 8 heures
Temps de préparation : 15 minutes
Attention requise : minimum
Mijoteuse : 3-8 l (12-32 tasses)
4 portions

240 ml (1 tasse) de riz étuvé cru
120 ml (½ tasse) d'amandes effilées
240 ml (1 tasse) de champignons frais
480 ml (2 tasses) de bouillon de
  légumes

1 oignon jaune de grosseur moyenne
240 ml (1 tasse) de petits pois en
  conserve, ou congelés
30 ml (2 c. à soupe) de beurre

Peler et hacher finement l'oignon. Laver les champignons en les essuyant avec un linge humide, puis les émincer. Mélanger tous les ingrédients dans la mijoteuse. Couvrir et cuire à faible intensité pendant 6 à 8 heures.

Ce plat accompagne à merveille des sandwiches chauds.

Barres à sept étages d'Emma

Temps de cuisson : 2 à 3 heures
Temps de préparation : 10 minutes
Attention requise : minimum
Mijoteuse : 3-6 l (12-24 tasses)
12 portions

60 ml (¼ tasse) de beurre, fondu
120 ml (½ tasse) de noix de coco, râpée
120 ml (½ tasse) de noix, hachées
120 ml (½ tasse) de lait concentré sucré
120 ml (½ tasse) de pépites de chocolat

120 ml (½ tasse) de miettes de biscuits
  Graham
120 ml (½ tasse) de grains de caramel
  écossais

À l'aide d'un essuie-tout enduit de shortening, graisser l'intérieur d'une boîte de café de 1 kg (2 lb). En suivant l'ordre de la liste, mettre tous les ingrédients dans la boîte de café, sans mélanger, puis déposer la boîte dans la mijoteuse. Couvrir et cuire à intensité élevée pendant 2 à 3 heures. Laisser refroidir avant d'enlever les barres de la boîte de café.

Utiliser des pacanes au lieu des noix.

Boulettes de viande surprises du chef

Temps de cuisson : 4 heures
Temps de préparation : 45 minutes
Attention requise : moyenne
Mijoteuse : 4-6 l (16-24 tasses)
4 portions

1 gros oignon jaune
1 poivron vert et 1 rouge
2 gousses d'ail
1 œuf
454 g (1 lb) de dinde, hachée
454 g (1 lb) de bœuf, haché
454 g (1 lb) de porc, haché
2 ml (½ c. à thé) de basilic

120 ml (½ tasse) de craquelins salés, émiettés
1 boîte de 170 ml (¾ tasse) de pâte de tomates
5 ml (1 c. à thé) de sel
5 ml (1 c. à thé) de poivre noir moulu
30 ml (2 c. à soupe) d'huile végétale
5 ml (1 c. à thé) d'origan

1. Peler et hacher l'oignon en morceaux de 5 mm (¼ po). Enlever les tiges et les graines des poivrons, puis les hacher en morceaux de 5 mm (¼ po). Peler et écraser chaque gousse d'ail en plaçant la lame d'un large couteau sur le côté et en pressant jusqu'à ce qu'elle éclate. Dans un petit bol, émietter les craquelins avec une cuillère. Dans un autre bol, battre l'œuf avec une fourchette, jusqu'à ce que le blanc et le jaune soient bien mélangés.

2. Dans un bol moyen, mélanger avec vos mains les viandes, l'œuf, la pâte de tomates, l'oignon, le poivron rouge, le poivron vert, l'origan, le basilic, l'ail, le sel, le poivre noir et les craquelins émiettés. Former des boulettes fermes de la grosseur d'une balle de golf. Déposer les boulettes de viande sur une plaque de cuisson et les enfourner pendant 10 minutes à 180 °C (350 °F).

3. Verser l'huile végétale dans la mijoteuse, puis y mettre toutes les boulettes de viande. Cuire à couvert à faible intensité pendant 4 heures.

Pour un repas complet, servir les boulettes de viande sur des nouilles aux œufs fraîches, accompagnées de petits pois.

Ne salez pas trop

Résistez à l'envie de saler. Le sel enlève la saveur et le jus de la viande et des légumes. Pour de meilleurs résultats, laissez les saveurs se libérer naturellement. Les invités pourront saler leur propre plat, s'ils le désirent. Ils en utiliseront d'ailleurs moins que si vous l'ajoutiez pendant la cuisson.

Haricots verts barbecue

Temps de cuisson : 6 à 8 heures
Temps de préparation : 30 minutes
Attention requise : minimum
Mijoteuse : 3-6 l (12-24 tasses)
6 portions

454 g (1 lb) de bacon
60 ml (¼ tasse) d'oignon blanc, haché
2 gousses d'ail
2 grosses tomates
120 ml (½ tasse) de vinaigre blanc
120 ml (½ tasse) de cassonade
15 ml (3 c. à thé) de sauce Worcestershire
3 ml (¾ c. à thé) de sel
1 l (4 tasses) de haricots verts frais

1. Dans une grande poêle, cuire le bacon sur feu moyen-vif jusqu'à ce qu'il soit croustillant. Tiédir le bacon sur des essuie-tout, puis l'émietter en le plaçant entre deux épaisseurs d'essuie-tout et en l'écrasant. Jeter toute la graisse de bacon, sauf 30 ml (2 c. à soupe).

2. Peler et hacher l'oignon en morceaux de 5 mm (¼ po). Peler et émincer l'ail avec un couteau d'office bien affûté. Sauter l'oignon et l'ail dans la graisse de bacon réservée pendant environ 5 minutes, jusqu'à ce que l'oignon soit translucide. Retirer la poêle de la cuisinière.

3. Peler et écraser les tomates avec une grosse cuillère de bois. Enlever la peau des tomates avec un couteau d'office bien affûté, en soulevant doucement la peau et en la détachant. Dans la poêle, ajouter les tomates, le vinaigre, la cassonade, la sauce Worcestershire et le sel et bien remuer.

4. Laver les haricots verts dans l'eau froide, puis couper les extrémités et les jeter. Mettre les haricots verts dans la mijoteuse, et verser le mélange contenu dans la poêle par-dessus. Remuer 2 ou 3 fois avec une cuillère de bois. Cuire à couvert à faible intensité pendant 6 à 8 heures.

Ce plat est excellent pour accompagner un jambon ou un rôti de bœuf braisé.

Soupe aux lentilles et aux saucisses fumées

Temps de cuisson : **7 à 9 heures**
Temps de préparation : **30 minutes**
Attention requise : **minimum**
Mijoteuse : **3-8 l (12-32 tasses)**
8 portions

454 g (1 lb) de saucisses fumées tout bœuf
2 oignons jaunes de grosseur moyenne
3 gousses d'ail
2 carottes de grosseur moyenne
2 branches de céleri
30 ml (2 c. à soupe) d'huile d'olive
2 l (8 tasses) d'eau
480 ml (2 tasses) de lentilles, rincées et égouttées
1 feuille de laurier
5 ml (1 c. à thé) de sel
2 ml (½ c. à thé) de poivre noir moulu
30 ml (2 c. à soupe) de vinaigre de cidre

1. Couper les saucisses fumées en tronçons de 2,5 cm (1 po). Peler et hacher l'oignon en morceaux de 5 mm (¼ po). Peler et hacher finement l'ail avec un couteau de cuisine bien affûté. Peler les carottes, puis hacher les carottes et le céleri en morceaux de 5 mm (¼ po).
2. Dans une poêle moyenne, faire chauffer l'huile d'olive sur feu moyen. Sauter les oignons, l'ail, les carottes et le céleri, jusqu'à ce que l'oignon soit tendre et transparent. Éliminer la graisse, puis transférer les légumes dans la mijoteuse. Ajouter l'eau, les lentilles, la feuille de laurier, le sel, le poivre, le vinaigre de cidre et les tronçons de saucisse fumée. Couvrir et cuire à faible intensité pendant 7 à 9 heures.

Pour un goût plus prononcé, remplacer la saucisse fumée par de la saucisse de Pologne ou kielbassa.

Sandwiches au bœuf à l'italienne

Temps de cuisson : 8 à 10 heures
Temps de préparation : 10 minutes
Attention requise : minimum
Mijoteuse : 6 l (24 tasses)
6 portions

5 ml (1 c. à thé) de sel
5 ml (1 c. à thé) de poivre
5 ml (1 c. à thé) d'origan
5 ml (1 c. à thé) de sel d'oignon
5 ml (1 c. à thé) de sel d'ail
5 ml (1 c. à thé) de basilic
240 ml (1 tasse) de vinaigrette italienne
480 ml (2 tasses) d'eau
2,25 kg (5 lb) de rôti de bœuf à braiser

Dans la mijoteuse, mélanger les épices avec la vinaigrette et l'eau, puis y mettre le rôti de bœuf. Couvrir et cuire à faible intensité pendant 8 à 10 heures. Trente minutes avant de servir, enlever le bœuf et l'effilocher en utilisant deux fourchettes pour séparer la viande. Remettre la viande dans le bouillon et bien remuer. Poursuivre la cuisson à couvert à faible intensité pendant 30 minutes.

Couper une baguette en morceaux de 15 cm (6 po) de longueur, puis l'ouvrir et la garnir de viande. Ajouter une tranche de mozzarella sur la viande.

Herbes fraîches

Ajoutez les herbes fraîches seulement durant la dernière heure de cuisson pour préserver leur saveur. Les herbes séchées peuvent être ajoutées en début de cuisson.

Sandwiches au bœuf barbecue à la manière du Texas

Temps de cuisson : 9 heures
Temps de préparation : 15 minutes
Attention requise : minimum
Mijoteuse : 5-6 l (20-24 tasses)
8 portions

1,8 kg (4 lb) de rôti de palette
120 ml (½ tasse) d'eau
480 ml (2 tasses) de ketchup
284 ml (10 oz) de cola
60 ml (¼ tasse) de sauce Worcestershire
30 ml (2 c. à soupe) de moutarde préparée
30 ml (2 c. à soupe) d'assaisonnement liquide à saveur de fumée
1 ml (¼ c. à thé) de tabasco ou d'une autre sauce au piment fort
8 pains à hamburger

1. Mettre le rôti et l'eau dans la mijoteuse, puis cuire à couvert à intensité élevée pendant 8 heures, ou jusqu'à ce qu'il soit tendre.
2. Enlever le rôti, puis effilocher la viande en éliminant le gras. Remettre les lambeaux de viande dans la mijoteuse, puis ajouter le ketchup, le cola, la sauce Worcestershire, la moutarde, l'assaisonnement liquide à saveur de fumée et la sauce épicée. Cuire à couvert à intensité élevée pendant 1 heure. Servir à la louche sur des pains à hamburger.

Pour un authentique repas-partage américain, servir avec des croustilles et des haricots cuits au four !

Catégories de viande

Plus la catégorie de la viande est élevée, plus celle-ci est marbrée de gras. Pour une solution de rechange santé, utilisez une catégorie inférieure de viande et cuisez-la à la mijoteuse pour l'attendrir. Les catégories AA et A contiennent moins de gras que la catégorie AAA.

Jambon barbecue

Temps de cuisson : 1 à 2 heures
Temps de préparation : 15 minutes
Attention requise : minimum
Mijoteuse : 4-6 l (16-24 tasses)
8 portions

1 kg (2 lb) de jambon, haché
1 bouteille de sauce chili
120 ml (½ tasse) de ketchup
120 ml (½ tasse) d'eau
60 ml (¼ tasse) de sirop de maïs blanc
8 petits pains longs de blé entier

1. Mélanger tous les ingrédients dans la mijoteuse. Cuire à couvert à faible intensité pendant 1 à 2 heures, en remuant de temps en temps.
2. Servir sur des petits pains de blé entier.

Restes de jambon

Le jambon en tranches est l'ingrédient parfait pour improviser un repas. Coupez la viande en cubes, puis mélangez-la à des haricots pour faire une soupe, ou coupez-la en quartiers et faites-la cuire avec des pommes de terre, des carottes et de l'oignon pour faire un « simili » rôti de jambon.

Punch du temps des Fêtes

Temps de cuisson : 1 heure
Temps de préparation : 15 minutes
Attention requise : minimum
Mijoteuse : 3-6 l (12-24 tasses)
4 portions

½ orange de grosseur moyenne
1 l (4 tasses) de jus de pomme
1 l (4 tasses) de cocktail aux canneberges
240 ml (1 tasse) de cassonade
4 bâtons de cannelle
4 clous de girofle entiers

Peler et couper l'orange en tranches de 5 mm (¼ po) d'épaisseur. Dans la mijoteuse, verser le jus de pomme, le cocktail aux canneberges et la cassonade. Cuire à faible intensité, en remuant de temps en temps, jusqu'à ce que la cassonade soit dissoute. Ajouter les bâtons de cannelle et les clous de girofle. Cuire à couvert à faible intensité pendant 1 heure. Juste avant l'arrivée des invités, ajouter les tranches d'orange.

Utiliser une louche pour laisser les invités se servir du punch eux-mêmes.

Mijoteuses et Crock-Pot®

Une mijoteuse désigne tout appareil conçu pour cuire les aliments à basse température pendant de nombreuses heures. La mijoteuse de marque Crock-Pot® est un appareil fabriqué par la compagnie Rival.

Cigares au chou

Temps de cuisson : 8 à 9 heures
Temps de préparation : 30 minutes
Attention requise : minimum
Mijoteuse : 3-6 l (12-24 tasses)
12 portions

12 grosses feuilles de chou
454 g (1 lb) de bœuf haché maigre
120 ml (½ tasse) de riz blanc cuit
2 ml (½ c. à thé) de sel
0,5 ml (⅛ c. à thé) de poivre noir moulu
1 ml (¼ c. à thé) de thym
1 ml (¼ c. à thé) de muscade
1 ml (¼ c. à thé) de cannelle
1 boîte de 170 ml (¾ tasse) de pâte de tomates
180 ml (¾ tasse) d'eau

1. Laver les feuilles de chou. Dans une casserole, faire bouillir 1 l (4 tasses) d'eau sur la cuisinière. Éteindre le feu, puis faire tremper les feuilles dans l'eau pendant 5 minutes. Enlever les feuilles, égoutter et laisser tiédir.
2. Mélanger le bœuf haché, le riz, le sel, le poivre, le thym, la muscade et la cannelle. Mettre 30 ml (2 c. à soupe) du mélange de viande sur chaque feuille et rouler serré. Empiler les cigares dans la mijoteuse. Mélanger la pâte de tomates et l'eau, puis le verser sur les cigares au chou. Cuire à couvert à faible intensité pendant 8 à 9 heures.

Servir avec un choix de légumes marinés et de fromages à pâte dure.

Temps de cuisson : 6 à 8 heures
Temps de préparation : 15 minutes
Attention requise : minimum
Mijoteuse : 3-6 l (12-24 tasses)

Casserole de pâtes et de thon gagnante 8 portions

480 ml (2 tasses) de thon conservé dans l'eau
3 œufs durs
2 branches de céleri
1 oignon jaune de grosseur moyenne
240 ml (1 tasse) de macédoine de légumes congelés
480 ml (2 tasses) de nouilles aux œufs cuites
360 ml (1 ½ tasse) de croustilles émiettées
1 boîte de 305 ml (1 ¼ tasse) de crème de champignons concentrée
1 boîte de 305 ml (1 ¼ tasse) de crème de céleri concentrée

1. Égoutter le thon. Hacher les œufs durs et le céleri en morceaux de 5 mm (¼ po). Peler et hacher l'oignon en dés de 5 mm (¼ po). Décongeler les légumes pendant la nuit au réfrigérateur, ou dégeler au four à micro-ondes. Faire cuire d'avance les nouilles aux œufs dans l'eau bouillante. Écraser les croustilles pendant qu'elles se trouvent encore dans le sac.

2. Mélanger tous les ingrédients, puis les mettre dans la mijoteuse, sauf 120 ml (½ tasse) de croustilles. Parsemer du reste des croustilles. Couvrir et cuire à faible intensité pendant 6 à 8 heures.

Servir avec le Pain blanc parsemé de graines (page 90).

CHAPITRE 18
Gros appétits

Côtes levées de porc style du Sud

Temps de cuisson : 6 à 9 heures
Temps de préparation : 20 minutes
Attention requise : moyenne
Mijoteuse : 4-8 l (16-32 tasses)
4 portions

1 kg (2 lb) de côtes levées de porc
1 oignon jaune de grosseur moyenne
60 ml (¼ tasse) de poivron vert frais, haché
240 ml (1 tasse) de café infusé
240 ml (1 tasse) de ketchup
120 ml (½ tasse) de sucre
120 ml (½ tasse) de sauce Worcestershire
60 ml (¼ tasse) de vinaigre blanc
1 ml (¼ c. à thé) de poivre noir moulu
1 ml (¼ c. à thé) de sel d'ail

1. Couper les côtes en sections pour qu'elles entrent facilement dans la mijoteuse. Couvrir et cuire les côtes à faible intensité pendant 4 à 5 heures.
2. Couper l'oignon et le poivron vert en morceaux de la grosseur d'une pièce de dix cents. Mélanger le café, le ketchup, le sucre, la sauce Worcestershire, le vinaigre, le poivre noir, le sel d'ail, l'oignon et le poivron vert. Remuer jusqu'à ce que les ingrédients soient bien mélangés. Verser le mélange sur les côtes et poursuivre la cuisson à couvert à faible intensité pendant 2 à 4 heures.

Le Pain de maïs cylindrique (page 82) est un excellent choix d'accompagnement.

Quantité de côtes levées par portion

Dans les viandes rouges, les côtes levées sont les coupes qui contiennent le moins de viande. La règle est d'acheter 454 g (1 lb) par personne. Si vous achetez la longe partie des côtes, ou des côtes de longe, vous pouvez acheter environ 350 g (¾ lb) par personne.

Canard rôti farci à la choucroute

Temps de cuisson : jour 1, 6 heures ; jour 2, 8 heures
Temps de préparation : 30 minutes
Attention requise : minimum
Mijoteuse : 6-8 l (24-32 tasses)
6 portions

1 canard domestique
240 ml (1 tasse) de vinaigre
1 ml (¼ c. à thé) de sel
1 pincée de poivre
2 pommes
1 oignon jaune de grosseur moyenne
1 l (4 tasses) de choucroute
454 g (1 lb) de côtes levées de porc

1. Nettoyer et laver le canard, puis le mettre dans une grande marmite. Recouvrir d'eau et ajouter le vinaigre. Faire tremper pendant 3 heures. Retirer le canard du liquide et l'éponger. Saler et poivrer, puis réfrigérer à couvert toute la nuit.

2. Pendant que le canard trempe, étrogner et hacher les pommes, ainsi que les oignons, en morceaux de 1,5 cm (½ po). Dans la mijoteuse, mélanger les pommes, l'oignon, la choucroute et les côtes levées. Cuire pendant 6 heures, ou jusqu'à ce que la viande se détache de l'os. Jeter les os, puis réfrigérer la mixture dans la mijoteuse. Le jour suivant, farcir le canard avec cette mixture de choucroute et de côtes levées. Mettre le canard farci dans la mijoteuse et cuire à faible intensité pendant 8 heures, ou jusqu'à ce qu'il soit doré et tendre.

Servir avec le Riz sauvage à la manière du Minnesota (page 292).

La mijoteuse en altitude

Puisque le point d'ébullition s'atteint plus difficilement en altitude, vous voudrez probablement faire cuire la plupart de vos plats à intensité élevée pour vous assurer qu'ils deviennent assez chauds. Vous pouvez facilement tester la mijoteuse en faisant chauffer de l'eau et en vérifiant la température avec un thermomètre.

Jarrets de porc et haricots

Temps de cuisson : 6 à 8 heures
Temps de préparation : 15 minutes
Attention requise : minimum
Mijoteuse : 3-6 l (12-24 tasses)
4 portions

480 ml (2 tasses) de haricots pintos, rincés
3 jarrets de porc fumés
1 l (4 tasses) d'eau
1 feuille de laurier
2 ml (½ c. à thé) de poivre noir moulu

Mélanger tous les ingrédients dans la mijoteuse. Couvrir et cuire à intensité élevée pendant 6 à 8 heures. Retirer les jarrets, puis séparer la viande des os. Jeter les os. Remettre la viande dans la mijoteuse et bien remuer. Avant de servir, enlever la feuille de laurier.

Les jarrets de porc fumés étant plutôt salés, il vaut mieux éviter de rajouter du sel à ce plat avant de servir.

À propos des haricots en conserve

N'oubliez pas que les haricots en conserve sont déjà cuits. Si vous les utilisez dans une recette qui demande des haricots secs, réduisez l'eau de 1 l (4 tasses) par 240 ml (1 tasse) de haricots. Vous pouvez également réduire le temps de cuisson de moitié.

Rôti de bœuf doux en sauce

Temps de cuisson : 10 à 11 heures
Temps de préparation : 30 minutes
Attention requise : minimum
Mijoteuse : 4-6 l (16-24 tasses)
6 portions

1,5 kg (3 lb) de rôti de palette
5 ml (1 c. à thé) d'huile végétale
1 gros oignon blanc
1 boîte de 305 ml (1 ¼ tasse) de crème de champignons concentrée
120 ml (½ tasse) d'eau
60 ml (¼ tasse) de sucre
60 ml (¼ tasse) de vinaigre
10 ml (2 c. à thé) de sel de table
5 ml (1 c. à thé) de moutarde préparée jaune
5 ml (1 c à thé) de sauce Worcestershire

1. Dans une poêle, faire chauffer l'huile sur feu moyen-vif, puis cuire le rôti de bœuf, jusqu'à ce qu'il obtienne une coloration brune. Retourner le rôti pour le dorer des deux côtés. Transférer le rôti dans la mijoteuse.
2. Hacher l'oignon en morceaux de 5 mm (¼ po). Dans un bol moyen, mélanger avec soin l'oignon et le reste des ingrédients, puis verser le tout sur le rôti de bœuf. Couvrir et cuire à faible intensité pendant 10 à 11 heures.

Servir avec du Pain brun copieux (page 91).

Manipulation sécuritaire des viandes

Pour prévenir la prolifération bactérienne, dégelez et saisissez les grosses coupes de viande avant de les mettre dans la mijoteuse. Cela permet d'atteindre plus rapidement une zone de température chaude apte à tuer les bactéries.

Soupe au bœuf avec boulettes de pâte

Temps de cuisson : 8 à 9 heures
Temps de préparation : 15 minutes
Attention requise : moyenne
Mijoteuse : 3-6 l (12-24 tasses)
6 portions

454 g (1 lb) de bifteck maigre
1 sachet de préparation pour soupe à l'oignon déshydratée
1,5 l (6 tasses) d'eau chaude
2 carottes
1 branche de céleri
1 tomate
15 ml (1 c. à soupe) de persil frais, ciselé
240 ml (1 tasse) de mélange à pâte conditionné (Bisquick)
90 ml (6 c. à soupe) de lait

1. Couper le bifteck en morceaux de 2,5 cm (1 po), puis le saupoudrer de préparation pour soupe à l'oignon. Mettre la viande au fond de la mijoteuse et ajouter l'eau chaude. Peler les carottes avec un économe, puis les râper. Hacher le céleri. Peler et hacher les tomates en morceaux de 5 mm (¼ po). Ajouter les légumes dans la mijoteuse. Couvrir et cuire à intensité élevée pendant 8 à 9 heures.

2. Ciseler finement le persil. Dans un petit bol, combiner le mélange à pâte avec le persil. Ajouter le lait, en remuant, jusqu'à ce que le mélange à pâte soit humecté. Environ 30 minutes avant de servir, verser le mélange par cuillerée comble sur la soupe. Couvrir et continuer la cuisson à intensité élevée pendant 30 minutes.

Pour un délicieux repas automnal, servir avec le Croquant aux cerises (page 276).

Porc et haricots barbecue

Temps de cuisson : 4 à 6 heures
Temps de préparation : 20 minutes
Attention requise : minimum
Mijoteuse : 3-6 l (12-24 tasses)
4 portions

30 ml (2 c. à soupe) d'oignon jaune, haché
480 ml (2 tasses) de haricots en conserve ou fraîchement cuits
4 côtelettes de porc maigres
120 ml (½ tasse) de moutarde préparée
120 ml (½ tasse) de ketchup
60 ml (¼ tasse) de jus de citron
60 ml (¼ tasse) de sucre

1. Avec un couteau moyen, hacher l'oignon en morceaux de la grosseur d'une pièce de dix cents. Mélanger l'oignon aux haricots, puis les verser au fond de la mijoteuse.
2. À l'aide d'un couteau à tartiner, étaler la moutarde et le ketchup sur les deux côtés des côtelettes de porc. Asperger ensuite chacun des côtés de jus de citron, puis les saupoudrer de sucre. Mettre les côtelettes de porc sur les haricots. Si possible, ne pas les empiler. Cuire à faible intensité pendant 4 à 6 heures.

Pour un repas complet, servir avec du brocoli cuit à la vapeur et des pommes de terre au four.

Cuisson des haricots secs

Au lieu de les faire tremper toute la nuit, faites-les cuire dans la mijoteuse à faible intensité toute la nuit. Ajoutez un peu d'oignon, de l'ail, du sel et du poivre, et vous obtiendrez un délice prêt à déguster. Vous pouvez également congeler les haricots cuits pour les utiliser plus tard dans une autre recette.

Saucisses, haricots rouges et riz

Temps de cuisson : 6 à 8 heures
Temps de préparation : 30 minutes
Attention requise : moyenne
Mijoteuse : 3-6 l (12-24 tasses)
8 portions

454 g (1 lb) de haricots rouges secs
1,5 l (6 tasses) d'eau
1 os de jambon avec viande
2 gros oignons jaunes
1 poivron vert
2 branches de céleri
60 ml (¼ tasse) de persil frais, ciselé
2 gousses d'ail
5 ml (1 c. à thé) de sel de table
2 ml (½ c. à thé) de poivre noir moulu
1 ml (¼ c. à thé) de sucre
1 feuille de laurier
1 kg (2 lb) de saucisse fumée, en tronçons
2 l (8 tasses) de riz blanc à grains longs cuit

1. Faire tremper les haricots dans l'eau toute la nuit. Égoutter et rincer les haricots. Enlever le gras de l'os de jambon. Peler et couper les oignons en morceaux de 5 mm (¼ po). Épépiner et couper le poivron vert en morceaux de 5 mm (¼ po). Couper le céleri en morceaux de 5 mm (¼ po). Ciseler le persil en morceaux de 5 mm (¼ po). Peler et émincer l'ail avec un couteau de cuisine bien affûté.

2. Dans la mijoteuse, mettre les haricots, l'os de jambon, les oignons, le poivron vert, le céleri, l'ail, le sel, le poivre, le sucre et la feuille de laurier. Cuire à couvert à faible intensité pendant 3 à 4 heures.

3. Couper les saucisses en tronçons de 1,5 cm (½ po). Dans une poêle moyenne, dorer les morceaux de saucisse sur feu moyen-vif. Cuire jusqu'à ce que la saucisse soit croustillante. Éliminer la graisse, puis mettre les morceaux de saucisse sur des essuie-tout pour qu'ils absorbent l'excédent de graisse. Ajouter les saucisses dans la mijoteuse. Poursuivre la cuisson à couvert à faible intensité pendant 3 à 4 heures.

4. Juste avant de servir, enlever la feuille de laurier et ajouter le persil. Servir sur du riz.

Bœuf Stroganov
facile à préparer

Temps de cuisson : 6 heures
Temps de préparation : 20 minutes
Attention requise : moyenne
Mijoteuse : 3-6 l (12-24 tasses)
4 portions

1 kg (2 lb) de bifteck de ronde
1 gousse d'ail
60 ml (¼ tasse) de farine
2 ml (½ c. à thé) de poivre noir moulu
2 ml (½ c. à thé) de sel de table
1 petit oignon jaune
240 ml (1 tasse) de champignons frais, en tranches
45 ml (3 c. à soupe) de beurre
15 ml (1 c. à soupe) de sauce soja
120 ml (½ tasse) de lait entier
240 ml (1 tasse) d'eau
2 cubes de bouillon de bœuf
1 paquet de 227 g (8 oz) de fromage à la crème

1. Couper le bifteck en cubes de 2,5 cm (1 po). Peler et hacher finement l'ail avec un couteau d'office bien affûté. Mélanger le bifteck avec la farine, le poivre, le sel et l'ail. Peler et hacher l'oignon en morceaux de 5 mm (¼ po). Laver les champignons en les essuyant avec un linge humide, puis les émincer.

2. Dans la mijoteuse, mettre tous les ingrédients, sauf le fromage à la crème. Couvrir et cuire à faible intensité pendant 6 heures, en remuant de temps en temps. Environ une demi-heure avant de servir, couper le fromage à la crème en cubes de 2,5 cm (1 po), puis l'incorporer aux ingrédients dans la mijoteuse. Continuer à remuer jusqu'à ce qu'il soit fondu.

Ce plat est excellent servi sur de larges nouilles aux œufs. Saupoudrer de persil et déguster avec un vin rouge robuste.

Casserole au bœuf haché et au riz

Temps de cuisson : 6 à 8 heures
Temps de préparation : 20 minutes
Attention requise : minimum
Mijoteuse : 3-6 l (12-24 tasses)
4 portions

1 oignon jaune de grosseur moyenne
1 poivron vert de grosseur moyenne
1 gousse d'ail
4 tomates de grosseur moyenne
454 g (1 lb) de bœuf haché maigre
240 ml (1 tasse) de riz à grains moyens non cuit
1 boîte de 227 ml (1 tasse) de sauce tomate
5 ml (1 c. à thé) de sauce Worcestershire
2 ml (½ c. à thé) de basilic séché, émietté
360 ml (1 ½ tasse) d'eau
5 ml (1 c. à thé) de sel de table

1. Peler et trancher l'oignon en rondelles. Enlever la tige et les graines du poivron vert, puis le couper en morceaux de 5 mm (¼ po). Peler et hacher finement l'ail avec un couteau d'office bien affûté. Couper les tomates en quartiers.

2. Dans une poêle, mélanger le bœuf, l'oignon, le poivron et l'ail. Cuire sur feu moyen-vif, en remuant constamment, jusqu'à ce que la viande soit dorée. Éliminer la graisse, puis verser la viande et les légumes dans la mijoteuse. Ajouter le riz, les tomates, la sauce tomate, la sauce Worcestershire, le basilic, l'eau et le sel, et bien remuer. Couvrir et cuire à faible intensité pendant 6 à 8 heures.

Servir avec un mélange de légumes composé de brocoli, de chou-fleur et de carotte et arrosé de miel.

Haricots au lard du Nord-Ouest

Temps de cuisson : 6 à 8 heures
Temps de préparation : 20 minutes
Attention requise : minimum
Mijoteuse : 3-6 l (12-24 tasses)
8 portions

454 g (1 lb) de bœuf haché
350 g (¾ lb) de bacon
1 gros oignon blanc
240 ml (1 tasse) de ketchup
60 ml (¼ tasse) de cassonade
2 ml (½ c. à thé) de poivre noir moulu
5 ml (1 c. à thé) d'assaisonnement à la fumée de noyer
1 boîte de 455 ml (2 tasses) de fèves au lard
1 boîte de 455 ml (2 tasses) de haricots de Lima
1 boîte de 455 ml (2 tasses) de haricots jaunes
1 boîte de 455 ml (2 tasses) de haricots rouges

Dans une poêle moyenne, dorer le bœuf haché sur feu moyen-vif. Éliminer la graisse, puis verser la viande dans la mijoteuse. Faire frire le bacon dans une poêle moyenne sur feu moyen-vif. Éliminer la graisse et laisser tiédir le bacon sur des essuie-tout. Émietter le bacon, puis le verser dans la mijoteuse. Peler et hacher l'oignon en morceaux de 5 mm (¼ po). Dans la mijoteuse, ajouter ensuite l'oignon, le ketchup, la cassonade, le poivre, l'assaisonnement à la fumée de noyer et tous les haricots, avec leur liquide. Bien remuer. Cuire à couvert à faible intensité pendant 6 à 8 heures.

Pour savourer ce merveilleux jus, servir avec du Pain brun copieux (page 91).

Lasagne facile à préparer de tante Mary

Temps de cuisson : 5 heures
Temps de préparation : 20 minutes
Attention requise : minimum
Mijoteuse : 3-6 l (12-24 tasses)
8 portions

454 g (1 lb) de bœuf haché maigre
5 ml (1 c. à thé) de fines herbes à l'italienne
240 ml (1 tasse) de champignons frais, en tranches
15 ml (1 c. à soupe) de shortening, pour graisser
8 feuilles de lasagne, non cuites
1 pot de 796 ml (3 ½ tasses) de sauce à spaghetti
80 ml (⅓ tasse) d'eau
480 ml (2 tasses) de ricotta
480 ml (2 tasses) de mozzarella, râpée

1. Dans une poêle moyenne, dorer le bœuf haché sur feu moyen-vif, jusqu'à ce qu'il perde sa coloration rosée. Incorporer les fines herbes à l'italienne. Éliminer la graisse. Laver les champignons en les essuyant avec un linge humide, puis les émincer.
2. À l'aide d'un essuie-tout enduit de shortening, graisser l'intérieur de la mijoteuse. Casser les lasagnes et en mettre la moitié au fond de la mijoteuse. Étendre la moitié du bœuf haché sur le dessus, puis ajouter la moitié de la sauce, de l'eau, des champignons, de la ricotta et de la mozzarella. Répéter les couches.
3. Couvrir et cuire à faible intensité pendant 5 heures.

Servir avec une salade verte fraîche arrosée d'une vinaigrette italienne.

Fromage à tartiner au bœuf

Temps de cuisson : 2 à 3 heures
Temps de préparation : 10 minutes
Attention requise : minimum
Mijoteuse : 1-3 l (4-12 tasses)
8 portions

3 oignons verts
85 g (3 oz) de bœuf séché
227 g (8 oz) de fromage à la crème
120 ml (½ tasse) de lait entier
5 ml (1 c. à thé) de moutarde séchée

1. Enlever les racines et la première pelure des oignons verts, puis les hacher en morceaux de 5 mm (¼ po), y compris les tiges. Hacher le bœuf séché en morceaux de 5 mm (¼ po). Couper le fromage à la crème en cubes de 1,5 cm (½ po).

2. Dans la mijoteuse, mettre le fromage à la crème et le lait. Couvrir et cuire à faible intensité pendant 1 à 2 heures, jusqu'à ce que le fromage soit complètement fondu. Ajouter la moutarde, les oignons verts et le bœuf séché et bien mélanger. Couvrir et continuer la cuisson à faible intensité pendant 1 heure.

Servir comme pâte à tartiner sur des sandwiches, ou comme trempette avec du pain au levain.

Laissez fonctionner l'appareil !

Ne laissez jamais d'aliments dans la mijoteuse lorsqu'elle n'est pas allumée. Toute température inférieure à l'intensité la plus faible de la mijoteuse permettrait aux bactéries dangereuses de se multiplier.

CHAPITRE 19
Tentations estivales

Risotto aux légumes d'été frais

Temps de cuisson : 8 à 9 heures
Temps de préparation : 20 minutes
Attention requise : moyenne
Mijoteuse : 3-6 l (12-24 tasses)
8 portions

15 ml (1 c. à soupe) de beurre
1 gros oignon blanc
240 ml (1 tasse) de courgette fraîche, en cubes
80 ml (⅓ tasse) de persil frais, ciselé
240 ml (1 tasse) de riz blanc non cuit
1 l (4 tasses) de bouillon de poulet
240 ml (1 tasse) de haricots verts frais ou congelés
240 ml (1 tasse) de pois mange-tout frais ou congelés
2 ml (½ c. à thé) de sel de table
1 ml (¼ c. à thé) de poivre noir moulu

1. Peler et hacher l'oignon en morceaux de 5 mm (¼ po). Dans une petite poêle, faire fondre le beurre sur feu moyen-vif, puis sauter l'oignon pendant 3 à 5 minutes, jusqu'à ce qu'il soit transparent. Égoutter.

2. Couper la courgette en cubes de 2,5 cm (1 po). Ciseler le persil en morceaux de 5 mm (¼ po). Dans la mijoteuse, mettre l'oignon, la courgette, le riz blanc non cuit, le bouillon de poulet, les haricots verts, le sel et le poivre et bien mélanger. Cuire à couvert à faible intensité pendant 7 à 8 heures, ou jusqu'à ce que le riz soit tendre. Ajouter les pois mange-tout et poursuivre la cuisson pendant 1 à 2 heures.

3. Ajouter le persil et bien remuer. Cuire à découvert pendant 15 à 30 minutes.

Servir avec un choix de craquelins et de fromages fins.

Choux de Bruxelles à l'orange

Temps de cuisson : 2 heures
Temps de préparation : 15 minutes
Attention requise : moyenne
Mijoteuse : 2-4 l (8-16 tasses)
4 portions

300 ml (1 ¼ tasse) de jus d'orange fraîchement pressé
1 l (4 tasses) de choux de Bruxelles frais
2 ml (½ c. à thé) de fécule de maïs
1 ml (¼ c. à thé) de cannelle moulu

Presser 6 à 8 oranges pour obtenir 300 ml (1 ¼ tasse) de jus (les oranges mûres donnent plus de jus). Dans la mijoteuse, mélanger les choux de Bruxelles, le jus, la fécule de maïs et la cannelle. Couvrir et cuire à faible intensité pendant 1 heure. Découvrir et poursuivre la cuisson à faible intensité pendant 1 heure, jusqu'à ce que la sauce épaississe et que les choux de Bruxelles soient tendres.

Servir comme plat d'accompagnement avec les Bouts de bœuf pétillants (page 117).

Utilisation des légumes congelés

Si vous utilisez des légumes congelés, dégelez-les pendant la nuit au réfrigérateur ou quelques minutes au four à micro-ondes, avant de les ajouter dans la mijoteuse. Cela préviendra la prolifération bactérienne étant donné que la nourriture se réchauffe.

Haricots verts glacés au miel et au citron

Temps de cuisson : 1 heure
Temps de préparation : 25 minutes
Attention requise : minimum
Mijoteuse : 3-6 l (12-24 tasses)
4 à 6 portions

½ citron
30 ml (2 c. à soupe) de beurre
45 ml (3 c. à soupe) de miel
5 ml (1 c. à thé) de vinaigre de cidre
2 ml (½ c. à thé) de sel
1 pomme acidulée
5 ml (1 c. à thé) de fécule de maïs
15 ml (1 c. à soupe) d'eau
720 ml (3 tasses) de haricots verts frais
1 oignon jaune de grosseur moyenne

1. Trancher le citron en tranches n'excédant pas 3 mm (⅛ po) d'épaisseur. Mélanger le beurre, le miel, le vinaigre, le sel et les tranches de citron. Faire bouillir, en remuant continuellement, pendant 5 minutes.
2. Étrogner et couper la pomme en dés d'environ 5 mm (¼ po) sans la peler. Ajouter la pomme au mélange de citron, puis cuire sur feu moyen pendant environ 5 minutes.
3. Mélanger la fécule de maïs et l'eau pour obtenir une pâte légère, puis l'incorporer à la mixture de pomme et de citron. Porter à ébullition et cuire sur feu doux pendant environ 3 minutes.
4. Couper et jeter les extrémités des haricots verts, puis bien les laver dans l'eau froide. Peler et trancher l'oignon en rondelles de 5 mm (¼ po) d'épaisseur. Dans la mijoteuse, mettre les haricots verts et l'oignon, puis verser le mélange de pomme et de citron. Cuire à faible intensité pendant 1 heure.

Même ceux qui n'aiment pas les légumes adoreront ce mélange aigre-doux ! Servir ce plat comme accompagnement avec un bifteck ou des côtelettes de porc grillés.

Potage tchèque à l'ail et aux haricots

Temps de cuisson : 8 à 10 heures
Temps de préparation : 10 minutes
Attention requise : minimum
Mijoteuse : 3-6 l (12-24 tasses)
8 portions

6 gousses d'ail
60 ml (4 c. à soupe) de persil frais, ciselé
45 ml (3 c. à soupe) d'huile d'olive
480 ml (2 tasses) de haricots blancs secs
1 l (4 tasses) de bouillon de bœuf
1 l (4 tasses) d'eau
10 ml (2 c. à thé) de sel de table
5 ml (1 c. à thé) de poivre blanc moulu

1. Peler et hacher finement l'ail avec un couteau d'office bien affûté. Ciseler finement le persil. Dans une poêle moyenne, faire sauter l'ail et le persil dans l'huile d'olive sur feu moyen-vif, jusqu'à ce que l'ail soit légèrement doré sans être dur. Ne pas égoutter l'huile.
2. Mélanger tous les ingrédients dans la mijoteuse. Couvrir et cuire à faible intensité pendant 8 à 10 heures.

Servir avec le Pain à l'aneth estival de grand-mère Margaret (page 89).

Cuisson des haricots

Toute recette de haricots offre deux choix de cuisson. Vous pouvez les faire cuire plus longtemps jusqu'à ce que les haricots se dissolvent, pour obtenir une texture crémeuse ; ou vous pouvez les servir plus tôt dans le processus de cuisson, dès que les haricots sont complètement tendres, pour obtenir un goût distinct à chaque bouchée.

Soupe poulet et gombos au citron

Temps de cuisson : 7 à 9 heures
Temps de préparation : 30 minutes
Attention requise : minimum
Mijoteuse : 3-8 l (12-32 tasses)
8 portions

6 poitrines de poulet
30 ml (2 c. à soupe) de jus de citron
1 gros oignon jaune
3 tomates de grosseur moyenne
480 ml (2 tasses) de gombos frais, en tranches
80 ml (⅓ tasse) de riz à grains longs non cuit
1,5 l (6 tasses) de bouillon de poulet
120 ml (½ tasse) de pâte de tomates
10 ml (2 c. à thé) de sel de table
1 ml (¼ c. à thé) de poivre noir moulu
2 ml (½ c. à thé) de piment de Cayenne
5 ml (1 c. à thé) de curcuma moulu

1. Enlever les os et la peau des poitrines de poulet. Badigeonner le poulet de jus de citron, puis le couper en cubes de 2,5 cm (1 po). Peler et hacher l'oignon en morceaux de 5 mm (¼ po). Peler et couper les tomates en morceaux de 1,5 cm (½ po). Laver et trancher les gombos en rondelles de 5 mm (¼ po) d'épaisseur.
2. Mélanger tous les ingrédients dans la mijoteuse. Couvrir et cuire à faible intensité pendant 7 à 9 heures.

Servir avec des cornichons à l'aneth épicés et un choix de fromages.

Courgettes farcies au riz sauvage

Temps de cuisson : 8 à 9 heures
Temps de préparation : 20 minutes
Attention requise : minimum
Mijoteuse : 4-6 l (16-24 tasses)
4 portions

2 petites courgettes
240 ml (1 tasse) de riz sauvage
1 petit oignon jaune
120 ml (½ tasse) de ciboulette fraîche, ciselée
2 ml (½ c. à thé) de poivre noir moulu
2 ml (½ c. à thé) de sel de table
120 ml (½ tasse) de graines de tournesol, décortiquées, salées et rôties

1. Couper les courgettes en deux dans le sens longitudinal, puis creuser l'intérieur en laissant environ 2 cm (¾ po) de chair sur les côtés. Jeter la chair prélevée.

2. Cuire le riz sauvage selon les instructions inscrites sur l'emballage. Peler et hacher l'oignon en morceaux de 5 mm (¼ po). Ciseler la ciboulette en tronçons de 5 mm (¼ po). Dans un bol moyen, mélanger le riz sauvage, l'oignon, le poivre noir, le sel et la ciboulette. Utiliser ce mélange pour farcir les barquettes de courgette. Parsemer de graines de tournesol. Mettre les courgettes farcies dans la mijoteuse. Couvrir et cuire à faible intensité pendant 8 à 9 heures.

Ce plat accompagne merveilleusement un bifteck ou des côtelettes de porc grillés.

Riz sauvage

Dans plusieurs États américains, le riz sauvage est une culture réservée aux Premières nations. Pour une saveur et une texture supérieures, recherchez des grains de riz brun foncé intacts.

Soupe à l'orge, aux champignons et aux légumes

Temps de cuisson : 3 à 4 heures
Temps de préparation : 45 minutes
Attention requise : minimum
Mijoteuse : 3-6 l (12-24 tasses)
6 portions

480 ml (2 tasses) de champignons frais, en tranches
4 branches de céleri
5 carottes de grosseur moyenne
240 ml (1 tasse) de brocoli frais, en dés
480 ml (2 tasses) d'oignon jaune, haché
25 ml (1 ½ c. à soupe) d'ail, finement haché
45 ml (3 c. à soupe) d'huile d'olive
2 ml (½ c. à thé) de thym moulu
1 feuille de laurier
2 ml (½ c. à thé) d'orge séché
2 l (8 tasses) de bouillon de poulet
5 ml (1 c. à thé) de sel
2 ml (½ c. à thé) de poivre

1. Laver les champignons en les essuyant avec un linge humide, puis les couper en quatre. Bien laver le céleri, les carottes et le brocoli dans l'eau froide, puis les couper en dés de 1,5 cm (½ po). Peler et hacher l'oignon en morceaux de 5 mm (¼ po). Peler et hacher finement l'ail.

2. Dans la mijoteuse, verser l'huile d'olive et ajouter l'oignon. Cuire à intensité élevée pendant 10 minutes. Ajouter l'ail, le thym, la feuille de laurier et les champignons. Cuire à faible intensité pendant environ 20 minutes, en remuant de temps en temps.

3. Ajouter l'orge, le céleri, le brocoli, les carottes et le bouillon. Incorporer, en remuant, le sel et le poivre. Cuire à couvert à faible intensité pendant 3 à 4 heures. Avant de servir, enlever la feuille de laurier.

Pour un agréable mélange de saveurs, servir avec du Pain à la courgette (page 85).

Soupe aux légumes des récoltes

Temps de cuisson : 6 à 8 heures
Temps de préparation : 20 minutes
Attention requise : minimum
Mijoteuse : 3-8 l (12-32 tasses)
8 portions

1 gros oignon
240 ml (1 tasse) de pois frais ou congelés
1 feuille de laurier
2 ml (½ c. à thé) de thym (facultatif)
2 ml (½ c. à thé) de marjolaine (facultatif)
2 ml (½ c. à thé) de sel de table
720 ml (3 tasses) d'eau
720 ml (3 tasses) de tomates fraîches, en morceaux

480 ml (2 tasses) de carottes fraîches, en tranches
480 ml (2 tasses) de courgettes fraîches, en tranches
480 ml (2 tasses) de haricots verts frais
30 ml (⅛ tasse) de poivron rouge frais, en dés
240 ml (1 tasse) de maïs à grains entiers frais, en conserve ou congelés

1. Couper les tomates, les carottes et les courgettes en morceaux de 2,5 cm (1 po). Pincer et jeter les extrémités des haricots verts, puis les couper en tronçons de 2,5 cm (1 po). Peler et hacher l'oignon en morceaux de 5 mm (¼ po). Enlever la tige et les graines du poivron rouge et le couper en morceaux de 5 mm (¼ po). Mélanger tous les ingrédients dans la mijoteuse, sauf les pois. Remuer avec une cuillère de bois, jusqu'à ce que les ingrédients soient bien distribués et enrobés de liquide. Couvrir et cuire à faible intensité pendant 5 à 7 heures. Ajouter les pois et poursuivre la cuisson pendant 1 à 2 heures.
2. Retirer le couvercle 15 minutes avant de servir, et bien remuer. Jeter la feuille de laurier.

Puisque cette soupe ne contient pratiquement aucun gras, elle constitue une excellente entrée pour un repas plus copieux, comme le Rôti de bœuf du Sud-Ouest avec poivrons (page 200).

Précautions à prendre pour congeler soupes

Lorsque vous congelez des soupes, n'oubliez pas que l'eau prend de l'expansion une fois congelée. Laissez 2,5 cm (1 po) d'espace libre dans le récipient, puis fermez-le hermétiquement.

Croquant aux cerises

Temps de cuisson : 3 à 4 heures
Temps de préparation : 10 minutes
Attention requise : minimum
Mijoteuse : 3-6 l (12-24 tasses)
8 portions

80 ml (⅓ tasse) de beurre (ou de margarine) ramolli, divisé
1 kg (2 lb) de cerises fraîches
80 ml (⅓ tasse) d'eau
160 ml (⅔ tasse) de cassonade
120 ml (½ tasse) de flocons d'avoine à cuisson rapide
120 ml (½ tasse) de farine
5 ml (1 c. à thé) de cannelle

1. À l'aide d'un essuie-tout enduit de 2 ml (½ c. à thé) de beurre ou de margarine, graisser légèrement la mijoteuse. Enlever les queues et les noyaux des cerises, puis verser les cerises dans la mijoteuse. Ajouter l'eau.
2. Dans un bol, mélanger la cassonade, les flocons d'avoine, la farine et la cannelle. À l'aide d'une fourchette, couper en petits morceaux le reste du beurre (ou de la margarine) et l'incorporer aux ingrédients, jusqu'à ce que la mixture soit friable. Verser ensuite les miettes sur les cerises. Cuire à découvert à faible intensité pendant 3 à 4 heures.

Ce plat est tout aussi réussi avec des bleuets (myrtilles) ou des framboises.

Fruits en conserve

Si vous remplacez les fruits frais par des fruits en conserve dans une recette, sélectionnez des fruits conservés dans l'eau, et non dans un sirop. Le sirop a tendance à extraire le sucre des fruits quand ils sont en boîte.

Jardinière de légumes au beurre et aux pistaches

Temps de cuisson : 2 à 3 heures
Temps de préparation : 30 minutes
Attention requise : minimum
Mijoteuse : 3-5 l (12-20 tasses)
6 portions

240 ml (1 tasse) de pointes d'asperge fraîche
3 carottes fraîches de grosseur moyenne
240 ml (1 tasse) de haricots verts frais
120 ml (½ tasse) de pistaches, hachées
120 ml (½ tasse) de beurre (ou de margarine), fondu
15 ml (1 c. à soupe) de jus de citron frais
2 ml (½ c. à thé) de marjolaine séchée

Laver et couper les légumes en tronçons de 1,5 cm (½ po). Décortiquer et hacher finement les pistaches avec un couteau d'office bien affûté. Mélanger les légumes et les noix, puis les mettre dans la mijoteuse. Ajouter le beurre, le jus de citron et la marjolaine. Cuire à couvert à faible intensité pendant 2 à 3 heures. Déposer le mélange dans un plat de service et le garnir de pistaches, si désiré.

Cette jardinière est excellente pour accompagner des poitrines de poulet grillées.

Ajouter un peu d'acidité

Utilisez du jus de citron lorsque vous faites cuire des légumes dans la mijoteuse. Asperger les légumes d'un peu de jus leur permet de conserver leur couleur. Le jus de citron ajoute aussi une touche de saveur qui remplace bien le beurre gras.

Choucroute roumaine

Temps de cuisson : 4 heures
Temps de préparation : 30 minutes
Attention requise : minimum
Mijoteuse : 3-5 l (12-20 tasses)
6 portions

1,5 l (6 tasses) de choucroute
6 tomates mûres
1 gros oignon jaune
1 poivron vert
2 gousses d'ail
750 g (1 ½ lb) de saucisse kielbassa

1. Égoutter et rincer la choucroute. Couper les tomates en morceaux de 1,5 cm (½ po). Peler et hacher l'oignon en morceaux de 5 mm (¼ po). Enlever la tige et les graines du poivron vert, puis les couper en morceaux de 5 mm (¼ po). Peler et hacher finement l'ail avec un couteau de cuisine bien affûté. Couper la saucisse kielbassa en morceaux de 2,5 cm (1 po).
2. Mélanger tous les ingrédients dans la mijoteuse. Cuire à couvert à faible intensité pendant 4 heures.

Servir avec un choix de fruits d'été frais.

Salade chaude de pommes de terre style allemand

Temps de cuisson : 5 à 6 heures
Temps de préparation : 30 minutes
Attention requise : minimum
Mijoteuse : 2-4 l (8-16 tasses)
6 portions

4 tranches de bacon
5 ml (1 c. à thé) de sucre
2 ml (½ c. à thé) de sel
2 ml (½ c. à thé) de poivre noir moulu
60 ml (¼ tasse) de vinaigre blanc
60 ml (¼ tasse) d'huile végétale

120 ml (½ tasse) d'oignon, haché
120 ml (½ tasse) de céleri, en tranches
60 ml (¼ tasse) de poivron vert, en dés
2 pommes de terre
60 ml (¼ tasse) de persil frais, ciselé

1. Faire frire le bacon dans une poêle, ou le faire cuire au four à micro-ondes, jusqu'à ce qu'il soit croustillant. Émietter ensuite le bacon en le plaçant dans un essuie-tout et en l'écrasant avec les mains. Peler et hacher l'oignon en morceaux de 5 mm (¼ po). Couper le céleri en tronçons de 5 mm (¼ po). Enlever la tige et les graines du poivron vert, puis le couper en dés de 5 mm (¼ po). Laver et nettoyer les pommes de terre avec soin, sans les peler. Couper des tranches d'environ 5 mm (¼ po) d'épaisseur. Hacher grossièrement le persil.
2. Incorporer tous les ingrédients, en remuant, sauf le persil et le bacon. Cuire à couvert à faible intensité pendant 5 à 6 heures. Ajouter le bacon et le persil avant de servir.

Servir comme plat d'accompagnement avec des grillades de bifteck ou des côtelettes de porc.

Pommes de terres jaunies

Pour prévenir le jaunissement, ajoutez les pommes de terre juste avant d'allumer la mijoteuse. Si vous devez remplir la mijoteuse la veille, étaler les pommes de terre au fond du récipient afin qu'un minimum d'air les atteigne.

Casserole de courgettes fraîches

Temps de cuisson : 6 à 7 heures
Temps de préparation : 20 minutes
Attention requise : minimum
Mijoteuse : 3-6 l (12-24 tasses)
8 portions

480 ml (2 tasses) de courgette, en dés
480 ml (2 tasses) de courge d'été jaune, en dés
1 gros oignon jaune
480 ml (2 tasses) de champignons frais, en tranches
480 ml (2 tasses) de cheddar, en cubes
1 sachet de préparation pour soupe à l'oignon
1 l (4 tasses) de sauce à spaghetti fraîche ou en conserve

1. Sans les peler, laver la courgette et la courge d'été jaune, puis les couper en morceaux de la taille d'une bouchée. Peler et hacher l'oignon en morceaux de 1,5 cm (½ po). Laver les champignons en les essuyant avec un linge humide, puis les émincer avec un couteau d'office bien affûté. Couper le fromage en cubes de 1,5 cm (½ po).

2. Mélanger tous les ingrédients dans la mijoteuse et bien remuer. Cuire à couvert à faible intensité pendant 5 à 6 heures. Retirer le couvercle, remuer, et cuire à découvert à faible intensité pendant 1 heure.

Servir comme plat d'accompagnement avec un rôti de bœuf ou de porc.

Temps de cuisson : 8 heures

Temps de préparation : 30 minutes

Attention requise : minimum

Mijoteuse : 4-6 l (16-24 tasses)

4 portions

Poulet au citron

4 poitrines de poulet

2 ml (½ c. à thé) de sel de table

1 ml (¼ c. à thé) de poivre noir moulu

30 ml (2 c. à soupe) de beurre

60 ml (¼ tasse) de xérès

4 gousses d'ail, finement hachées

5 ml (1 c. à thé) d'origan séché, émietté

60 ml (¼ tasse) de jus de citron

5 ml (1 c. à thé) de zeste de citron, râpé

Rincer les poitrines de poulet ; ne pas enlever les os ni la peau. Saupoudrer le poulet de sel et de poivre. Dans une poêle moyenne, chauffer le beurre, puis faire dorer le poulet. Avec des pinces ou une cuillère à égoutter, transférer le poulet dans la mijoteuse. Dans la poêle, ajouter le xérès en remuant et en raclant le fond pour en détacher les particules (déglacer). Verser ensuite le xérès sur le poulet dans la mijoteuse. Parsemer le poulet d'origan et d'ail. Couvrir et cuire à faible intensité pendant 7 heures. Couper le zeste de citron en carrés de 3 mm (⅛ po). Ajouter le jus et le zeste de citron. Poursuivre la cuisson à couvert à faible intensité pendant 1 heure.

Servir sur du riz brun à grains longs accompagné d'un choix de légumes marinés.

Cuisson du riz et des pâtes à la mijoteuse

Vous pouvez cuire le riz et les pâtes à la mijoteuse, bien qu'ils aient tendance à se ramollir après une longue cuisson. À la place, ajoutez les pâtes ou le riz déjà cuits durant la dernière demi-heure de cuisson.

Barquettes de pommes de terre garnies à l'italienne

Temps de cuisson : 5 à 6 heures
Temps de préparation : 30 minutes
Attention requise : minimum
Mijoteuse : 4-8 l (16-32 tasses)
8 portions

4 grosses pommes de terre
240 ml (1 tasse) de pepperoni, en dés
1 oignon jaune de grosseur moyenne
240 ml (1 tasse) de mozzarella, râpée
240 ml (1 tasse) de sauce à spaghetti
60 ml (¼ tasse) de parmesan, râpé

1. Cuire les pommes de terre dans le four à micro-ondes ou au four ordinaire. Couper les pommes de terre en deux dans le sens longitudinal, puis les évider en laissant 2 cm (¾ po) de chair tout autour. Réserver la chair prélevée.

2. Couper le pepperoni en dés de 5 mm (¼ po). Peler et hacher l'oignon en morceaux de 5 mm (¼ po). Râper la mozzarella. Dans un bol moyen, mélanger la chair de pommes de terre réservée, l'oignon, le pepperoni, le fromage et la sauce à spaghetti. Farcir les barquettes de pommes de terre, en pressant fermement. Saupoudrer de parmesan. Déposer les barquettes de pommes de terre dans la mijoteuse. Il faudra peut-être les empiler. Couvrir et cuire à faible intensité pendant 5 à 6 heures.

Pour un repas complet et équilibré, servir avec une salade verte fraîche arrosée d'une vinaigrette à l'italienne.

Lavez les légumes-racines

Bien nettoyez les légumes-racines avec une brosse ou un tampon conçus à cette fin. Parce qu'ils poussent dans des sols fertilisés, leur pelure peut abriter des bactéries.

CHAPITRE 20
Légumes

Casserole de patates douces et de pommes

Temps de cuisson : 6 à 8 heures
Temps de préparation : 30 minutes
Attention requise : minimum
Mijoteuse : 3-6 l (12-24 tasses)
8 portions

4 patates douces de grosseur moyenne
6 pommes de grosseur moyenne
10 ml (2 c. à thé) de cannelle
5 ml (1 c. à thé) de muscade
1 ml (¼ c. à thé) de sel
1 ml (¼ c. à thé) d'huile végétale
120 ml (½ tasse) de cidre

1. Peler et couper les patates douces en tranches de 5 mm (¼ po). Peler et étrogner les pommes, puis couper en tranches de 5 mm (¼ po).
2. Bien mélanger la cannelle, la muscade et le sel.
3. Répandre une légère couche d'huile au fond de la mijoteuse. Verser le cidre dans la mijoteuse. Étendre des couches de patates douces et de pommes dans la mijoteuse, en alternant. Commencer par une couche de patates douces, puis saupoudrer un peu de la mixture de cannelle sur chacune des couches. Cuire à couvert à faible intensité pendant 6 à 8 heures.

C'est une excellente variation de patates douces à servir pour un festin de l'Action de grâce.

Eau de cuisson des légumes

La prochaine fois que vous faites cuire des légumes dans l'eau ou à la vapeur, réservez le liquide dans un grand contenant au réfrigérateur. Utilisez-le ensuite à la place de l'eau pour ajouter une saveur subtile aux plats cuisinés à la mijoteuse.

Asperges et carottes au citron

Temps de cuisson : 2 à 4 heures
Temps de préparation : 10 minutes
Attention requise : minimum
Mijoteuse : 2-6 l (8-24 tasses)
6 portions

2 bottes d'asperges fraîches
227 g (½ lb) de carottes miniatures prélavées
30 ml (2 c. à soupe) de jus de citron
5 ml (1 c. à thé) de poivre au citron

Laver les asperges sous l'eau froide. Couper l'extrémité de la tige de façon à éliminer les parties rouges ou blanches. Étaler les asperges au fond de la mijoteuse. Déposer les carottes miniatures par-dessus. Asperger de jus de citron, puis saupoudrer de poivre au citron. Cuire à couvert à faible intensité pendant 2 à 4 heures.

C'est un plat idéal pour les réceptions, en raison de sa superbe combinaison de couleurs et de sa saveur légèrement exotique.

Épinards et bettes à carde à l'ail

Temps de cuisson : 4 à 6 heures
Temps de préparation : 20 minutes
Attention requise : minimum
Mijoteuse : 3-6 l (12-24 tasses)
6 à 8 portions

1 botte d'épinards frais
1 botte de bettes à carde fraîches
3 gousses d'ail
2 ml (½ c. à thé) d'huile d'olive
60 ml (¼ tasse) d'eau

Préparer les épinards et les bettes à cardes en les lavant dans l'eau froide et en enlevant les tiges de façon à ne conserver que les feuilles tendres. Peler et émincer l'ail. Dans une petite poêle, faire sauter l'ail dans l'huile d'olive sur feu moyen-vif pendant 2 à 3 minutes et égoutter. Mélanger tous les ingrédients dans la mijoteuse, puis cuire à couvert à faible intensité pendant 4 à 6 heures.

Tasser le mélange dans de petits ramequins, en éliminant le jus qui apparaît à la surface. Tourner chaque ramequin dans une assiette, puis l'enlever pour obtenir un petit « monticule de verdures ».

Chou à la manière allemande avec oignons et poivrons

Temps de cuisson : 4 à 6 heures
Temps de préparation : 20 minutes
Attention requise : minimum
Mijoteuse : 3-6 l (12-24 tasses)
8 portions

1 gros chou	240 ml (1 tasse) de céleri, en tranches
1 poivron vert	2 ml (½ c. à thé) de poivre noir moulu
½ poivron rouge	5 ml (1 c. à thé) de graines de céleri
1 oignon jaune	5 ml (1 c. à thé) de graines de carvi
2 ml (½ c. à thé) de sel de table	60 ml (¼ tasse) de vinaigre blanc

1. À l'aide d'un gros couteau, couper le chou en 12 à 16 morceaux, en travaillant sur un plan dur. Couper le céleri en tronçons de 5 mm (¼ po). Enlever les graines des poivrons vert et rouge, puis les couper en morceaux de 5 mm (¼ po). Peler et hacher l'oignon en morceaux de 5 mm (¼ po).

2. Dans la mijoteuse, placer les ingrédients dans l'ordre suivant :
   1. Vinaigre ;
   2. Chou ;
   3. Oignon ;
   4. Poivrons vert et rouge ;
   5. Céleri.

3. Répandre le sel, le poivre, les graines de carvi et de céleri sur le dessus. Cuire à couvert à faible intensité pendant 4 à 6 heures, ou jusqu'à ce que le chou soit tendre et transparent.

Les saveurs acidulées de ce plat complètent parfaitement les rôtis de bœuf ou de porc.

Jardinière de légumes glacés à l'orange

Temps de cuisson : 4 à 5 heures
Temps de préparation : 20 minutes
Attention requise : moyenne
Mijoteuse : 3-6 l (12-24 tasses)
8 portions

1 panais de grosseur moyenne
4 carottes de grosseur moyenne
1 navet de grosseur moyenne
240 ml (1 tasse) de chou-fleur frais, en morceaux
240 ml (1 tasse) de brocoli frais, en morceaux
120 ml (½ tasse) de cassonade tassée
120 ml (½ tasse) de jus d'orange
45 ml (3 c. à soupe) de beurre ou de margarine
3 ml (¾ c. à thé) de cannelle
30 ml (2 c. à soupe) de fécule de maïs
60 ml (¼ tasse) d'eau

1. Peler et couper le panais en morceaux de 1,5 cm (½ po). Peler et trancher les carottes en rondelles de 5 mm (¼ po). Peler et couper le navet en morceaux de 1,5 cm (½ po). Briser les fleurettes de chou-fleur et de brocoli en morceaux de la grosseur d'une bille.

2. Dans la mijoteuse, mélanger tous les légumes avec la cassonade, le jus d'orange, le beurre et la cannelle. Couvrir et cuire à faible intensité pendant 4 à 5 heures. Transférer les légumes sur un plat de service.

3. Verser le jus de cuisson de la mijoteuse dans une casserole, puis le faire chauffer sur la cuisinière jusqu'à ébullition. Dans un petit bol, mélanger la fécule de maïs et l'eau jusqu'à l'obtention d'une consistance homogène. Incorporer le mélange au jus de cuisson, puis le faire bouillir pendant 2 à 3 minutes en remuant constamment. Verser sur les légumes.

La saveur douce de ces légumes se marie naturellement avec celle des viandes d'agneau ou de porc.

Gratin aux deux courges

Temps de cuisson : 6 à 8 heures
Temps de préparation : 30 minutes
Attention requise : minimum
Mijoteuse : 4-6 l (16-24 tasses)
8 portions

1 courgette de taille moyenne à grosse
1 courge poivrée de taille moyenne à grosse
4 grosses tomates mûres
2 oignons jaunes de grosseur moyenne
240 ml (1 tasse) de mozzarella, râpée
2 ml (½ c. à thé) de sel
5 ml (1 c. à thé) de basilic séché

1. Peler et trancher la courgette en rondelles de 5 mm (¼ po). Préparer la courge musquée en la coupant d'abord en quartiers, en retirant les graines et les « filaments », et en séparant la « chair » de l'écorce. Couper ensuite la chair en cubes de 2,5 cm (1 po). Peler et écraser les tomates avec une cuillère de bois. Peler et trancher les oignons en rondelles de 5 mm (¼ po) d'épaisseur.

2. Dans la mijoteuse, étaler les ingrédients dans l'ordre suivant :
    1. Courgette ;
    2. Oignons ;
    3. Courge poivrée ;
    4. Tomates ;
    5. Fromage.

3. Saupoudrer les ingrédients de sel et de basilic. Cuire à couvert à faible intensité pendant 6 à 8 heures.

Ce plat constitue un repas en soi, et en automne, un bon déjeuner.

Pois et riz de grand-mère Dorothy

Temps de cuisson : 3 à 4 heures
Temps de préparation : 10 minutes
Attention requise : minimum
Mijoteuse : 3-6 l (12-24 tasses)
8 portions

1 oignon jaune de grosseur moyenne
360 ml (1 ½ tasse) de riz blanc non cuit
720 ml (3 tasses) de bouillon de poulet
5 ml (1 c. à thé) de fines herbes à l'italienne
2 ml (½ c. à thé) de sel d'ail
2 ml (½ c. à thé) de poivre noir moulu
240 ml (1 tasse) de petits pois frais ou congelés

1. Peler et hacher l'oignon en morceaux de 5 mm (¼ po). Mettre le riz et l'oignon dans la mijoteuse.
2. Dans une casserole moyenne, mélanger le bouillon de poulet, les fines herbes à l'italienne, le sel d'ail et le poivre. Porter à ébullition. Verser sur le riz et l'oignon. Bien mélanger. Cuire à couvert à faible intensité pendant 3 heures, ou jusqu'à ce que le liquide soit absorbé. Incorporer les petits pois, puis poursuivre la cuisson pendant 30 minutes.

Utiliser du brocoli à la place des pois et garnir de cheddar râpé.

Évitez les légumes en conserve

Si possible, n'utilisez pas de légumes en conserve dans les recettes cuisinées à la mijoteuse. Ils sont précuits et ils se ramolliront. Les carottes et les pois perdront leur couleur et ils peuvent même se désagréger pendant une longue cuisson.

Légumes et pois chiches au cari

Temps de cuisson : 9 à 10 heures
Temps de préparation : 20 minutes
Attention requise : minimum
Mijoteuse : 5-6 l (20-24 tasses)
8 portions

3 pommes de terre de grosseur moyenne
480 ml (2 tasses) de haricots verts frais
1 poivron vert
½ poivron rouge
1 gros oignon jaune
2 gousses d'ail
4 grosses tomates mûres
480 ml (2 tasses) de carottes miniatures prélavées
480 ml (2 tasses) de pois chiches précuits
45 ml (3 c. à soupe) de tapioca à cuisson rapide
15 ml (3 c. à thé) de poudre de cari
10 ml (2 c. à thé) de sel de table
2 cubes de bouillon de poulet
420 ml (1 ¾ tasse) d'eau bouillante

1. Peler et couper les pommes de terre en cubes de 2,5 cm (1 po). Enlever les extrémités des haricots verts, puis les couper en tronçons d'environ 5 cm (2 po). Enlever les tiges et les graines des poivrons rouge et vert et les couper en morceaux de 5 mm (¼ po). Peler et hacher l'oignon en morceaux de 5 mm (¼ po). Peler et hacher finement l'ail avec un couteau moyen bien affûté. Peler les tomates, puis les écraser dans un bol avec une cuillère de bois.
2. Dans un grand bol, mélanger les pommes de terre, les haricots verts, le poivron vert, le poivron rouge, l'oignon, l'ail, les tomates, les carottes et les pois chiches. Incorporer le tapioca, la poudre de cari et le sel, en remuant, puis verser le mélange dans la mijoteuse.
3. Dissoudre le bouillon dans l'eau bouillante, puis le verser sur le mélange de légumes. Cuire à couvert à faible intensité pendant 9 à 10 heures.

Pour un mélange parfait de saveurs, servir avec un rôti de porc ou des sandwiches au jambon.

Riz sauvage à la manière du Minnesota

Temps de cuisson : 3 à 4 heures
Temps de préparation : 15 minutes
Attention requise : minimum
Mijoteuse : 3-6 l (12-24 tasses)
6 portions

120 ml (½ tasse) de champignons frais
120 ml (½ tasse) d'oignon, haché
1 gousse d'ail
120 ml (½ tasse) de poivron vert, haché
240 ml (1 tasse) de riz sauvage intact
1 l (4 tasses) de bouillon de poulet
2 ml (½ c. à thé) de sel
2 ml (½ c. à thé) de poivre noir moulu

1. Laver les champignons en les essuyant avec un linge humide, puis les émincer. Peler et hacher l'oignon en morceaux de 5 mm (¼ po). Peler et hacher finement l'ail avec un couteau de format moyen bien affûté. Épépiner le poivron vert, puis le couper en morceaux de 5 mm (¼ po).

2. Dans la mijoteuse, étaler les ingrédients secs en mettant le riz au fond. Verser le bouillon de poulet sur le dessus. Saupoudrer de sel et de poivre. Couvrir et cuire à intensité élevée pendant 3 à 4 heures, ou jusqu'à ce que le liquide soit absorbé, que le riz soit tendre et que les grains aient éclaté.

Contrairement à ses cousins de culture, le riz sauvage est très dense et rassasiant. Pour un repas copieux, utiliser cette recette pour farcir des courges ou des poitrines de poulet.

Panne de courant

Si la nourriture est complètement cuite et privée de chaleur, comme lors d'une panne de courant, elle reste bonne à manger pendant deux heures à la température ambiante.

Courges poivrées farcies avec pacanes

Temps de cuisson : 8 à 10 heures
Temps de préparation : 15 minutes
Attention requise : minimum
Mijoteuse : 3-6 l (8-24 tasses)
2 portions

480 ml (2 tasses) de riz sauvage cuit
1 oignon jaune de grosseur moyenne
1 branche de céleri
2 courges poivrées de grosseur moyenne
120 ml (½ tasse) de moitiés de pacanes fraîches, hachées

1. Cuire le riz sauvage selon les instructions inscrites sur l'emballage pour obtenir 480 ml (2 tasses) de riz cuit. Peler et couper l'oignon en morceaux de 5 mm (¼ po). Couper le céleri en morceaux de 5 mm (¼ po). Hacher les pacanes en morceaux de 3 mm (⅛ po). Couper le dessus des courges, puis les évider en grattant l'intérieur avec une cuillère.
2. Mélanger le riz sauvage, le céleri, l'oignon et les pacanes et bien remuer. À l'aide d'une cuillère, verser le mélange dans les cavités des courges. Mettre les courges dans la mijoteuse, puis cuire à couvert à faible intensité pendant 8 à 10 heures.

Seules, elles constituent un excellent déjeuner. Pour un repas automnal plus copieux, servir avec un bifteck.

Préparer le repas la veille

Si vous apprêtez les aliments la veille de leur cuisson, n'ajoutez pas le riz ou les pâtes avant de commencer la cuisson. Ils pourraient absorber le jus des viandes et des légumes.

Purée de pommes de terre à l'aneth

Temps de cuisson : 7 heures
Temps de préparation : 20 minutes
Attention requise : moyenne
Mijoteuse : 3-6 l (12-24 tasses)
6 portions

6 grosses pommes de terre blanches
2 gousses d'ail
1 oignon jaune de grosseur moyenne
1,5 l (6 tasses) d'eau
5 ml (1 c. à thé) de sel de table
120 ml (½ tasse) de lait écrémé
15 ml (1 c. à soupe) de beurre
10 ml (2 c. à thé) d'aneth

1. Nettoyer, peler et couper les pommes de terre en cubes de 2,5 cm (1 po). Peler et hacher finement l'ail avec un couteau d'office bien affûté. Dans la mijoteuse, mettre les pommes de terre, l'oignon et l'ail, puis recouvrir d'eau. Ajouter le sel et remuer un peu. Cuire à couvert à intensité élevée pendant 6 heures, ou jusqu'à ce que les ingrédients soient tendres.

2. Transférer les pommes de terre dans un grand bol, puis jeter le liquide contenu dans la mijoteuse. Ajouter le lait, le beurre et l'aneth aux pommes de terre et réduire en purée jusqu'à ce qu'il n'y ait plus de grumeaux. Remettre la purée de pommes de terre dans la mijoteuse et cuire à couvert à faible intensité pendant 1 heure.

Voici un excellent plat pour accompagner un rôti de bœuf ou de porc. Les pommes de terre sont parfaites sans sauce, mais leur saveur se marie bien aux sauces, même les plus riches.

Chou-fleur fromagé

Temps de cuisson : 3 à 4 heures
Temps de préparation : 30 minutes
Attention requise : moyenne
Mijoteuse : 3-6 l (12-24 tasses)
8 portions

1 chou-fleur de grosseur moyenne
1 petit oignon blanc
1 paquet de 227 g (8 oz) de fromage à la crème
142 g (5 oz) de fromage fondu
125 g (¼ lb) de bœuf séché, émietté
120 ml (½ tasse) de pomme de terre déshydratée

1. Enlever les feuilles et couper le chou-fleur en morceaux de 2,5 cm (1 po). Mettre dans une marmite sur la cuisinière et recouvrir d'eau. Porter à ébullition. Fermer le feu, puis laisser le chou-fleur reposer (sans jeter l'eau). Peler et hacher l'oignon en morceaux de 5 mm (¼ po). Couper les fromages en cubes de 1,5 cm (½ po). Émietter le bœuf en morceaux de 3 mm (⅛ po) d'épaisseur.
2. Dans la mijoteuse, mélanger le fromage à la crème, le fromage fondu, le chou-fleur et 480 ml (2 tasses) de l'eau ayant servi à blanchir le chou-fleur. Cuire à faible intensité, en remuant, jusqu'à ce que le fromage soit fondu et que les morceaux de chou-fleur soient enrobés de fromage. Ajouter le bœuf séché, l'oignon et les pommes de terre déshydratées. Bien remuer. Couvrir et cuire à faible intensité pendant 3 heures.

Cette recette accompagne à merveille le Poulet au citron (page 281).

Garder les aliments au chaud

Utilisez votre mijoteuse comme réchaud pour garder des boissons, des petits pains et d'autres aliments chauds et moelleux. Si les pains doivent rester longtemps dans la mijoteuse, placez une tasse contenant 2,5 cm (1 po) d'eau avec les aliments au fond de la mijoteuse.

Pouding au maïs sucré

Temps de cuisson : 2 à 3 heures
Temps de préparation : 10 minutes
Attention requise : minimum
Mijoteuse : 3-6 l (12-24 tasses)
8 portions

2 boîtes de 284 ml (10 oz) de maïs à grains entiers, avec le liquide
3 boîtes de 284 ml (10 oz) de maïs en crème
480 ml (2 tasses) de préparation pour muffin au maïs
125 g (¼ lb) de margarine, ramollie
240 ml (1 tasse) de crème sure

Dans un bol moyen, mélanger tous les ingrédients, puis les verser dans la mijoteuse. Couvrir et cuire à faible intensité pendant 2 à 3 heures.

Servir comme plat d'accompagnement avec le Bifteck de venaison style suisse (page 155).

Betteraves
à l'italienne

Temps de cuisson : 9 à 10 heures
Temps de préparation : 15 minutes
Attention requise : minimum
Mijoteuse : 3-6 l (12-24 tasses)
8 portions

4 betteraves de grosseur moyenne
720 ml (3 tasses) d'eau
240 ml (1 tasse) de vinaigrette à l'italienne
60 ml (¼ tasse) de vinaigre balsamique

Enlever les fanes et les racines des betteraves, puis les peler et les trancher en rondelles de 5 mm (¼ po) d'épaisseur. Dans la mijoteuse, mélanger l'eau, la vinaigrette et le vinaigre. Ajouter les betteraves à la mixture. Couvrir et cuire à faible intensité pendant 9 à 10 heures.

Cette recette est la parfaite compagne du Sauerbraten à la mijoteuse (page 116).

Casserole d'épinards et de riz brun

Temps de cuisson : 3 à 5 heures
Temps de préparation : 15 minutes
Attention requise : minimum
Mijoteuse : 3-6 l (12-24 tasses)
6 portions

240 ml (1 tasse) d'épinards congelés ou en conserve, hachés
1 petit oignon jaune
720 ml (3 tasses) de riz brun précuit
240 ml (1 tasse) de cheddar fort, râpé
3 œufs
360 ml (1 ½ tasse) de lait concentré non sucré

1. Dégeler les épinards, si nécessaire. Peler et hacher l'oignon en morceaux de 5 mm (¼ po). Cuire le riz selon les instructions inscrites sur l'emballage. Râper le fromage.

2. Dans un bol moyen, mélanger les œufs et le lait. Fouetter rapidement jusqu'à l'obtention d'une consistance homogène et légèrement écumeuse. Ajouter l'oignon, les épinards, le riz et le fromage, et bien mélanger. Verser dans la mijoteuse. Couvrir et cuire à faible intensité pendant 3 à 5 heures.

Servir comme plat d'accompagnement avec les Cuisses de poulet aux pêches style Géorgie (page 126).

CHAPITRE 21
Dîners romantiques
à la mijoteuse

Soupe à l'oignon gratinée

Temps de cuisson : 6 à 8 heures
Temps de préparation : 30 minutes
Attention requise : minimum
Mijoteuse : 3-5 l (12-20 tasses)
6 portions

720 ml (3 tasses) d'oignon jaune, en tranches
15 ml (1 c. à soupe) de sucre
1 l (4 tasses) de bouillon de bœuf
60 ml (¼ tasse) de beurre
5 ml (1 c. à thé) de sel
30 ml (2 c. à soupe) de farine
60 ml (¼ tasse) de cognac

1. Peler et couper l'oignon en tranches d'environ 5 mm (¼ po) d'épaisseur. Dans une poêle moyenne, faire fondre le beurre et cuire sur feu moyen pendant 15 minutes. Lorsque les oignons sont mous, ajouter le sucre, puis poursuivre la cuisson pendant 5 minutes.

2. Mélanger tous les ingrédients dans la mijoteuse. Couvrir et cuire à faible intensité pendant 6 à 8 heures.

Recouvrir la soupe de tranches de pain à l'ail grillé parsemées de romano et de mozzarella. Chauffer au four jusqu'à ce que le fromage soit fondu et doré.

Deux mijoteuses, c'est mieux !

Utilisez deux mijoteuses à la fois. Faites cuire votre plat de viande dans l'une pendant que vous faites cuire les légumes, ou même un pain, dans l'autre. Vous rentrerez à la maison pour trouver un repas complet prêt à manger, sans complications.

Potage au bleu

Temps de cuisson : 1 heure
Temps de préparation : 30 minutes
Attention requise : minimum
Mijoteuse : 3-8 l (12-32 tasses)
8 portions

227 g (½ lb) de fromage Stilton
227 g (½ lb) de cheddar
1 oignon blanc de grosseur moyenne
2 branches de céleri
2 carottes de grosseur moyenne
2 gousses d'ail
30 ml (2 c. à soupe) de beurre
80 ml (⅓ tasse) de farine
10 ml (2 c. à thé) de fécule de maïs
1 feuille de laurier

720 ml (3 tasses) de bouillon de poulet
240 ml (1 tasse) de crème à fouetter 35 %
80 ml (⅓ tasse) de vin blanc sec
0,5 ml (⅛ c. à thé) de bicarbonate de soude
2 ml (½ c. à thé) de sel de table
2 ml (½ c. à thé) de poivre blanc moulu
0,5 ml (⅛ c. à thé) de piment de Cayenne

1. Émietter les fromages en morceaux de la grosseur d'une petite bille. Peler et hacher l'oignon en morceaux de 5 mm (¼ po). Laver les carottes et le céleri, puis les couper en morceaux de 5 mm (¼ po). Peler et hacher finement l'ail avec un couteau de cuisine bien affûté.

2. Préchauffer la mijoteuse à faible intensité. Dans une grande poêle, faire fondre le beurre sur feu moyen, puis sauter l'oignon, le céleri, les carottes et l'ail, jusqu'à ce que l'oignon soit tendre et transparent. Verser dans la mijoteuse préchauffée. Incorporer la farine et la fécule de maïs, en remuant, jusqu'à ce qu'il n'y ait plus de grumeaux.

3. Ajouter le bouillon, la crème, le vin, le bicarbonate de soude et les deux fromages. Remuer jusqu'à l'obtention d'une consistance lisse et épaisse. Ajouter le sel, le poivre blanc, le piment de Cayenne et la feuille de laurier. Couvrir et cuire à faible intensité pendant 1 heure. Jeter la feuille de laurier avant de servir.

Servir comme entrée avec le Rôti braisé épicé (page 114).

Suprême de poulet aux asperges

Temps de cuisson : 5 heures
Temps de préparation : 20 minutes
Attention requise : moyenne
Mijoteuse : 4-6 l (16-24 tasses)
6 portions

4 poitrines de poulet
120 ml (½ tasse) d'eau
120 ml (½ tasse) de vin blanc sec
4 œufs durs
180 ml (¾ tasse) de beurre
120 ml (½ tasse) de farine
1 l (4 tasses) de lait
2 ml (½ c. à thé) de sel, avec un supplément pour assaisonner le poulet
1 ml (¼ c. à thé) de poivre, avec un supplément pour assaisonner le poulet
240 ml (1 tasse) de romano, râpé
240 ml (1 tasse) de piments type Jamaïque en conserve, hachés
454 g (1 lb) d'asperges fraîches

1. Enlever la peau et les os des poitrines de poulet. Saler et poivrer légèrement les poitrines, puis les mettre dans la mijoteuse. Recouvrir avec l'eau et le vin. Cuire à couvert à faible intensité pendant 4 heures. Enlever le poulet de la mijoteuse, puis jeter le jus de cuisson.

2. Hacher les œufs en morceaux de 5 mm (¼ po). Dans la mijoteuse, faire fondre le beurre, puis incorporer la farine. Ajouter le lait, le sel et le poivre, en remuant constamment. Ajouter les œufs, le fromage et les piments type Jamaïque. Déposer les poitrines sur la mixture dans la mijoteuse. Laver les asperges en prenant soin de retirer et de jeter 5 cm (2 po) de la base de la tige. Mettre les asperges sur le poulet. Cuire à faible intensité pendant 1 heure, ou jusqu'à ce que les asperges soient tendres.

La Casserole de patates douces et de pommes (page 284) est le complément parfait de ce plat.

Fettucines au poulet, aux pacanes et aux champignons

Temps de cuisson : 5 à 6 heures
Temps de préparation : 45 minutes
Attention requise : moyenne
Mijoteuse : 6 l (24 tasses)
4 portions

2 gousses d'ail

240 ml (1 tasse) de bouillon de poulet

2 ml (½ c. à thé) de sel de table

1 ml (¼ c. à thé) de poivre noir moulu

160 ml (⅔ tasse) de crème 11,5 %

240 ml (1 tasse) de pacanes grillées, hachées

30 ml (2 c. à soupe) de persil frais, ciselé

454 g (1 lb) de poitrine de poulet, sans peau et sans os

240 ml (1 tasse) d'oignons verts, hachés

720 ml (3 tasses) de champignons frais, en tranches

1 paquet de 283 g (10 oz) de fettucines aux épinards, crus

120 ml (½ tasse) de romano, râpé

1. Couper le poulet en cubes de 2,5 cm (1 po). Enlever les racines et la première pelure des oignons verts, puis les hacher en morceaux de 5 mm (¼ po), y compris les tiges. Peler et hacher l'ail en morceaux de 5 mm (¼ po). Laver les champignons en les essuyant avec un linge humide, puis les émincer. Dans la mijoteuse, mettre le poulet, le bouillon de poulet, les champignons, les oignons verts, l'ail, le sel et le poivre. Cuire à couvert à faible intensité pendant 4 à 5 heures.

2. Ajouter les pâtes et la crème 11,5 %, et remuer doucement. Couvrir et cuire à faible intensité pendant 1 heure. Ajouter le fromage lorsque les pâtes sont tendres. Remuer jusqu'à ce que le fromage fonde et que la sauce épaississe. Garnir de pacanes et de persil.

Servir avec une baguette et de l'Ail rôti (page 14).

Pour remplacer les oignons

Dans vos recettes cuisinées à la mijoteuse, substituez des poireaux, des rutabagas ou des navets aux oignons. Ils ont un goût plus marqué, qui tient plus longtemps que la plupart des oignons. Ils peuvent également donner une touche exotique à une recette plus simple.

Fondue suisse classique

Temps de cuisson : 30 minutes
Temps de préparation : 15 minutes
Attention requise : soutenue
Mijoteuse : 2-4 l (8-16 tasses)
2 portions

1 gousse d'ail
15 ml (1 c. à soupe) de farine
15 ml (1 c. à soupe) de parmesan frais
60 ml (¼ tasse) de fromage suisse
60 ml (¼ tasse) de fromage à la crème
0,5 ml (⅛ c. à thé) de poivre noir moulu
0,5 ml (⅛ c. à thé) de muscade moulue

120 ml (½ tasse) de bouillon de légumes
80 ml (⅓ tasse) de lait concentré
1 ml (¼ c. à thé) de brandy ou d'extrait à saveur de brandy
1 baguette, en cubes

1. Peler la gousse d'ail, puis la couper en deux dans le sens longitudinal. Frotter l'intérieur de la mijoteuse avec les côtés coupés, puis les jeter. Dans une tasse à mesurer, fouetter la farine et 15 ml (1 c. à soupe) de bouillon de légumes, jusqu'à l'obtention d'une consistance homogène. Dans la mijoteuse, verser le reste du bouillon et le lait, puis cuire à découvert à intensité élevée. Incorporer au fouet le brandy et le mélange de farine. Cuire, en remuant constamment, pendant environ 5 minutes.

2. Râper le parmesan et le fromage suisse. Couper le fromage à la crème en cubes de 2,5 cm (1 po). Dans la mijoteuse, ajouter le parmesan, le fromage suisse, le fromage à la crème, le poivre et la muscade. Cuire à intensité élevée, en remuant continuellement, jusqu'à ce que les fromages soient fondus et que le mélange soit très lisse.

3. Régler la mijoteuse à faible intensité et se servir directement de la mijoteuse pour éviter que la fondue se solidifie. Pour tremper le pain, utiliser des fourchettes à fondue ou des brochettes en bambou.

Prévenir la séparation du gras

Les fromages vieillis naturellement ont tendance à se séparer lorsqu'ils cuisent lentement. Essayez de commencer par un fromage fondu ordinaire avant d'ajouter de petites quantités d'autres fromages pour la saveur.

Filets de veau

Temps de cuisson : 2 heures
Temps de préparation : 45 minutes
Attention requise : minimum
Mijoteuse : 3-6 l (12-24 tasses)
2 portions

240 ml (1 tasse) de beurre
120 ml (½ tasse) de morilles, tranchées
4 échalotes
240 ml (1 tasse) de crème
5 ml (1 c. à thé) de jus de citron
240 ml (1 tasse) de persil, haché

1 kg (2 lb) de filet de veau
5 ml (1 c. à thé) de sel de table
5 ml (1 c. à thé) de poivre noir moulu
2 tranches de prosciutto
227 g (8 oz) de brie
60 ml (¼ tasse) de farine

1. Couper le veau en tranches de 5 mm (¼ po) d'épaisseur, puis saupoudrer chaque tranche de sel et de poivre. Frapper chaque tranche avec un attendrisseur. Couper le prosciutto en morceaux de 5 mm (¼ po), puis le mélanger avec le brie ramolli, auquel on aura enlevé la croûte. Répandre le mélange de brie et de prosciutto sur les tranches de veau, puis faire des rouleaux.

2. Enfariner les rouleaux de veau. Dans une grande poêle, faire fondre le beurre sur feu moyen-vif et dorer les rouleaux de veau de chaque côté. Mettre les rouleaux de veau dans la mijoteuse. Réserver la graisse dans la poêle.

3. Laver les champignons en les essuyant avec un linge humide, enlever les tiges, puis les émincer. Peler et hacher finement les échalotes avec un couteau de cuisine bien affûté. Dans la poêle, sauter les champignons et les échalotes dans le beurre et la graisse de veau. Ajouter la crème, puis porter à ébullition, en remuant constamment. Verser la sauce sur les rouleaux de veau. Cuire à couvert à faible intensité pendant 2 heures.

4. Hacher grossièrement le persil. Napper les rouleaux de veau de sauce, puis, avant de servir, les arroser de jus de citron et les parsemer de persil.

Ce plat est excellent avec des épinards à l'ail. Cuire les épinards dans l'eau avec une gousse d'ail finement hachée. Essorer les épinards avant de servir.

Temps de cuisson : 6 heures
Temps de préparation : 20 minutes
Attention requise : moyenne
Mijoteuse : 3-6 l (12-24 tasses)
2 portions

Caneton rôti glacé à l'orange

480 ml (2 tasses) de farce pour volaille préparée
1 caneton, frais ou décongelé
120 ml (½ tasse) de sucre
2 ml (½ c. à thé) de sel
5 ml (1 c. à thé) de fécule de maïs
1 boîte de 170 ml (¾ tasse) de jus d'orange concentré congelé, dégelé

1. Préparer la farce selon les instructions inscrites sur l'emballage, puis farcir la cavité du caneton. Dans la mijoteuse, mettre la poitrine du caneton vers le haut. Cuire à couvert à faible intensité pendant 6 heures.
2. Une heure avant de servir, mélanger le sucre, le sel et la fécule de maïs. Ajouter le jus d'orange concentré dégelé. Remuer sur feu mi-doux, jusqu'à ce que le liquide épaississe légèrement. Badigeonner la surface entière du caneton de cette glace. Répéter toutes les 15 minutes de la dernière heure de cuisson.

Du point de vue du goût et de la couleur, des pointes d'asperges fraîches cuites à la vapeur complètent bien ce plat.

Mettez tout au réfrigérateur

La nourriture peut se conserver au réfrigérateur jusqu'à quatre jours dans le récipient amovible en grès. Cependant, ne congelez jamais la nourriture dans le récipient, car la poterie pourrait craquer.

Temps de cuisson : 6 heures
Temps de préparation : 20 minutes
Attention requise : minimum
Mijoteuse : 3-6 l (12-24 tasses)

Cailles au vin blanc
2 portions

2 gousses d'ail
1 petit oignon jaune
15 ml (1 c. à soupe) de shortening
2 clous de girofle
1 feuille de laurier
240 ml (1 tasse) de vin blanc
2 ml (½ c. à thé) de sel
240 ml (1 tasse) de crème 35 %
0,5 ml (⅛ c. à thé) de piment de Cayenne

2 cailles, fraîches ou congelées, ou
  2 poulets Cornish
5 ml (1 c. à thé) de grains de poivre
  noir
5 ml (1 c. à thé) de ciboulette fraîche
0,5 ml (⅛ c. à thé) de poivre noir
  moulu

1. Décongeler les cailles, si nécessaire, puis les rincer à l'eau froide courante. Peler et hacher l'ail et l'oignon en morceaux de 5 mm (¼ po).
2. Dans une poêle moyenne, faire fondre le shortening sur feu moyen. Ajouter l'ail, l'oignon, les clous de girofle, les grains de poivre et la feuille de laurier. Cuire quelques minutes, puis dorer les cailles de tous les côtés.
3. Transférer les cailles et les légumes dans la mijoteuse. Couper la ciboulette en tronçons de 5 mm (¼ po). Dans la mijoteuse, ajouter le vin, le sel, le poivre, le piment de Cayenne et la ciboulette. Cuire à couvert à faible intensité pendant environ 6 heures.
4. Retirer les cailles et réserver. Jeter la feuille de laurier. Passer le liquide, puis y ajouter la crème. Remuer pendant 5 minutes. Verser sur les cailles avant de servir.

Pour un heureux mélange de saveurs, servir comme plat d'accompagnement la Jardinière de légumes glacés à l'orange (page 288).

Remplacer le vin

Si vous n'avez pas de vin sous la main pour une recette, remplacez-le par 15 ml (1 c. à soupe) de vinaigre de vin rouge ou de cidre mélangé à 240 ml (1 tasse) d'eau.

Poulet cordon-bleu

Temps de cuisson : 4 à 6 heures
Temps de préparation : 30 minutes
Attention requise : minimum
Mijoteuse : 3-6 l (12-24 tasses)
2 portions

2 poitrines de poulet entières
4 petites tranches de jambon
4 petites tranches de fromage suisse
60 ml (¼ tasse) de farine
60 ml (¼ tasse) de fromage suisse, râpé
2 ml (½ c. à thé) de sauge fraîche ou séchée
1 ml (¼ c. à thé) de poivre noir moulu
1 boîte de 305 ml (1 ¼ tasse) de crème de poulet concentrée

1. Enlever la peau et les os des poitrines de poulet. Couper les poitrines en deux, puis les frapper avec un attendrisseur jusqu'à ce que le poulet atteigne environ 5 mm (¼ po) d'épaisseur. Sur chaque morceau de poulet, mettre une tranche de jambon, puis une tranche de fromage suisse. Rouler et fermer le tout avec des cure-dents.

2. Dans un petit bol, mélanger la farine, le fromage râpé, la sauge et le poivre noir. Tremper les rouleaux de poulet dans le mélange, puis les placer au fond de la mijoteuse. Verser la crème concentrée sur les rouleaux de poulet. Cuire à couvert à faible intensité pendant 4 à 6 heures.

Pour un repas vraiment international, servir avec des Légumes et pois chiches au cari (page 291).

Râpez vous même votre fromage

Pour gagner du temps et économiser des sous, achetez des blocs de fromage et râpez-les vous-même. Pour empêcher les morceaux de fromage de coller ensemble, ajoutez un peu de fécule de maïs, puis secouez le fromage pour bien la répartir.

Poulets Cornish au vin rouge

Temps de cuisson : 6 heures
Temps de préparation : 20 minutes
Attention requise : minimum
Mijoteuse : 3-6 l (12-24 tasses)
2 portions

2 poulets Cornish, frais ou décongelés
240 ml (1 tasse) de farine
2 ml (½ c. à thé) de sel
1 ml (¼ c. à thé) de poivre noir moulu
80 ml (⅓ tasse) d'huile végétale
240 ml (1 tasse) de crème sure
360 ml (1 ½ tasse) de vin rouge

1. Rincer les poulets Cornish à l'eau froide courante. Mélanger la farine, le sel et le poivre noir. Rouler les poulets dans le mélange jusqu'à ce qu'ils soient légèrement enrobés. Dans une poêle moyenne, chauffer l'huile sur feu moyen, puis faire dorer les poulets de tous les côtés.
2. Mettre les poulets dans la mijoteuse, puis y verser le vin rouge. Cuire à couvert à faible intensité pendant 5 heures. Ajouter la crème sure et poursuivre la cuisson pendant 1 heure.

Pour un repas complet, servir avec la recette Pois et riz de grand-mère Dorothy (page 290).

Pour éviter de faire cailler les produits laitiers

Pour éviter de faire cailler le lait, le yogourt ou la crème sure, mélangez-les à une quantité égale de jus de cuisson du plat préparé. Songez à ajouter les produits laitiers durant la dernière heure de cuisson, et faites-les toujours cuire à faible intensité.

Soufflé au fromage

Temps de cuisson : 4 à 6 heures
Temps de préparation : 30 minutes
Attention requise : minimum
Mijoteuse : 3-6 l (12-24 tasses)
2 portions

14 tranches de pain blanc frais
720 ml (3 tasses) de cheddar fort, râpé
720 ml (3 tasses) de lait
6 gros œufs
30 ml (2 c. à soupe) de sauce Worcestershire
2 ml (½ c. à thé) de sel de table
Shortening, pour graisser la mijoteuse
60 ml (¼ tasse) de beurre
2 ml (½ c. à thé) de paprika

1. Ôter les croûtes du pain, puis le couper en carrés de 1,5 cm (½ po). Râper le fromage. Dans une casserole moyenne, verser le lait et faire cuire sur feu élevé jusqu'à ce qu'il jaunisse légèrement. Battre les œufs, le lait, la sauce Worcestershire et le sel jusqu'à l'obtention d'une consistance homogène.

2. À l'aide d'un essuie-tout enduit de shortening, graisser l'intérieur de la mijoteuse. Mettre la moitié du pain dans la mijoteuse. Ajouter la moitié du fromage et la moitié du beurre. Ajouter le reste du pain. Ajouter le reste du fromage et du beurre sur le pain. Verser la sauce aux œufs sur le dessus et la saupoudrer de paprika. Couvrir et cuire à faible intensité pendant 4 à 6 heures. Retirer le couvercle seulement au moment de servir.

Ce plat accompagne parfaitement le Caneton rôti glacé à l'orange (page 306).

Utilisation du lait concentré sucré

Au lieu de la crème, de la crème sure et du lait ordinaires, utilisez du lait concentré sucré dans les recettes cuisinées à la mijoteuse. Il se maintient mieux pendant les longues cuissons.

Poires pochées au vin rouge

Temps de cuisson : 4 à 6 heures
Temps de préparation : 30 minutes
Attention requise : minimum
Mijoteuse : 3-6 l (12-24 tasses)
2 portions

360 ml (1 ½ tasse) de vin rouge sec
240 ml (1 tasse) de sucre
3 petites poires

1 ml (¼ c. à thé) de colorant alimentaire rouge

1. Dans la mijoteuse, mélanger le vin et le sucre. Couvrir et cuire pendant environ 1 heure, ou jusqu'à ce que le sucre soit dissous. Ajouter le colorant alimentaire.
2. Peler les poires, puis les couper en deux, en enlevant les tiges et les trognons. Mettre dans la mijoteuse, en remuant doucement, afin que les poires soient enrobées de la sauce au vin sucrée. Couvrir et cuire à faible intensité pendant 4 à 6 heures.

Ce dessert complète merveilleusement bien la Fondue suisse classique (page 304).

Fondue au caramel et au rhum

Temps de cuisson : 3 à 4 heures
Temps de préparation : 15 minutes
Attention requise : moyenne
Mijoteuse : 3-6 l (12-24 tasses)
8 portions

1 paquet de 397 g (14 oz) de caramels
160 ml (⅔ tasse) de crème
15 ml (1 c. à soupe) de rhum

120 ml (½ tasse) de guimauves miniatures

Dans la mijoteuse, combiner les caramels et la crème. Couvrir et cuire à faible intensité pendant 2 à 3 heures, ou jusqu'à ce que les caramels soient complètement fondus. Incorporer, en remuant, les guimauves et le rhum, puis poursuivre la cuisson à couvert à faible intensité pendant 1 heure. Remuer avant de servir.

Servir avec des quartiers de pomme fraîchement tranchés.

Gâteau à la crème-dessert au chocolat

Temps de cuisson : 3 à 4 heures
Temps de préparation : 15 minutes
Attention requise : minimum
Mijoteuse : 4-6 l (16-24 tasses)
8 portions

480 ml (2 tasses) de préparation pour gâteau au chocolat
120 ml (½ tasse) de préparation pour crème-dessert au chocolat instantanée
480 ml (2 tasses) de crème sure
4 œufs
240 ml (1 tasse) d'eau
180 ml (¾ tasse) d'huile végétale
240 ml (1 tasse) de pépites de chocolat mi-sucré

1. Dans un bol moyen, mélanger la préparation pour gâteau, la préparation pour crème-dessert, la crème sure, les œufs, l'eau et l'huile. Utiliser un mélangeur électrique ou battre à la main avec une cuillère de bois, jusqu'à ce que la mixture soit crémeuse. Incorporer les pépites de chocolat.
2. Verser la mixture dans une boîte de café de 1 kg (2 lb), puis la mettre dans la mijoteuse. Couvrir et cuire à faible intensité pendant 3 à 4 heures. Comme ce gâteau est plus moelleux que la plupart des autres, un cure-dent inséré au centre ne ressortira jamais complètement propre. Pour s'assurer qu'il est prêt, chercher des miettes humides plutôt que de la pâte.

Préparer une crème fouettée maison à l'aide d'un batteur à main réglé à haute vitesse. Ajouter un peu de vanille et de sucre glace pour rehausser la saveur.

Laisser tiédir la mijoteuse

Laissez la mijoteuse se refroidir à température ambiante à son propre rythme. Ne versez pas d'eau froide dans le récipient et ne la plongez pas dans l'eau, car cela pourrait faire craquer le récipient en grès !

CHAPITRE 22
Desserts

Mélange de fruits chauds

Temps de cuisson : 3 à 4 heures
Temps de préparation : 20 minutes
Attention requise : minimum
Mijoteuse : 4-6 l (16-24 tasses)
8 portions

3 pamplemousses frais
3 oranges fraîches
480 ml (2 tasses) d'ananas frais ou en conserve, en gros morceaux
2 poires fraîches
2 pêches fraîches
3 bananes fraîches
240 ml (1 tasse) de cerises fraîches
240 ml (1 tasse) de raisins sans pépins
60 ml (¼ tasse) de sucre
60 ml (¼ tasse) d'eau
15 ml (1 c. à soupe) de jus de citron

1. Peler et séparer en sections les pamplemousses et les oranges. Couper l'ananas en cubes d'environ 2,5 cm (1 po). Peler les poires, les pêches et les bananes, puis les couper en tranches d'au plus 5 mm (¼ po) d'épaisseur. Dénoyauter les cerises.
2. Mélanger tous les ingrédients, puis verser dans la mijoteuse. Couvrir et cuire à faible intensité pendant 3 à 4 heures, en remuant de temps à autre.

Pour une gâterie santé, verser à la louche sur de la glace à la vanille faible en gras.

Convertir les recettes

Lorsque vous convertissez des recettes originalement conçues pour le four en fonction de la mijoteuse, prévoyez environ 8 heures à faible intensité pour chaque heure au four, et environ 4 heures à intensité élevée pour chaque heure au four.

Fondue au caramel et aux arachides

Temps de cuisson : 1 heure
Temps de préparation : 10 minutes
Attention requise : soutenue
Mijoteuse : 1-3 l (4-12 tasses)
8 portions

120 ml (½ tasse) de beurre
120 ml (½ tasse) de sirop de maïs clair
240 ml (1 tasse) de cassonade
120 ml (½ tasse) de beurre d'arachide croquant
1 boîte de lait concentré sucré
4 pommes, en tranches de 1,5 cm (½ po)

1. Dans une casserole moyenne, mélanger le beurre, le sirop de maïs, la cassonade, le beurre d'arachide et le lait concentré. Porter à ébullition sur la cuisinière, en remuant sans arrêt, et faire bouillir pendant 3 minutes.
2. Verser le mélange dans la mijoteuse. Cuire à couvert à faible intensité pendant 1 heure. Tremper les tranches de pommes fraîches dans le mélange.

Cette trempette constitue également une excellente garniture pour de la glace.

Macédoine de fruits au cari

Temps de cuisson : 3 à 4 heures
Temps de préparation : 20 minutes
Attention requise : minimum
Mijoteuse : 3-6 l (12-24 tasses)
8 à 12 portions

480 ml (2 tasses) de pruneaux dénoyautés
480 ml (2 tasses) d'abricots frais ou en conserve, pelés et dénoyautés
360 ml (1 ½ tasse) de gros morceaux d'ananas frais ou en conserve
360 ml (1 ½ tasse) de pêches fraîches ou en conserve, pelées et dénoyautées
240 ml (1 tasse) de cassonade tassée
2 ml (½ c. à thé) de poudre de cari
1 canette de 341 ml (1 ½ tasse) de soda au gingembre

Laver et couper les fruits en morceaux de 2,5 cm (1 po). Mélanger tous les ingrédients dans la mijoteuse. Couvrir et cuire à faible intensité pendant 3 à 4 heures.

En été, préparez ce dessert la veille d'un événement et mettez-le au réfrigérateur pour un petit plaisir rafraîchissant.

Pommes cuites aux raisins et à l'orange

Temps de cuisson : 8 heures
Temps de préparation : 20 minutes
Attention requise : minimum
Mijoteuse : 2-6 l (8-24 tasses)
6 portions

6 pommes de grosseur moyenne
120 ml (½ tasse) de raisins secs
45 ml (3 c. à soupe) de farine
80 ml (⅓ tasse) de sucre
2 ml (½ c. à thé) de cannelle
0,5 ml (⅛ c. à thé) de sel
5 ml (1 c. à thé) de zeste d'orange, râpé
30 ml (2 c. à soupe) de beurre ou de margarine
160 ml (⅔ tasse) d'eau
160 ml (⅔ tasse) de jus d'orange frais

1. Laver et étrogner les pommes avec un couteau d'office en « sortant » le cœur de chaque pomme tout en laissant 1,5 à 2,5 cm (½ à 1 po) de chair à la base. Commencer à peler les pommes en partant du sommet jusqu'au tiers du bas. Farcir le centre de chaque pomme avec les raisins secs, puis mettre les pommes dans la mijoteuse. (Vous pouvez les empiler si nécessaire.)
2. Dans un petit bol, mélanger à l'aide d'une fourchette la farine, le sucre, la cannelle, le sel, le zeste d'orange et le beurre (ou la margarine), jusqu'à l'obtention d'une consistance grumeleuse. Répandre la mixture sur les pommes.
3. Mélanger ensuite l'eau et le jus d'orange, puis les verser autour des pommes. Couvrir et cuire à faible intensité pendant 8 heures.

Il y a moins de chance que les pommes se désagrègent si on les laisse tiédir un peu avant de les sortir de la mijoteuse.

Pommes et riz de mamie

Temps de cuisson : 1 heure
Temps de préparation : 15 minutes
Attention requise : minimum
Mijoteuse : 2-4 l (8-16 tasses)
8 portions

300 ml (1 ¼ tasse) de riz brun non cuit
240 ml (1 tasse) de pommes, pelées et coupées en cubes
60 ml (4 c. à soupe) de beurre, divisé
600 ml (2 ½ tasses) de compote de pommes avec de gros morceaux
60 ml (¼ tasse) de cassonade tassée
8 ml (1 ¾ c. à thé) de cannelle moulue, divisée
2 ml (½ c. à thé) de sel

Cuire le riz selon les instructions inscrites sur l'emballage. Peler et couper les pommes en cubes de 2,5 cm (1 po). Incorporer, en remuant, 30 ml (2 c. à soupe) de beurre au riz chaud. Ajouter la compote de pommes, les pommes, la cassonade, 7 ml (1 ½ c. à thé) de cannelle et le sel. Verser dans la mijoteuse. Parsemer de noix de beurre et du reste de la cannelle. Cuire à découvert à faible intensité pendant 1 heure.

Servir dans des bols avec de la crème fouettée.

Saison des pommes

Puisqu'il existe tellement de variétés de pommes sur le marché au cours de l'année, vous devriez toujours choisir celles qui sont en saison. Cela vous assurera d'avoir toujours les plus savoureuses dans votre panier. Aussi, essayez de combiner différentes variétés pour obtenir des goûts différents.

Pouding au riz

Temps de cuisson : 1 à 2 heures
Temps de préparation : 15 minutes
Attention requise : moyenne
Mijoteuse : 2-4 l (8-16 tasses)
8 portions

600 ml (2 ½ tasses) de riz blanc cuit
45 ml (3 c. à soupe) de beurre mou
10 ml (2 c. à thé) de vanille
5 ml (1 c. à thé) de sel
5 ml (1 c. à thé) de muscade
120 ml (½ tasse) de raisins secs

360 ml (1 ½ tasse) de lait presque porté
  à ébullition
3 œufs
Shortening, pour graisser la mijoteuse
160 ml (⅔ tasse) de cassonade
5 ml (1 c. à thé) de cannelle

1. Cuire le riz selon les instructions inscrites sur l'emballage afin d'obtenir 600 ml (2 ½ tasses) de riz cuit. Pour porter le lait presque à ébullition, il suffit de le faire chauffer dans une petite casserole sur feu vif jusqu'à ce qu'il jaunisse légèrement. Dans un petit bol, battre les œufs avec une fourchette jusqu'à ce que les blancs et les jaunes soient bien mélangés.

2. À l'aide d'un essuie-tout enduit de shortening, graisser légèrement l'intérieur de la mijoteuse. Mélanger tous les ingrédients, puis verser dans la mijoteuse. Couvrir et cuire à intensité élevée pendant 1 à 2 heures. Après les 30 premières minutes de cuisson, remuer.

Pour faire des mini-tartes, verser le pouding dans des croûtes individuelles aux biscuits Graham.

Précautions pour le nettoyage

N'utilisez pas de détersif ni de poudre à récurer pour nettoyer la mijoteuse. Le grès poreux du récipient absorberait les détersifs, gâtant ainsi la saveur des futurs plats.

Gâteau au chocolat et au beurre d'arachide

Temps de cuisson : 2 à 3 heures
Temps de préparation : 10 minutes
Attention requise : minimum
Mijoteuse : 4-6 l (16-24 tasses)
8 portions

120 ml (½ tasse) de noix, hachées
480 ml (2 tasses) de préparation pour gâteau au chocolat
120 ml (½ tasse) d'eau
80 ml (⅓ tasse) de beurre d'arachide crémeux

1. Dans un bol moyen, mélanger tous les ingrédients, puis battre avec une cuillère de bois pendant 2 minutes.
2. À l'aide d'un essuie-tout enduit de shortening, graisser l'intérieur d'une boîte de café de 1 kg (2 lb), puis la saupoudrer légèrement de farine. Verser la pâte dans la boîte de conserve et couvrir de papier d'aluminium. À l'aide d'une fourchette, faire trois rangées de trous dans le papier d'aluminium, puis placer la boîte de café dans la mijoteuse. Couvrir et cuire à intensité élevée pendant 2 à 3 heures.

Juste avant de servir, étendre une mince couche de beurre d'arachide sur chaque morceau.

Pour gagner du temps

Pour faire plus rapidement la recette, achetez des noix déjà hachées !

Quatre-quarts Streusel à la cannelle

Temps de cuisson : 3 à 4 heures
Temps de préparation : 15 minutes
Attention requise : minimum
Mijoteuse : 4-6 l (16-24 tasses)
8 portions

1 paquet de 454 g (16 oz) de mélange pour quatre-quarts
60 ml (¼ tasse) de noix, hachées
60 ml (¼ tasse) de cassonade
15 ml (1 c. à soupe) de farine
5 ml (1 c. à thé) de cannelle

1. Préparer le gâteau selon les instructions inscrites sur l'emballage. À l'aide d'un essuie-tout enduit de shortening, graisser l'intérieur d'une boîte de café de 1 kg (2 lb), puis la saupoudrer légèrement de farine. Verser la pâte du quatre-quarts dans la boîte de café.
2. Hacher les noix en morceaux de 2 mm (¹⁄₁₆ po) avec un couteau bien affûté. Dans un petit bol, mélanger la cassonade, la farine, les noix et la cannelle. Répandre ce mélange sur la pâte à gâteau.
3. Couvrir la boîte de café de papier d'aluminium. Avec une fourchette, faire trois rangées de trous dans le papier d'aluminium, puis mettre la boîte de conserve dans la mijoteuse. Couvrir et cuire à intensité élevée pendant 3 à 4 heures.

Cette recette accompagne parfaitement les œufs et le bacon du brunch du dimanche.

Ajout des aliments congelés

Si vous devez absolument utiliser des aliments congelés, réglez la mijoteuse à intensité élevée pendant les 2 premières heures de cuisson, puis à faible intensité pour le reste de la cuisson. Cela réduit les risques de prolifération bactérienne.

Macédoine de fruits en croûte

Temps de cuisson : 3 heures
Temps de préparation : 10 minutes
Attention requise : minimum
Mijoteuse : 3-6 l (12-24 tasses)
8 portions

720 ml (3 tasses) de macédoine de fruits en conserve
8 tranches de pain blanc
480 ml (2 tasses) de sucre
3 œufs
180 ml (¾ tasse) de beurre, fondu
180 ml (¾ tasse) de lait

1. Égoutter la macédoine de fruits, puis jeter le jus. Écraser les fruits avec une fourchette. Enlever et jeter les croûtes du pain, puis le déchirer à la main en dés de 1,5 cm (½ po).
2. Dans un grand bol, mélanger tous les ingrédients jusqu'à ce que les œufs soient complètement mêlés au reste des ingrédients. Verser le mélange dans la mijoteuse. Couvrir et cuire à intensité élevée pendant 2 heures. Régler ensuite à faible intensité et cuire à couvert pendant 1 heure.

Utilisez n'importe quels fruits en conserve, comme des pêches ou des ananas, au lieu de la macédoine de fruits.

Ne remplissez pas trop la mijoteuse !

Laissez au moins 5 cm (2 po) d'espace entre les aliments et le dessus de la mijoteuse, surtout si la recette contient beaucoup de liquide. Cela évitera aux aliments de déborder pendant la cuisson lente.

Pouding à la tarte à la citrouille

Temps de cuisson : 6 à 7 heures
Temps de préparation : 20 minutes
Attention requise : minimum
Mijoteuse : 3-6 l (12-24 tasses)
8 portions

2 œufs
180 ml (¾ tasse) de sucre
30 ml (2 c. à soupe) de beurre, fondu
2 ml (½ c. à thé) de muscade
120 ml (½ tasse) de préparation pour
    biscuit au babeurre
1 boîte de 426 ml (1 ¾ tasse) de citrouille nature
1 boîte de 341 ml (1 ½ tasse) de lait concentré
10 ml (2 c. à thé) de vanille

Battre les œufs avec une fourchette jusqu'à ce qu'ils soient légèrement écumeux. Mélanger tous les ingrédients, puis verser dans la mijoteuse. Couvrir et cuire à faible intensité pendant 6 à 7 heures.

Servir comme dessert avec la Soupe à la dinde de l'après Action de grâce (page 28).

Temps de cuisson : 5 heures
Temps de préparation : 15 minutes
Attention requise : moyenne
Mijoteuse : 3-6 l (12-24 tasses)
8 portions

Pouding de pain perdu aux raisins

8 tranches de pain aux raisins et à la cannelle
4 œufs
480 ml (2 tasses) de lait
60 ml (¼ tasse) de sucre
60 ml (¼ tasse) de beurre, fondu
120 ml (½ tasse) de raisins secs
5 ml (1 c. à thé) de cannelle

Défaire le pain en morceaux de 2,5 cm (1 po), puis les mettre dans la mijoteuse. Battre les œufs avec le lait, le sucre, le beurre, les raisins secs et la cannelle. Verser sur le pain, puis couvrir et cuire à intensité élevée pendant 1 heure. Régler ensuite la mijoteuse à faible intensité et cuire à couvert pendant 4 heures.

Ajouter une pincée de sucre glace mêlé à du lait et de la vanille sur chaque portion.

Biscuits préférés de Maggie à l'avoine et aux raisins

Temps de cuisson : 4 heures
Temps de préparation : 15 minutes
Attention requise : grande
Mijoteuse : 3-8 l (12-32 tasses)
30 portions

120 ml (½ tasse) de shortening
180 ml (¾ tasse) de cassonade
2 ml (½ c. à thé) de sel
2 ml (½ c. à thé) de cannelle
2 ml (½ c. à thé) de muscade
2 ml (½ c. à thé) de piment de la Jamaïque
1 œuf
180 ml (¾ tasse) de farine
1,5 ml (⅜ c. à thé) de bicarbonate de soude
30 ml (⅛ tasse) de babeurre
120 ml (½ tasse) de noix, hachées
180 ml (¾ tasse) de flocons d'avoine
180 ml (¾ tasse) de raisins secs sans pépins

1. Dans un bol, mélanger le shortening et la cassonade. Bien battre avec une cuillère de bois ou un batteur électrique, jusqu'à l'obtention d'une consistance lisse et crémeuse. Ajouter le sel, la cannelle, la muscade, le piment de la Jamaïque et l'œuf. Bien battre la pâte, jusqu'à ce qu'elle soit lisse et crémeuse.
2. Mélanger la farine et le bicarbonate de soude. Ajouter la moitié de cette mixture à la pâte, puis la battre jusqu'à ce qu'elle soit crémeuse. Ajouter le reste du mélange et le babeurre et battre jusqu'à l'obtention d'une consistance homogène.
3. Hacher les noix en morceaux de 2 mm (1/16 po) avec un couteau de cuisine bien affûté. Incorporer les noix, les flocons d'avoine et les raisins à la pâte, puis la mélanger avec une cuillère de bois. La pâte doit être ferme, mais pas sèche. Remplir des cuillerées combles de 5 ml (1 c. à thé) de pâte, puis la laisser tomber au fond de la mijoteuse, environ 4 à la fois. Cuire chaque fournée à couvert à intensité élevée pendant environ 15 minutes.

Faire un sandwich en étalant du glaçage à la vanille entre deux biscuits.

Biscuits aux fruits à la cuillère

Temps de cuisson : 4 heures
Temps de préparation : 15 minutes, plus
1 heure de repos au réfrigérateur
Attention requise : grande
Mijoteuse : 3-8 l (12-32 tasses)
30 portions

240 ml (1 tasse) de dattes, en dés
240 ml (1 tasse) de cerises au marasquin confites
120 ml (½ tasse) de margarine molle
240 ml (1 tasse) de cassonade
1 œuf
60 ml (¼ tasse) de babeurre
360 ml (1 ½ tasse) de farine
2 ml (½ c. à thé) de bicarbonate de soude
180 ml (¾ tasse) de pacanes concassées

1. Couper les dattes en dés de 5 mm (¼ po) avec un couteau bien affûté. Couper les cerises en deux. Avec un batteur électrique, mélanger le shortening avec le sucre et l'œuf, jusqu'à ce que la mixture soit lisse et crémeuse. Incorporer ensuite le lait, la farine, le bicarbonate de soude et le sel. À l'aide d'une cuillère de bois, battre la pâte jusqu'à ce qu'elle soit crémeuse. Ajouter, en remuant, les pacanes, les cerises et les dattes.
2. Couvrir le bol, puis réfrigérer la pâte pendant au moins 1 heure. Préchauffer la mijoteuse à intensité élevée. Remplir des cuillérées combles de 5 ml (1 c. à thé) de pâte, puis la laisser tomber au fond de la mijoteuse. Couvrir et cuire chaque fournée pendant 10 à 15 minutes.

Servir avec le Chocolat chaud à la menthe (page 188).

Récipient en grès et four à micro-ondes

N'utilisez pas le récipient en grès dans un four ordinaire ou dans un four à micro-ondes à moins que les instructions du fabricant indiquent que vous pouvez le faire. Sinon, il risque de craquer ou même de se défaire complètement en morceaux !

Rochers au chocolat, à la noix de coco et aux arachides

Temps de cuisson : 30 à 60 minutes
Temps de préparation : 15 minutes
Attention requise : soutenue
Mijoteuse : 2-8 l (8-32 tasses)
24 portions

1 kg (2 lb) d'enrobage à bonbon blanc, ou de chocolat blanc, en petits morceaux
480 ml (2 tasses) de pépites de chocolat mi-sucré
120 ml (½ tasse) de chocolat allemand sucré
120 ml (½ tasse) de flocons de noix de coco
720 ml (3 tasses) d'arachides rôties

Dans la mijoteuse, mettre l'enrobage à bonbon blanc, les pépites de chocolat et le chocolat allemand. Chauffer à intensité élevée en remuant toutes les 15 minutes, jusqu'à ce que le mélange soit complètement fondu. Incorporer la noix de coco et les arachides, puis bien remuer. Laisser tomber la mixture par cuillerées combles de 5 ml (1 c. à thé) sur du papier sulfurisé. Laisser prendre les rochers dans un endroit frais.

Utilisez des pacanes au lieu des arachides.

Compote de fraises et de rhubarbe

Temps de cuisson : 7 à 8 heures
Temps de préparation : 20 minutes
Attention requise : minimum
Mijoteuse : 3-6 l (12-24 tasses)
12 portions

1,5 l (6 tasses) de rhubarbe fraîche
240 ml (1 tasse) de sucre
120 ml (½ tasse) de jus de raisin blanc
1 bâton de cannelle
480 ml (2 tasses) de fraises, en quartiers

1. Laver la rhubarbe et enlever les feuilles. Couper la rhubarbe en tronçons de 2,5 cm (1 po), puis la mettre dans la mijoteuse avec le sucre, le jus de raisin et le bâton de cannelle. Couvrir et cuire à faible intensité pendant 5 à 6 heures.
2. Enlever le bâton de cannelle. Équeuter les fraises, puis les couper en quatre. Mettre les fraises dans la mijoteuse. Couvrir et cuire à faible intensité pendant 2 heures.

Servir la compote chaude sur de la glace à la vanille maison.

Gâteau à la bière

Temps de cuisson : 3 à 4 heures
Temps de préparation : 20 minutes
Attention requise : minimum
Mijoteuse : 4-6 l (16-24 tasses)
8 portions

160 ml (⅔ tasse) de beurre
360 ml (1 ½ tasse) de cassonade
3 œufs, battus
600 ml (2 ½ tasses) de farine
7 ml (1 ½ c. à thé) de levure chimique
1 ml (¼ c. à thé) de bicarbonate de soude
5 ml (1 c. à thé) de cannelle
1 ml (¼ c. à thé) de muscade
360 ml (1 ½ tasse) de bière brune
240 ml (1 tasse) de noix, hachées
240 ml (1 tasse) de raisins secs sans pépins

1. Dans un bol moyen, mélanger le beurre et la cassonade avec un batteur électrique, jusqu'à ce que la mixture soit légère et écumeuse. Ajouter les œufs, un à la fois, en battant bien. Dans un bol, bien mélanger la farine, la levure chimique, le bicarbonate de soude, la cannelle et la muscade. Verser la moitié de ce mélange et la moitié de la bière dans la pâte, puis battre jusqu'à ce que la pâte soit lisse. Ajouter le reste des ingrédients secs et de la bière et mélanger jusqu'à l'obtention d'une consistance lisse. Incorporer les noix et les raisins secs.

2. À l'aide d'un essuie-tout enduit de shortening, graisser l'intérieur d'une boîte de café de 1 kg (2 lb), puis la saupoudrer légèrement de farine. Verser la pâte dans la boîte de conserve et la recouvrir de papier d'aluminium. À l'aide d'une fourchette, faire trois rangées de trous dans le papier d'aluminium, puis mettre la boîte de café dans la mijoteuse. Placer le couvercle de la mijoteuse légèrement en biais afin de laisser échapper la vapeur. Cuire à intensité élevée pendant 3 à 4 heures. Enlever la boîte de café de la mijoteuse et laisser tiédir pendant 15 à 30 minutes avant de démouler le gâteau.

Qui pourrait s'empêcher de servir ce dessert le dimanche du Super Bowl, après un Chili de la mi-temps (page 185) ?

INDEX

Pour obtenir une copie de notre catalogue :

Éditions AdA Inc.
1385, boul. Lionel-Boulet, Varennes, Québec, J3X 1P7
Télécopieur : (450) 929-0220
info@ada-inc.com
www.ada-inc.com

Pour l'Europe :

France : D.G. Diffusion Tél.: 05.61.00.09.99
Belgique : D.G. Diffusion Tél.: 05.61.00.09.99
Suisse : Transat Tél.: 23.42.77.40